Sin golpes

Cómo transformar la respuesta
violenta de los hombres
en la pareja y la familia

Christauria Welland y David Wexler

EDITORIAL
PAX MÉXICO

EL LIBRO MUERE CUANDO LO FOTOCOPIAN

Amigo lector:

La obra que usted tiene en sus manos es muy valiosa, pues el autor vertió en ella conocimientos, experiencia y años de trabajo. El editor ha procurado dar una presentación digna a su contenido y pone su empeño y recursos para difundirla ampliamente, por medio de su red de comercialización.

Cuando usted fotocopia este libro, o adquiere una copia "pirata", el autor y el editor dejan de percibir lo que les permite recuperar la inversión que han realizado, y ello fomenta el desaliento de la creación de nuevas obras.

La reproducción no autorizada de obras protegidas por el derecho de autor, además de ser un delito, daña la creatividad y limita la difusión de la cultura.

Si usted necesita un ejemplar del libro y no le es posible conseguirlo, le rogamos hacérnoslo saber. No dude en comunicarse con nosotros.

EDITORIAL PAX MÉXICO

❦

Título original de la obra: *Domestic Violence 2000. The Adolecent Self. The Advanced Prism Workbook.*
Publicada por Health Transformations, San Diego, California, EUA.

COORDINACIÓN EDITORIAL: Matilde Schoenfeld
ADAPTACIÓN: Christauria Welland
TRADUCCIÓN: José Antonio Valenzuela, Christauria Welland
PORTADA: Perla A. López Romo

© 2003   David B. Wexler y Christauria G. Welland
© 2007   Editorial Pax México, Librería Carlos Cesarman, S.A.
           Av. Cuauhtémoc 1430
           Col. Santa Cruz Atoyac
           México, D.F. 03310
           Teléfono: 5605 7677
           Fax: 5605 7600
           editorialpax@editorialpax.com
           www.editorialpax.com

Primera edición
ISBN 13 dígitos: 978-968-860-753-4
ISBN 10 dígitos: 968-860-753-3
Reservados todos los derechos
Impreso en México / *Printed in Mexico*

Para todas las familias mexicanas
a las que he tenido el honor de conocer

CHRISTAURIA WELLAND

Para mi hijo, José

DAVID WEXLER

Índice

* Indica una sesión que forma parte de los ejercicios que se hacen con participantes individuales cuando se use la forma de grupo "abierto".

Introducción

¿Por qué un programa específico para hombres?

Este libro es la traducción de un programa de tratamiento de violencia familiar establecido en Estados Unidos, escrito originalmente por el doctor David Wexler. La traducción fue realizada por profesionales bilingües y biculturales. A diferencia de muchos otros programas en español, éste fue adaptado a la cultura hispanoamericana con base en una investigación seria, y diseñado después de un estudio cuidadoso de la violencia familiar en dicha cultura. Se basa también en los resultados de la disertación doctoral de Christauria Welland. Esta disertación fue una encuesta y un análisis cualitativo de entrevistas con hombres mexicanos en San Diego, California, quienes habían completado un año de tratamiento contra violencia familiar ordenado por un tribunal. Muchas agencias en Estados Unidos utilizan traducciones de programas norteamericanos sin cambios y se ha encontrado que a veces el material es inapropiado en contenido, proceso y/o manera de presentación para inmigrantes latinoamericanos. Antes de publicar este programa en español, la doctora Welland lo usó en un estudio piloto en El Cajón, California, y dio a los hombres latinos del grupo la oportunidad de hacer comentarios sobre la eficacia de las intervenciones, contenido, citas, vocabulario y tareas del programa. Este proyecto, llamado Proyecto Quetzalcóatl, incluye una investigación cuantitativa, realizada en los años 2003-2004, acerca de las características psicológicas de los hombres en tratamiento en varias agencias de San Diego.

¿Por qué usar el programa de Wexler?

Violencia familiar 2000 es un programa reconocido en Estados Unidos y publicado por W.W. Norton & Company. El doctor Wexler lo diseñó y lo probó en la marina de Estados Unidos, desde 1987. Este programa está basado en las investigaciones más recientes sobre la violencia familiar. Utiliza intervenciones concretas cognitivo-conductuales, que ofrecen a los clientes herramientas prácticas para controlarse y mejorar sus relaciones, pero incluye un modelo de autopsicología que muestra un respeto profundo a las necesidades humanas de los clientes y a sus heridas personales. Basándose en su experiencia personal en la utilización de este programa bajo la supervisión del doctor Wexler durante dos años, la doctora Welland lo consideró un sistema excelente y adecuado para añadirle uno de los resultados más importantes de su investigación doctoral: las necesarias adaptaciones a una cultura diferente, a fin de mejorar y aumentar la eficacia del tratamiento para ofensores latinos de violencia familiar que residen en Estados Unidos. W.W. Norton & Company cedió los derechos de traducción al español al doctor Wexler, quien ha autorizado la publicación de la edición en español.

¿Cuáles son las adaptaciones al programa en esta edición en español?

La edición en español contiene todo lo que se encuentra en la versión en inglés, incluidos los artículos teóricos que introducen la obra en inglés, y una introducción que explica las razones por las cuales se adaptó el manual a la cultura latina y en qué forma se hizo. Hay también lineamientos para el uso del libro destinados a terapeutas de América Latina, donde todavía hay muy pocos grupos para hombres ordenados por tribunal. Se sugieren maneras en que se puede utilizar el material del libro según las diversas situaciones de terapia que se pueden presentar.

Se encuentran adaptaciones del proceso y el contenido a la cultura latina, especialmente a la mexicana, dado que 89% de los hombres que contestaron la encuesta (que representó 40% de la población de ofensores hispanohablantes de violencia familiar en el condado de San Diego) eran mexicanos. Se sabe por el Censo 2000 que alrededor de casi 60%, o 21 millones de las 36 millones de personas de ascendencia latina de Estados Unidos, es de origen mexicano (U.S. Bureau of the Census, 2001b). Sin embargo, el material de este libro ha sido bien acogido por hombres de América Central y del Caribe, y es de esperar que sea igualmente adecuado para todos los hombres latinoamericanos.

Los terapeutas encontrarán lineamientos culturales sobre la pedagogía para los ofensores latinos que asistan a los grupos de terapia, lineamientos que se explican en la introducción en español que sigue a estas breves líneas. Describe cómo, debido a sus pocos años de educación formal, muchos clientes encuentran dificultades para comprender conceptos abstractos y cómo los terapeutas pueden utilizar técnicas creativas para mejorar la experiencia de aprendizaje de sus clientes, reduciendo así la vergüenza que les puede provocar su falta de comprensión. La encuesta mencionada encontró que 49% de los respondientes tenían ocho años de escuela o menos. Por tanto, se ha simplificado el lenguaje y la tarea de algunas sesiones, y las palabras que puedan ser nuevas para muchos clientes son definidas cuando aparecen en el texto y repetidas con frecuencia. La doctora Welland tiene 28 años de experiencia en la enseñanza a mexicanos con poca educación, incluidos trabajadores migrantes en San Diego.

El programa contiene consejos para terapeutas acerca de las actitudes que puedan ser más eficaces para los abusadores latinos. Por ejemplo, un estilo terapéutico que demuestra respeto, simpatía, individualización del problema y autodivulgación apropiada a la capacidad de escuchar, el uso del humor y la paciencia de esperar hasta que el cliente se sienta suficientemente cómodo para la autodivulgación.

El análisis de esta investigación identificó ciertas áreas específicas que necesitan atención especial en el tratamiento de ofensores latinos, y éstas se hallan incluidas en el nuevo programa adaptado. Hay seis categorías y se trata a cada una desde el punto de vista latino y con ejemplos específicos de la cultura hispanoamericana.

- Énfasis en la discusión de los papeles del género masculino rígidos, especialmente el machismo.
- Enseñanza sobre el trato y la educación de los hijos.
- Reconocimiento de la experiencia de la discriminación contra los inmigrantes y las mujeres.
- Discusión de los cambios en los papeles del género después de la inmigración.
- Discusión abierta del abuso sexual en las relaciones íntimas.
- Inclusión de la espiritualidad relacionada con la prevención de la violencia familiar.

Se han añadido 10 sesiones a las 32 originales en la edición en inglés y se han trasladado algunas sesiones a los apéndices para el uso del formato abierto. Esto da a los terapeutas la oportunidad de dedicar más tiempo a algunos temas de importancia para la cultura, según las investigaciones. Además, al igual que en la edición estadounidense, se pone atención especial a la influencia del alcohol en la conducta de los hombres violentos.

Sigue una muestra de las adaptaciones y adiciones culturales:

- Citas directas de los participantes en el estudio de investigación, acerca de su experiencia personal con la violencia familiar.
- Citas de los participantes en el estudio de investigación, acerca de su experiencia personal de niño en un hogar violento.

- Una exploración a fondo de la influencia del machismo en su relación.
- El uso de cuentos e historias culturales que presentan temas importantes.
- Una discusión a fondo de los derechos humanos y la igualdad de género, utilizando documentos de la Comisión Nacional de Derechos Humanos de México.
- Una discusión acerca de algunas tradiciones espirituales, y el respeto que tratan de enseñar a sus fieles hacia las mujeres y los niños. Se citan fuentes originales y se destacan las tradiciones espirituales de la mayoría de los miembros de los grupos, según las estadísticas.
- Áreas particulares de énfasis que están distribuidas por todo el programa, como el Rincón del Niño, que enseña habilidades específicas de la paternidad a los participantes y describe la experiencia infantil de la violencia familiar.
- Revisión frecuente de las categorías básicas del abuso y de las habilidades que se enseñan a los participantes.
- Una intervención especial previa a las fiestas navideñas, a fin de inocular a los participantes contra la conducta de alto riesgo que es común en esos tiempos.
- Se sugiere a todas las agencias que utilicen este programa que procuren proveer a los miembros de los grupos de una lista de recursos económicos, sociales y espirituales para apoyar y extender el trabajo que se está haciendo en el grupo y para reducir la presión en las familias.

Materiales audiovisuales

- Los ejercicios de relajación de la edición original han sido grabados en español por un estudio profesional y se encuentran en este libro en forma de disco compacto.
- Películas mexicanas y videos pedagógicos hechos para los latinos reemplazan la mayoría de los videos estadounidenses de la versión original. Se pueden pedir a los distribuidores.
- Se está planeando la producción de escenas videográficas originales con actores latinos para el uso de este programa en el futuro, si se reciben los fondos necesarios.

Material adicional

- Recomendamos la lectura de los lineamientos para los diversos tipos de clientes, o sea, grupos, familias, parejas e individuos.
- Recomendamos la lectura de la introducción a la edición en español.
- Recomendamos la lectura de "El espejo roto", el artículo teórico del doctor Wexler.
- Recomendamos la lectura del artículo del doctor Saunders.
- Proveemos material de orientación para los clientes.
- Los recursos para participantes, con material para leer y tareas, se pueden obtener por separado de la casa editorial.

A quiénes puede servir este libro

Este libro, cuya eficacia ha sido probada por años, es un manual completo de tratamiento grupal para hombres que han sido violentos con su pareja. Puede ser utilizado tanto en grupos voluntarios como en los que son dispuestos o recomendados por un tribunal o por servicios sociales, como Protección de Niños o el DIF en México.

Sin embargo, este libro contiene información, dinámicas y ejercicios que pueden ser también muy útiles para el terapeuta lo mismo en la terapia de pareja que en la familiar e individual. Los clientes pueden obtener el manual de tareas para clientes y completarlo como una parte valiosa de su terapia. Las investigaciones realizadas demuestran que las acciones proactivas de los clientes al llevar a cabo las tareas que se les asignan como parte de la terapia aumentan, facilitan y aceleran el proceso de terapia y de cambio personal e interpersonal.

¿Qué poblaciones terapéuticas pueden obtener beneficios del material contenido en este libro?

- Grupos de terapia para hombres violentos, ordenados por tribunal o servicios sociales.
- Grupos de terapia para hombres que espontáneamente reconocen que necesitan cambiar.

- Grupos de parejas que comparten su terapia.*
- Familias en terapia.*
- Parejas en terapia.*
- Asociaciones de hombres que quieren iniciar cambios positivos en sus relaciones interpersonales, como los grupos que se forman en iglesias y otros templos.
- Grupos de jóvenes, ya que hay una alta incidencia de violencia relacional entre novios.

¿Es este libro únicamente para latinos emigrados a Estados Unidos o Canadá?

No, definitivamente. A pesar de que las investigaciones que forman la base de los cambios culturales en la población latina fueron realizadas en Estados Unidos, 94% de los hombres entrevistados eran inmigrantes recién llegados de México y 6% de Centroamérica. Es decir, su experiencia de violencia relacional se refiere a Latinoamérica. Hay dos sesiones dedicadas específicamente a la inmigración (20 y 21). Todas las demás sesiones se pueden utilizar en cualquier país hispanohablante, sin temor a que sean inaplicables a aquellas culturas. Además, en todos los países hay discriminación contra distintos grupos (sesión 20) y la migración interna (por ejemplo, la del campo a las ciudades) puede provocar problemas similares a los descritos en la sesión 21. La mayoría de las sesiones de este libro tratan de los problemas universales del hombre violento y de las parejas, además de estar centradas en la población hispanohablante.

---

* En algunos estados de la Unión Americana, la ley no permite hacer terapia de pareja o familiar, cuando hay violencia familiar, hasta que el ofensor haya demostrado que ha progresado en su propia terapia de grupo. Esto se debe al riesgo de que en una sesión se divulgue material que pueda poner en peligro a la víctima. Ella puede sentirse muy incómoda y verse obligada a mentir para protegerse o proteger a los hijos, o puede divulgar algo que haga enojar al ofensor y provoque otra golpiza o algo peor, después de la sesión. Sin embargo, dado que en muchos países de América Latina no existen todavía grupos de terapia ordenados por tribunal, la terapia de pareja o de familia puede ser la única fuente de apoyo para una víctima y la única avenida de cambio disponible a la familia. Los terapeutas deben estar conscientes de los riesgos y tomar todas las precauciones para evitar cualquier perjuicio a la víctima y a los niños. A veces cambiar a una terapia individual es lo mejor para todos.

¿Es este libro sólo para hombres? ¿No hay mujeres violentas? ¿Se puede utilizar para grupos "gay"?

Aunque este programa fue diseñado y desarrollado para hombres heterosexuales, se puede utilizar la mayor parte de su contenido tanto en grupos de mujeres violentas como con hombres "gay", que también tienen problemas de violencia en sus relaciones de pareja. El terapeuta debe escoger las sesiones que le parezcan más adecuadas para estas poblaciones. La investigación demuestra que, aparte del machismo, hay otras etiologías de la violencia de pareja, y muchas de las tareas y técnicas que ofrece este libro sirven también para mujeres y homosexuales agresivos.

¿Se podría usar este manual para la terapia individual?

Claro que sí, y la experiencia demuestra que ayuda mucho a los clientes. A pesar de que el libro fue diseñado para un grupo, la mayor parte de sus enseñanzas y tareas se aplican también a los clientes individuales. ¿Cuál de los clientes no necesita aprender a manejar el coraje, a cambiar el diálogo interior que lo lleva a la ira, la ansiedad y la depresión, a reinventar sus papeles de género para un milenio nuevo, o a escudriñar su vida espiritual para superar los obstáculos que están bloqueando su progreso como ser humano, esposo y padre? ¿Qué cliente que también sea padre no podría sacar beneficio de un minicurso sobre la educación de los padres, como el que está incluido en este libro? Lo mismo cabe decir de las parejas y familias que se someten a terapia. Las habilidades que se enseñan en este libro sirven para todos. También ayuda mucho a los clientes asignarles los ejercicios del "manual para clientes", como el de "autoayuda" fuera de la sesión, práctica que se puede recomendar además a cualquier persona.

¿Cómo se puede utilizar este libro en cursos de prevención de la violencia familiar?

La prevención de la violencia familiar es una de las tareas sociales y psicológicas más valiosas y urgentes. ¡Más vale prevenir que lamentar! Si queremos evitar que un número creciente de mujeres, hombres y niños sufran las consecuencias de conductas descontroladas, que pueden traumarlos para toda la vida si no reciben tratamiento, debemos concentrar nuestros esfuerzos en la prevención, a fin de proteger a las generaciones actuales y futuras.

Un curso de prevención integrado por sesiones seleccionadas de este libro serviría en:

- Escuelas secundarias y preparatorias
- Grupos de jóvenes en parroquias y otros templos
- Cursos de preparación para el matrimonio
- Cursos para parejas, como encuentro matrimonial, etcétera
- Cursos de psicoeducación
- Cursos para desarrollar las habilidades relacionales

¿Se puede utilizar el material de este libro para la asesoría de individuos y parejas, si el terapeuta sospehca que hay violencia en la familia?

Desde luego. En este libro el terapeuta encontrará una lista de materiales que le podrán servir en su diagnóstico de los clientes que se presentan a la primera sesión.

¿Sirve este libro para capacitar a terapeutas y estudiantes en el tratamiento/asesoría de la violencia familiar?

Sí. Los primeros capítulos contienen abundante información relacionada con la etiología de la violencia familiar, la tipología, además de consejos clínicos para el uso tanto del acercamiento cognitivo-conductual como del de autopsicología, y ofrecen valiosas recomendaciones para presentar el material acerca de la vida espiritual y la violencia familiar, por ejemplo. Hay también información estadística acerca de víctimas y ofensores. La sección dedicada a la educación de los padres sirve para preparar a los terapeutas que necesitan aprender técnicas específicas para mejorar la eficacia de sus intervenciones.

Además, los autores están dispuestos a dar cursos de horas o días de duración a los terapeutas o estudiantes que deseen prepararse más a fondo para trabajar en este campo tan importante para el bienestar de las familias latinoamericanas. La información para contactarlos está al final de este libro, y la persona interesada se puede comunicar a la casa editorial para obtener mayores informes.

Ejemplos de cómo utilizar este libro en diversas situaciones

a. Con grupos de terapia ordenados por tribunales o "fuertemente recomendados" por servicios sociales

Dependiendo del estado o del país, estos grupos pueden durar de 16 a 52 semanas en Estados Unidos y Canadá.

El programa, tal como lo presentamos en este libro, consta de 39 sesiones, para un grupo de 40 semanas o más. Hay varias sesiones que se pueden efectuar en dos semanas, según la cantidad de información y el nivel de profundidad al que quiera acceder el facilitador del grupo.

En cuanto a los grupos no voluntarios, es muy importante motivarlos para la terapia. Éste es el propósito de la sesión 1 ("Quetzalcóatl, el viaje del héroe") y, por lo tanto, no debe ser pasada por alto.

Si su grupo es de 16 sesiones, le recomendamos las siguientes como la esencia de las habilidades que es preciso inculcar en los clientes:

1. "Quetzalcóatl, el viaje del héroe" (1)
2. La casa del abuso (2)
3. Tiempo fuera (3)
4. Enojo y agresión (4)
5. Alcohol y violencia (6)
6. Diálogo interior/diálogo interior para manejar el enojo (8 y 9)
7. Responsabilidad (13)
8. Trampas de la masculinidad I y II (16 y 17). Asignar sesiones 18 y 19 (Derechos humanos) para leer
9. Celos y malas interpretaciones (22)
10. Sexo (23)
11. Los hijos (7)
12. ¿Qué tipo de padre quiero ser? (25) Asignar sesiones 26 y 27 para leer
13. Expresando sentimientos y pidiendo el cambio (29)
14. Capacitación en la empatía (32)
15. Conflicto respetuoso y resolviendo problemas (35)
16. Perdonar es una decisión (39)

Antes de que concluya el programa, sería útil que cada persona presentara por su cuenta al grupo su Plan de Prevención de Recaída. Además, en cuanto a la línea de conducta propuesta en el apéndice A, que trata acerca de la prevención de recaída en la Navidad, sería importante llevarla a cabo cuando la fecha se acerca.

Si las cortes ordenan un número intermedio de sesiones en su estado, por ejemplo 24 o 26, usted puede utilizar las que le hemos recomendado y añadir aquellas que le parezcan más importantes para su grupo. Si su grupo está formado de inmigrantes, puede usar las sesiones 20 y 21. Se sugiere utilizar la sesión 33 (Los cuatro jinetes) cuando se pueda, tanto por su eficacia como por el interés que tiene para el grupo.

b. Con grupos de hombres que voluntariamente quieren cambiar, o grupos piloto en ciudades latinoamericanas donde todavía no son ordenados por un tribunal

1. "Quetzalcóatl, el viaje del héroe" (1)
2. La casa del abuso (2)
3. Tiempo fuera (3)
4. Enojo y agresión (4)
5. Alcohol y violencia (6)
6. Diálogo interior/diálogo interior para manejar el enojo (8 y 9)
7. Responsabilidad (13)
8. Trampas de la masculinidad I y II (16 y 17). Asignar sesiones 18 y 19 (derechos humanos) para leer
9. Celos y malas interpretaciones (22). Asignar sesión 23 (sexo) para leer
10. Expresando sentimientos y pidiendo el cambio (29)
11. Capacitación en la empatía (32)
12. Conflicto respetuoso y resolviendo problemas (35)
13. Perdonar es una decisión (39)

Antes de que concluya el programa, sería útil que cada persona presentara por su cuenta al grupo su Plan de Prevención de Recaída.

c. Con grupos o centros de educación dedicados a la prevención de la violencia familiar

1. La casa del abuso (2)
2. Tiempo fuera (3)
3. Alcohol y violencia (6)
4. Celos y malas interpretaciones (22)
5. Conflicto respetuoso y resolviendo problemas (35)

6. Expresando sentimientos y pidiendo el cambio (29)
7. Los cuatro jinetes del apocalipsis (33)
8. Los hijos (7)
9. Perdonar es una decisión (39)

d. Con grupos, parejas o individuos cuyo interés principal es la educación de los padres

1. Rostro y Corazón, p. 77 de la sesión 1
2. Los padres (24)
3. ¿Qué tipo de papá quiero ser yo? I (25)
4. ¿Qué tipo de papá quiero ser yo? II (26)
5. ¿Qué tipo de papá quiero ser yo? III (27)
6. La crítica, p. 231, y desalentar el comportamiento, p. 237
7. Castigos efectivos, p. 250, y Revisión de técnicas, p. 256
8. Problemas que parecen no tener solución, pp. 263-264
9. Juntando todas las disciplinas, p. 278
10. Los hijos y la violencia familiar (7)

e. Con grupos de hombres en iglesias y templos y con grupos eclesiásticos de jóvenes

1. "Quetzalcóatl, el viaje del héroe" (1)
2. La vida espiritual y la violencia (37)
3. Derechos humanos (18)
4. La casa del abuso (2)
5. Tiempo fuera (3)
6. Alcohol y violencia (6)
7. Celos y malas interpretaciones (22)
8. Los cuatro jinetes del apocalipsis (33)
9. La vida espiritual y prevención de la violencia (38)
10. Perdonar es una decisión (39)
11. [Nos preparamos para las fiestas navideñas (apéndice A)]

f. Para asesoría de la violencia en la vida de los clientes

El siguiente material puede ayudar al terapeuta en la asesoría de los clientes nuevos. También puede auxiliar a cualquier persona que está buscando mejorar la calidad de su relación.

Notas breves para los terapeutas que usan este libro

Este libro contiene abundante y valiosa información sobre cómo acercarse con eficacia a los clientes con problemas de violencia familiar. A continuación se mencionan y comentan, a manera de prólogo, algunos de estos recursos.

Número de sesión	Páginas	Título	Uso
2	77	La casa del abuso	Averiguar si hay abuso y determinar los tipos de abuso que existen en la relación.
5	104	Ciclo del abuso	Investigar si el ciclo del abuso existe en la vida de la víctima, para ayudarla a ser más realista y a protegerse mejor.
6	109	Alcohol	Identificar si el alcohol o las drogas están influyendo en la vida de la pareja o del cliente.
8	121	El diálogo interior	Identificar los tipos de diálogo interior que están bloqueando el progreso del cliente.
12	139	Los desprecios	Identificar patrones de abuso y de baja autoestima en el cliente que puedan contribuir al abuso.
22	182	Los celos	Identificar creencias y esquemas del cliente que lo hacen celoso; ésta es una de las causas más frecuentes del abuso.
23	188	El sexo	Determinar si hay abuso sexual y violación en el matrimonio.
36	257, 258, 261 y 262	Expectativas de matrimonio	Identificar áreas de desajuste en la relación de pareja y aclarar los valores de la pareja.

Lineamientos

Como facilitadores de grupo, la primera impresión que causamos en el cliente es esencial, y más cuando ese cliente percibe que no tiene la opción de no estar en su grupo. Los clientes enviados por un tribunal suelen oponer una resistencia especial a la terapia y a la creación del *rapport* terapéutico.

Es importante que los clientes sientan que usted los respeta como personas, a pesar de las acciones negativas que los llevaron a formar parte de su grupo. Tenemos la oportunidad de ayudar a otro ser humano a reinventarse durante el tiempo que permanezca en el programa. Es una responsabilidad y un reto, pero es también un honor participar en tal proceso de cambio personal. Hay clientes que experimentan cambios profundos durante su tratamiento. Para ellos, se trata de un verdadero viaje del héroe y, por eso mismo, son los que más van a ayudar a sus compañeros en el camino de transformación. Utilicen su aportación para el beneficio de todos; se sabe que son los mismos miembros del grupo los que dejan una huella más honda en sus compañeros. El trabajo de los facilitadores es el de respetar, guiar y escuchar, a la vez que muestran, allá en la distancia, los objetivos del nuevo camino al que poco a poco van aproximando, a fin de que puedan seguirlo con confianza.

El papel del terapeuta es el de aceptar y guiar, ¡y no el de suponer que los clientes ya alcanzaron la meta en cuanto entran al grupo! Este programa se trata de un proceso de cambio, y si el cliente no llega a aceptar de corazón las nuevas maneras de pensar y de actuar, no habrá modo de forzarlo a hacerlo. El trabajo del facilitador es el de convencerlo, en la medida de lo posible, de que las nuevas actitudes redundarán en beneficio de su relación marital y de su propia vida. Por eso es muy importante motivar al cliente, desde el primer día, con nuestra actitud de aceptación, de paciencia y tolerancia. Es probable que el mundo en que el cliente creció y se formó es o era muy distinto del mundo del terapeuta, y esto será cierto cualquiera que sea su nacionalidad y etnia.

Recursos para el terapeuta que utilice este libro

Antes de que comience a usar este libro, lo invitamos a leer "Otra manera de ser hombre", para que comprenda el origen y la meta de gran parte del material del programa. Después le recomendamos la lectura de "Consejos clínicos", que es el fruto de muchos años de trabajo con hombres violentos con su pareja. Le ayudará a evitar muchas trampas en este trabajo desafiante. Luego estudie "El espejo roto"; le ayudará a participar un poco en la experiencia interior del hombre que llega a ser violento con su mujer, y le explicará la teoría y el método de este programa. Finalmente, si quiere entender más a fondo las técnicas cognitivo-conductuales, el capítulo de Daniel Saunders le ofrece mucha información.

Cómo usar este libro

El programa que contiene este libro integra elementos de modelos feministas, cognitivo-conductuales, autopsicológicos y culturales para el tratamiento de la violencia familiar. El formato del programa y el mensaje insisten en que los hombres examinen los aspectos de dominio y control de la violencia familiar, especialmente cuestiones de privilegio masculino y machismo, desde el punto de vista de las personas latinoamericanas. Ofrece a los hombres una capacitación intensiva en nuevas habilidades de autoadministración, comunicación, resolución de problemas y empatía con los demás. Los facilitadores de grupo emplean consistentemente un modelo autopsicológico y centrado en el cliente, que enfatiza el respeto a la realidad de los hombres –tanto en sus historias personales como en sus relaciones actuales– y una comprensión empática del porqué los hombres escogen actuar en la forma en que actúan. El modelo es cultural, político, educacional y psicológico. El modelo de Welland y Wexler ha sido construido cuidadosamente después de un largo proceso de prueba y sobre la base de la investigación en el campo de la violencia familiar.

Grupo abierto *versus* **grupo cerrado.** Este manual se diseñó originalmente para ser usado en un programa de 32 semanas en el que todos los miembros empiezan y terminan en la misma sesión. Sin embargo, por muchas razones, muchos grupos no quieren o no pueden usar este formato. El programa se adapta fácilmente a un formato de grupo abierto, mediante la utilización de todas las sesiones, excepto:

a. Las sesiones iniciales sobre La casa del abuso y tiempo fuera (sesiones 2 y 3), que se deben repasar cuando un participante se integra al grupo, como parte de su orientación. No se repiten en el grupo cada vez, pero se repasa este material frecuentemente cuando los participantes presentan sus exámenes de medio año y de graduación.
b. Las sesiones para medir el progreso y el nivel de responsabilidad (sesiones 13 y 14), que se deben repasar cuando el participante ha cursado aproximadamente 12 a 14 sesiones del programa.
c. Las sesiones sobre la prevención de recaída (apéndices B, C y D), que se utilizan cuando un participante está por terminar el programa.

Nótese que se ha incluido una sesión de prevención de recaída durante las fiestas navideñas (apéndice A), dado que la experiencia nos enseña que el aumento de contacto con la familia extensa y la exposición a la presencia de mucho alcohol en las fiestas pueden aumentar el riesgo de la violencia familiar para los miembros del grupo. Se sugiere cubrir el material de esta sesión una semana antes de Navidad y Año Nuevo. Si los facilitadores lo deciden, se podrían utilizar adaptaciones de este material cada vez que crean que los participantes están expuestos a alguna presión cultural del calendario que los induzca a celebrar de una manera que puede resultar negativa para sus relaciones.

Programas más largos. Hay numerosos programas que utilizan un formato de 52 semanas. Existen dos maneras de usar este manual en un programa más largo:

1. Muchas sesiones pueden ser extendidas a dos o más sesiones; esto permite revisar el material y llevar a cabo discusiones personales más a fondo.

2. Se puede reducir el número de sesiones a 26 si se prescinde de las sesiones 2, 3, 13 y 14 y de los apéndices A–D. Luego se puede repasar el programa de vuelta, de modo que cada participante pase por dos ciclos del material del programa entero. Las sesiones iniciales se revisan brevemente en la orientación personal de cada nuevo participante y cada vez que un participante haga su examen de medio año, que es requerido en muchos estados. Luego se integra el material de prevención de recaída antes de la graduación de los participantes que estén por terminar el programa.

Programas más cortos. Para los programas que incluyen menos de 42 sesiones, se deben seleccionar las sesiones más importantes, según el criterio de la corte, de la agencia y de los facilitadores, y según las necesidades específicas de los participantes.

Formas. Se incluyen en el libro varias formas que se pueden utilizar en los programas. Se puede usar cada forma tal como está, o se puede adaptar a las necesidades del programa particular, o se puede abandonar el uso de estas formas por completo. Las formas clave son:

- Control semanal
- Nota de progreso
- Forma de evaluación
- Orientación al grupo

Limitaciones. Hay muchos aspectos de la administración de un programa de tratamiento de violencia familiar que no están incluidos en este manual: el apoyo a víctimas, los procedimientos de admisión y evaluación, el trato del asunto de las cuotas, la coordinación de esfuerzos entre el sistema de tribunales y otras agencias, la selección y supervisión del personal, etc. *Recomendamos enfáticamente que las agencias desarrollen sistemas y pólizas para satisfacer la gama más amplia de servicios para tratar la violencia familiar.* Este manual fue diseñado sólo para tratar a hombres heterosexuales que hayan cometido algún acto o actos de abuso físico y/o emocional contra su pareja. Sin embargo, se ha adaptado fácilmente al tratamiento de ofensoras femeninas, ofensores gay y lesbianas, ofensores adolescentes y otras poblaciones.

Materiales audiovisuales

Una grabación en disco compacto que contiene *El reflejo que calma*, *El reflejo que calma versión breve* y *La escalera del enojo* está incluida en este libro. Se puede también sustituir con otras grabaciones de relajación.

Los videos que se pueden usar en varias sesiones son:

- *La violencia familiar, que se puede conseguir por medio de Intermedia (800-553-8336) en Estados Unidos.*
- *The Great Santini, que se puede comprar en español en muchas tiendas de video o pedir.*
- *Escena para la sesión 7 (los hijos presencian la violencia contra su madre): empieza en 1:28:29 y termina en 1:29:57.*
- *El castillo de la pureza, que se puede conseguir en Latin American Video Archives (www.lavavideo.org).*
- *La mujer de Benjamín y Profundo carmesí, que se pueden conseguir en algunas tiendas de video latino o pedir en www.mixup.com.mx/*
- *Qué ganamos con cambiar, que se puede conseguir en el Instituto Nacional de Salud Pública, México (www.insp.mx/).*

Material de trabajo para clientes. Los participantes de grupo de este programa utilizan el libro de trabajo, que incluye todas las formas que están marcadas como "Materiales de clase", y una serie de tareas para la mayoría de las sesiones. Estos materiales se presentan en un paquete para cada miembro del grupo. Se pueden adquirir copias del libro de trabajo en esta casa editorial. Se ofrecen descuentos para pedidos en grupo. Favor de notar que estos materiales son propiedad intelectual de los autores y no pueden ser reproducidos con copiadora.

Reconocimientos

Antes que nada, quiero dar las gracias al doctor David Wexler, que vio la utilidad de una versión castellana de su programa original y quien me ha apoyado en la tarea de sacar a la luz esta obra. El licenciado José Antonio Valenzuela Malagón fue colega invaluable en la traducción de este material. Agradezco también a Ricardo Contreras, MBA, y a la señora Adriana Ceseña, quienes fueron los especialistas en corrección de estilo para la edición en español. Ricardo Contreras fue el talento vocal para la producción del disco compacto. El doctor Scott Robinson, Ph.D., contribuyó con su talento como terapeuta al modelo "Acción," investigó películas mexicanas adecuadas para el uso del programa, y también trajo de la Universidad Nacional Autónoma de México escalas y medidas para el estudio de investigación que se realizó con ofensores latinos en el año 2003-2004.

Quisiera reconocer a los colegas que han estado y están estudiando el fenómeno de la violencia familiar entre la población latina de Estados Unidos desde hace varios años, y la aportación que sus trabajos han hecho a esta obra. Pienso en las investigaciones de los doctores Jorge Corsí, Julia Perilla, Etiony Aldarondo y Fernando Mederos, y otros. También reconozco a los colegas que llevan a cabo un trabajo clínico con esta población y quienes han escrito libros, artículos y programas para mejorar el tratamiento que se da a los hombres latinoamericanos. Me vienen a la mente nombres como los del doctor Ricardo Carrillo, Felipe Antonio Ramírez Hernández, Jerry Tello y el del maestro Francisco Cervantes del CORIAC en la ciudad de México. Agradezco personalmente el apoyo de la doctora Luciana Ramos, Francisco Cervantes y Pablo Herrera de la ciudad de México, quienes me ayudaron a investigar lo que ya existía en México cuando empecé este estudio en 1997.

Los siguientes autores, profesionales e instituciones me dieron bondadosamente permiso para citar su trabajo en esta edición castellana: doctor Robert D. Enright, maestro James Windell, Comisión Nacional de Derechos Humanos de México, Secretaría de Educación Pública de México, *No. 2 Violence* de Israel, y el obispo Ricardo Ramírez de Las Cruces, Nuevo México. Agradezco mucho la aportación de las investigaciones en la cultura azteca de Miguel León-Portilla.

No puedo dejar de agradecer al doctor Neil Ribner, presidente del comité doctoral para el estudio que forma la base para las adaptaciones de este libro y que ha sido una fuente inagotable de apoyo y ayuda práctica. Las doctoras Oliva Espín y Nancy Johnson formaron parte del comité y pasaron muchas horas revisando este material, por lo cual les doy las gracias. Agradezco también al doctor Bernardo Ferdman, ex presidente de la Sociedad Interamericana de Psicología, por el tiempo y el trabajo que se tomó en leer y comentar el manuscrito de este libro. Los doctores Heather Rafferty y Scott Robinson y los maestros Michelle Kole, María Ester Ortiz y Chad Cox me han ayudado durante los últimos cuatro años con el estudio piloto. No puedo imaginar cómo hubiera podido hacer el grupo sin la ayuda, apoyo y valor que todos ellos han demostrado.

Agradezco mucho la confianza y el apoyo de mi editor, Gerardo Gally, de Editorial Pax México, por creer en la importancia de esta obra y traerla al pueblo y a los profesionistas de América Latina.

Finalmente, quisiera agradecer a dos grupos de hombres: los que formaron parte del estudio original, cuyas voces se escuchan en las opiniones, experiencias y reflexiones de las citas que se encuentran en este manual; y los del grupo piloto, quienes han dado un servicio importante a mí y a sus compatriotas latinos, por medio de las correcciones, sugerencias y reflexiones compartidas con el grupo. A todos, gracias de corazón.

Espero poder recibir la ayuda de todos los que utilicen este manual para la afinación y evolución de ediciones futuras. No dejen de contactarme con sus ideas o experiencias.

CHRISTAURIA WELLAND
San Diego, California

Gran parte del material de este manual fue desarrollado como parte de una investigación de la evaluación de la eficacia de los programas de tratamiento de la violencia familiar copatrocinados por el Departamento de la Marina y el Instituto Nacional de Salud Mental. La investigación fue conducida por un equipo de la Universidad de Colorado, encabezado por el doctor Frank Dunford, de la Universidad de Colorado. Él nos ofreció sus sabios consejos y su apoyo impecable para afinar este programa.

El apoyo y el liderazgo constantes de la doctora Sandra Rosswork, directora del Programa de la Defensa de la Familia de la Marina en todo el mundo, han sido invaluables. El apoyo y las aportaciones de la teniente Pamela Murphy, directora del Programa de la Defensa de la Familia de la Marina en San Diego, al desarrollo de este manual, y de la teniente comandante Elizabeth Burns, directora del Programa de la Defensa de la Familia de la Marina en San Diego durante la creación e implementación del currículum, fueron esenciales al desarrollo exitoso del programa Grupo de Hombres. La teniente comandante "Cindy" Jones ha ofrecido apoyo muy valioso al desarrollo de nuestro programa.

El doctor Daniel G. Saunders ha sido asesor y un contribuyente distinguido a este programa desde el principio. Mucho de la estructura y varios de los lineamientos y ejercicios de este manual tienen su origen en él. Algunas de sus aportaciones específicas son mencionados en el texto, en particular el capítulo "Intervenciones feministas, cognitivas y conductuales de grupos para hombres que golpean". Él ha contribuido con su vasta experiencia en el campo de la violencia familiar y ha dado el nivel más alto de profesionalismo a nuestros programas y a este manual. Quisiera también agradecer a las trabajadoras sociales Suzanne Neil, Joan Tierney, y al doctor Allen Pluth por sus muchos años de colaboración valiosa.

El doctor James Reavis, ha hecho aportes significativos también, basados en su habilidad para guiar a los participantes del grupo a un nivel de autodivulgación más profundo. También el doctor Robert Geffner ha contribuido al desarrollo de muchos de estos materiales.

El Fondo de Prevención de Violencia Familiar nos ha dado permiso para adaptar algunas páginas de sus materiales de *Domestic Violence: A National Curriculum for Family Preservation Practitioners*, de Susan Schechter y Anne L. Ganley.

Quisiera agradecer al personal clínico del Instituto de Capacitación Relacional, que ha provisto servicios clínicos sobresalientes para el Programa de la Defensa de la Familia de la Marina en San Diego desde 1986. Sus contribuciones al programa y al afinamiento de este manual han sido muy valiosas. El personal clínico incluye a los trabajadores sociales Cindy Barton, Gene Batalia, Margaret Bouher, a los doctores Bob Bray, Ana DeSoto, Jerry Gold, Valinda Greene, Delores Jacobs y Christine Kennedy, Michelle Koonin, la doctora Patricia Landis, la trabajadora social, Leslie Lotina, el doctor Mitch Luftig, el trabajador social Ken Marlow, el doctor James Reavis, los trabajadores sociales Toni Slakas Sheila Stittiams, y los doctores Paul Sussman, Steve Tess y Christauria Welland.

Quisiera también agradecer a Susan Munro, mi editora, por su fe en este proyecto y por su juicio y percepción, que fueron consistentemente lúcidos.

El Consejo de Violencia Familiar de San Diego y los esfuerzos coordinados del procurador municipal, el procurador del distrito, el Departamento de Policía, jueces, agencias comunitarias y grupos de apoyo víctimas han creado un clima extremadamente fértil para el desarrollo de estas ideas.

Finalmente, agradezco a todos los hombres que han compartido tanto esfuerzo personal durante todos estos años de tratamiento. Hemos encontrado que los perpetradores de violencia familiar vienen en muchas formas y tamaños y que cada hombre tiene su historia única que contar.

DAVID B. WEXLER

Índice del cuaderno de trabajo

---

* Indica una sesión que forma parte de los ejercicios que se hacen con participantes individuales cuando se use la forma de grupo "abierto".

PARTE 1

FUNDAMENTOS

Otra manera de ser hombre: introducción a la edición en español[1]

Christauria Welland

El fenómeno de la violencia familiar

El censo de 2000 en Estados Unidos (U.S. Bureau of the Census, 2001b) demostró que la población de hispanoamericanos en Estados Unidos está creciendo rápidamente. Los latinos tienen no sólo una tasa de natalidad más alta que la población general, sino también una tasa muy alta de inmigración. Entre los latinos que residen en Estados Unidos, los méxico-americanos forman el grupo más numeroso: casi 60% de la población total de latinos.

Dada su cercanía a los países de origen, especialmente México, muchos inmigrantes pueden ganarse la vida por décadas sin tener que aprender inglés. Las comunidades latinas en los grandes centros urbanos están bien establecidas y los inmigrantes no tienen que hablar inglés para encontrar trabajo, vivienda y satisfacer otras necesidades. Son los hijos de estos inmigrantes de primera generación quienes aprenden inglés y asimilan más la cultura estadounidense. Sin embargo, no están obligados a perder el idioma ni la cultura de sus padres, por lo que al menos esta última se conserva por muchas generaciones (Vega, 1990). Este manual de tratamiento está dirigido a los inmigrantes que son todavía monolingües. No sólo no hablan inglés: los estudios demuestran que la mayoría de los clientes en los programas de violencia familiar para hispanohablantes tienen pocos años de educación y poca oportunidad de estudiar y comprender la cultura estadounidense (Welland y Ribner, 2001). Es por eso que parece injusto presentar un currículo de tratamiento a los clientes ordenado por la corte,

---

[1] Este artículo fue presentado en forma más larga como ponencia en el Congreso Interamericano de Psicología en agosto de 2001 en Santiago de Chile. La autora agradece a la American Psychological Association la ayuda que le proporcionaron para poder asistir al congreso con una beca de viaje.

currículo que normalmente deben atender durante un año entero, sin tomar en cuenta ni su cultura ni su idioma nativo. Una simple traducción
de un programa diseñado para norteamericanos no puede ser suficiente
para satisfacer sus necesidades como seres humanos, como esposos y padres y como clientes dentro de una cultura y un sistema legal que no entienden. La novedad de este programa es doble: además de que está basado en un programa norteamericano que tiene muchos años de prueba en
el campo clínico, la edición en español contiene los resultados de una investigación cultural del fenómeno de la violencia familiar entre latinos
(Welland, 1999), que se describe a continuación.

En Estados Unidos, una encuesta representativa del año 1990 demostró que la incidencia de la violencia familiar de hombres a mujeres en la
población general era de 12%, es decir, una de cada ocho parejas (Straus
y Smith, 1990). De estos casos, el 3% eran casos de violencia severa, que
se define como patear, dar un puñetazo, morder o estrangular. En la misma encuesta se encontró que la población latina en Estados Unidos tenía
una incidencia de 17% de violencia familiar de hombres a mujeres, y de
estos casos, 7% fueron severos. Los investigadores creen que la diferencia
de porcentajes se explica por tres factores: la mayoría de los latinos eran de
población urbana, de bajos recursos económicos y más jóvenes.

Sin embargo, una encuesta nacional de 2000, realizada por el National
Institute of Justice (Tjaden y Thoennes, 2000), encontró que el porcentaje de mujeres latinas residentes en Estados Unidos que habían sido asalta-
das físicamente por lo menos una vez en su vida fue de 53.2%, una cifra
comparable a la de mujeres de la población general (51.8%). Es difícil saber por este porcentaje si la violencia íntima que forma parte de esta tasa
es de veras más alta o si efectivamente es igual, pues los estudios no son
comparables. Lo que sí podemos afirmar es que no sabemos todavía cuál
es la tasa correcta de violencia familiar entre latinos en Estados Unidos. Pero con el crecimiento de la inmigración y la dispersión de la población latina por el país entero, hay una conciencia creciente de la necesidad de poner en vigor las leyes contra la violencia familiar tanto en la población latina como en la población general, y de ofrecerles un tratamiento que sea
adecuado y adaptado a sus necesidades (American Psychological Association, 1996).

En México, en 1995, se efectuó la primera Encuesta Nacional de Opinión Pública sobre la Incidencia de la Violencia en la Familia (Duarte,
1995). Se encontró que el 21% de las personas que respondieron conocían a alguien, por lo general una mujer o un niño, que había sido agre-

dido durante los seis meses previos al estudio. En varios estudios realizados en México se ha encontrado una incidencia de vida de violencia familiar física contra las mujeres de Jalisco de entre 44 a 57% (Ramírez-Rodríguez y Patiño-Guerra, 1997), mientras que en la ciudad de México encontraron una incidencia de 33% (Fawcett, Heise, Isita-Espejel y Pick, 1999) y en otros estudios en varias partes de la república mexicana encontraron porcentajes entre 28 y 60% (Miranda, Halperin, Limón y Tunón, 1998; Valdez y Juárez, 1998). Aun reconociendo la diferencia en escalas de medición y en la metodología de estas investigaciones, no cabe duda de que en ambos países el problema de violencia de pareja es endémico, por lo que debe ser considerado una amenaza mayor a la salud pública.

Según el censo de 2000 en Estados Unidos (U.S. Bureau of the Census, 2001a), los hispanoamericanos son el grupo minoritario más numeroso en Estados Unidos. Hay cerca de 36 millones de latinos en el país, de los cuales 21 millones son de origen mexicano. Como los residentes latinos de San Diego, donde se hizo el estudio que forma la base del nuevo programa, constituyen el 26% de la población general, se prevé que llegará a 33% dentro de 20 años (San Diego Association of Governments, 2001). Así pues, resulta claro que programas de tratamiento diseñados específicamente para hombres latinos violentos van a ser cada vez más necesarios y pertinentes para terapeutas que trabajan en aquella región. No sólo eso, sino que quisiéramos poder construir juntos los antecedentes para que a la larga se establezcan grupos terapéuticos parecidos en México. Reconocemos que desde hace ya varios años ha habido en México grupos de hombres voluntarios (ej., CORIAC) que están tratando de producir cambios personales para mejorar sus relaciones íntimas. Sin embargo, la falta de programas ordenados por un tribunal hace que la mayoría de los hombres violentos no asistan a terapia a fin de llevar a cabo estos cambios tan necesarios para la salud física y emocional de la familia. En el resto de América Latina se está trabajando con miras a ofrecer esta terapia, pero todavía faltan las sanciones legales que obliguen a los clientes a someterse a ella. Una de las metas de este libro es ofrecer a los terapeutas latinoamericanos un programa que pueden empezar a utilizar antes de que la terapia sea ordenada por el tribunal, para así convencer al Poder Judicial de la eficacia de estas intervenciones.

La voz de los expertos en el fenómeno de la violencia familiar

La adaptación del texto original del doctor Wexler a la cultura latina y a los ofensores latinos está basada en una encuesta demográfica (Welland y Ribner, 2001) y en el análisis cualitativo de los datos recogidos por la autora en una población de ofensores mexicanos de la ciudad de San Diego, California (Welland, 1999). La investigación tuvo el propósito de identificar los temas culturales que debían formar parte del tratamiento ordenado por un tribunal para los hombres latinos violentos con su pareja –en este caso, los inmigrantes mexicanos de habla española.

El programa incluye numerosas y significativas declaraciones de los hombres que participaron en el estudio. Se han cambiado todos los datos que puedan identificar a estas personas, pero sus palabras son auténticas y dan respuesta a las preguntas generales que formaron la entrevista cualitativa. Se sugiere presentar estos participantes a los clientes para que comprendan de dónde vienen las citas. Su inserción en el programa pretende ayudar a los participantes a entender y a tomar más en serio el material que se presenta. Ellos, como los participantes en los grupos que usarán este manual, son los expertos en violencia familiar, desde el punto de vista masculino, aunque quizá todavía no lo reconocen. Se espera que los participantes se sientan comprendidos por los compañeros que los han precedido en la búsqueda del *hombre nuevo*, de un hombre diferente del que habitaba con anterioridad su mente y su corazón.

La investigación que se hizo

Las preguntas formuladas en el estudio (Welland, 1999) fueron:

1. ¿Cuál es el perfil demográfico y de los factores de riesgo de los hombres latinos que son violentos con sus parejas en la región de San Diego?
2. ¿Cómo fue su experiencia subjetiva de la violencia familiar?
3. ¿Cómo fue su experiencia subjetiva del tratamiento para la violencia familiar ordenado por el tribunal?
4. ¿Qué componentes de la cultura mexicana o latina deben ser incluidos en programas de terapia de violencia familiar para inmigrantes latinos de primera generación?

Método

Se hizo el estudio en dos partes. Primero se elaboró una encuesta dirigida a 159 hombres que estaban cursando grupos terapéuticos para la violencia familiar en español en el condado de San Diego (Welland y Ribner, 2001), y luego se hicieron 12 entrevistas cualitativas de fondo a participantes en la encuesta. Toda la investigación fue realizada en español. A continuación presentamos algunas de las respuestas más importantes a la encuesta, que tenía 50 artículos.

1. *Procedencia de los encuestados*: 89% de los latinos en tratamiento en San Diego son mexicanos.
2. *Edad y logro académico de los encuestados*: 65% del total tenían 35 años o menos. Cuarenta y nueve por ciento de los respondientes tenían ocho años de estudio o menos, y 37% tenían 6º grado o menos.
3. *Historia de violencia familiar en la familia de origen de los respondientes*: 45% de los hombres habían sido expuestos a la violencia familiar en su niñez.
4. *Historia del abuso de niños en la familia de origen de los respondientes*: 51% reportaron haber sido objeto de abuso por parte de sus padres cuando eran niños o adolescentes.
5. *Promedio de ingresos anuales de los respondientes*: la mayoría era de bajos recursos. Calculando que el número promedio de niños en la familia era casi tres (2.7), 70% de los respondientes vivían en la pobreza según las normas federales de Estados Unidos.
6. *Incidentes de violencia familiar previos*: 53% de los respondientes habían cometido la violencia familiar en al menos una ocasión previa, pero no habían sido arrestados.
7. *Arresto por manejar bajo la influencia de sustancias*: 37% de los respondientes habían sido arrestados al menos una vez por manejar bajo la influencia del alcohol; 84% reportaron que tomaban, y del total cerca de 30% reportaron que tomaban mucho antes de entrar en el programa.
8. *Bajo la influencia del alcohol a la hora del arresto*: 44% de los respondientes reportaron que estaban tomados durante el incidente de violencia familiar.
9. *Niños que presenciaron la violencia familiar*: 57% de los hijos de los respondientes estaban presentes en el hogar durante el incidente violento y 7% de ellos estaban en el mismo cuarto y vieron todo. Es muy

probable que la mayoría de los que estaban en otras habitaciones de la casa sabían que sus padres estaban peleándose.

Factores de riesgo para la violencia familiar

Hay varios factores de riesgo que están correlacionados con la incidencia de la violencia familiar en la población estadounidense (Geffner, Jaffe y Suderman, 2000).

Brevemente, los tres más importantes son:

1. *Historia de violencia familiar,* que puede ser la de haber padecido la agresión de los padres en la niñez y/o la de haber presenciado la violencia familiar en el hogar.

2. *Bajo nivel socioeconómico,* que incluye el bajo logro académico, la definición del cual varía de país en país. Aunque el abuso de la pareja ocurre en todos los estratos económicos y étnicos, la tasa de agresiones en las familias norteamericanas de bajos ingresos fue cinco veces más alta que para las familias de más altos ingresos. Se cree que el estrés del desempleo y de vivir en los barrios marginados, el poco estudio y los bajos ingresos afectan más a los grupos minoritarios que la población anglosajona de Estados Unidos. Es difícil separar la pobreza del grupo étnico, como variables indicadores independientes de la violencia. Además, no se sabe cuántas mujeres de la clase media o alta no reportan la violencia familiar por motivos de vergüenza, temor a perder ventajas económicas, falta de vecinos cercanos que llamen a la policía, etc. Se cree además que muchas de las mujeres con mayores recursos acuden a hoteles o se quedan con familiares cuando hay violencia, y nunca llegan a albergues donde entrarían en la estadística de las víctimas.

3. *Uso y abuso del alcohol.* Algunos hombres que toman con frecuencia no maltratan a la pareja, pero los que beben crónicamente están más expuestos al riesgo de hacerlo. Un promedio de 60% de golpeadores eran abusadores crónicos del alcohol o alcohólicos. La investigación en Estados Unidos demuestra que los mexico-americanos son sobrerrepresentados en los programas de tratamiento para el alcoholismo, y que el abuso del alcohol es un problema social y de salud mayor para esta población (Gilbert y Cervantes, 1986).

Es interesante que muchos estudios de la violencia familiar en Estados Unidos han encontrado que los papeles de género tradicionales *no* son factores de riesgo para la violencia familiar (Hotaling y Sugarman, 1986), excepto en los casos de mujeres que han buscado albergue para escapar de los hombres muy peligrosos, por su violencia severa. Los resultados de esta investigación, por otra parte, sugieren que los papeles de género tienen mucho que ver con la violencia familiar, aun en los casos menos severos.

Al observar los resultados de la encuesta y compararlos con los factores de riesgo en la población general, los datos sugieren que los mexicanos en tratamiento para la violencia familiar que participaron en el estudio muestran el mismo perfil demográfico e histórico de la población general de hombres violentos con su pareja en Estados Unidos y otros países. Desafortunadamente, las estadísticas de la encuesta demuestran también que se está produciendo una nueva generación de hombres violentos con la pareja si no hay intervención temprana en las familias de estos mexicanos inmigrados, ya que presenciar la violencia es el factor de riesgo que más induce a los niños a hacerse golpeadores en el futuro (Geffner, Jaffe y Suderman, 2000). Se supone que si hubiera terapia ordenada por tribunal en México y Latinoamérica, el perfil de los ofensores sería muy parecido, aunque todavía no se conocen estudios que lo verifiquen.

¿Por qué la investigación cualitativa?

De los hombres que hicieron la encuesta, más de 60 se ofrecieron voluntariamente a participar en entrevistas individuales de dos horas cada una. De estos hombres, se seleccionaron 12 para participar en la entrevista cualitativa. Todos ellos habían completado o casi completado su tratamiento de 52 semanas. Se escogieron los 12 participantes para las entrevistas de hojas demográficas separadas que se dieron a los respondientes de la encuesta. Se utilizó el método de selección *muestreo de variación máxima*, que significa que el investigador busca a participantes que representan una gama amplia de experiencias diversas del fenómeno que se está estudiando.

El análisis cualitativo es un proceso de desconstrucción y luego de reconstrucción de las palabras y significados de los participantes en una unidad integrada, una colección de temas destacados que forman la experiencia de múltiples facetas de la persona entrevistada (Maykut y Morehouse, 1994). Provee una muestra más rica de información de la que se puede recoger normalmente de un estudio cuantitativo. Aunque este tipo de investigación no está diseñado para generalizarse a un gran número de participantes y experimentos, los resultados pueden abrir el camino para estudios futuros, que se puedan generalizar. Es la diferencia entre la prueba y el descubrimiento. Ya que hay muy poca investigación sobre el tema, la presente indagación fue como una expedición a terrenos desconocidos. Se espera que otras personas construyan sobre este trabajo usando ambos tipos de diseño.

Dado su bajo estatus económico, los entrevistados en el estudio nunca habían tenido una voz, ni en México ni mucho menos en Estados Unidos. Usando el análisis cualitativo, se pudo escuchar aun a los analfabetos. Los 30 años que tiene la autora de trabajar con mexicanos de bajos recursos económicos, y su experiencia con el tratamiento para la violencia familiar, tanto para las víctimas como para los ofensores, le dio la ventaja y la posibilidad de acercarse a los participantes con empatía. La investigación sugiere que un acercamiento empático es la única manera de alcanzar a un hombre violento, y quizá se podría decir lo mismo de una población marginada que vive en una atmósfera de discriminación e intolerancia.

A pesar del uso de muestreo de variación máxima, se encontró que 83% de los participantes en las entrevistas llenaron los criterios para el abuso o la dependencia del alcohol; 60% dieron testimonio sobre el abuso de su madre por su padre durante su niñez; 75% habían sido maltratados como niños, y muchas veces de una manera brutal y sin razón. Todos menos uno habían sido expuestos a la violencia en la comunidad en que se criaron y éste había padecido de un trauma cerebral.

Resultados de las entrevistas cualitativas

Se encontraron 13 temas destacados, que se categorizaron en cinco áreas: elementos positivos de la cultura latina, la justificación que dieron los entrevistados por su acto de maltrato, la experiencia del tratamiento para la violencia familiar, los resultados del tratamiento que percibieron, y los temas culturales que identificaron para añadir a los programas de violencia familiar para los inmigrantes latinos.

Fuerzas ecosistémicas de la cultura mexicana

Los entrevistados identificaron cuatro elementos de su cultura que condenan la violencia familiar y que podrían servir como factores protectores (Falicov, 1996; Hill, Soriano, Chen y LaFromboise, 1994; Marín y Marín, 1991).

1. Aspectos positivos del papel de género masculino, como la responsabilidad, la provisión y la protección de la familia.

2. *El familismo*, la fuerte identificación y el apego a la familia nuclear y extensa, y sentimientos fuertes de lealtad, reciprocidad y solidaridad entre los miembros de la familia.

3. El respeto, que se define como la conducta deferente apropiada hacia los demás basada en la edad, la posición social, el estatus económico y el género.

4. La importancia de los valores espirituales, en este caso el catolicismo, que era la religión de 11 de los 12 entrevistados. Según ellos, su religión les ofrece una estructura para la vida familiar cariñosa y respetuosa (cf. Bach y Rita, 1982).

Sin embargo, aunque los 12 reconocían la importancia de estos valores culturales, habían sido violentos en el seno de la propia familia, actuando de una manera muy irrespetuosa con sus parejas, verbal, emocional y físicamente. Hubo también casos de violación marital u otros de abuso sexual. Es probable que los factores de riesgo importen más que los factores protectores de la cultura, aunque no ha habido investigaciones específicamente dirigidas a este tema de la violencia familiar.

La experiencia de la violencia familiar

A continuación enumeramos las razones que los entrevistados dieron para tomar la decisión de ser violentos. Están ordenadas según la importancia que ellos les dieron.

La normalización de la violencia. Ellos aprendieron a ser violentos porque estaban rodeados por la conducta violenta en sus familias de origen y en sus comunidades. Esta explicación corresponde a la teoría de aprendizaje social de la transmisión intergeneracional de la violencia (Bandura, 1979).

Aspectos negativos del papel de género masculino. Éstos incluyen tanto los aspectos *generalmente negativos*, por ejemplo la superioridad del hombre y el deber de la mujer de servirlo, como el *machismo*, que ellos describieron como una distorsión todavía más exagerada del papel masculino, en el que el hombre es agresivo, controlador, arrogante, mujeriego y bebedor pesado, para mencionar sólo algunos rasgos. Rogelio, uno de los participantes, describió cómo piensa y actúa el machista:

> De mi padre aprendí que hay que pegarle a la mujer para enseñarle que uno es hombre. Que uno manda en la casa. Y que hay que tener más mujeres, después de la esposa... No hay una convivencia con la pareja. El machismo, no más, la orden que uno da, no más. Tráeme eso, dame lo otro, hazme de comer. Nunca atiende a los niños. Allá falta mucha orientación de cómo vivir, cómo llevar una

relación. Incluso mi padre lo dice, como: "Mira al vecino, que llevó el maíz a moler al molino. ¡Qué tonto! Parece que no tiene mujer". Pero, creo yo, qué tonto él que piensa así, porque el otro sí quiere a su esposa.

La influencia de lo que habían aprendido como papel de género masculino, que se puede llamar la socialización de género patriarcal, resultó un tema muy interesante para todos los hombres, lo que sugiere una diferencia cultural con las investigaciones hechas en Estados Unidos, donde no han encontrado que los papeles de género sean factores de riesgo en la mayoría de los casos. Este resultado apoya la teoría sociocultural (Dobash y Dobash, 1979). Otro descubrimiento inesperado e interesante fue que todos los entrevistados consideraban el machismo como una distorsión fuertemente negativa del papel de género masculino y que eran inconscientes del significado más general (es decir, tanto positivo como negativo) que proporcionan los investigadores transculturales (Casas, Wagenheim, Banchero y Mendoza-Romero, 1994).

Disfunción psicológica relacionada con el trauma temprano. La mayoría de los entrevistados había padecido el abuso físico y emocional como niños y había presenciado la violencia familiar en sus familias de origen. Cinco de los hombres tenían síntomas claros del trastorno de estrés postraumático, aun después de 30 años (cf. Hamberger y Hastings, 1986). Otros tenían problemas de control de impulsos o de depresión.

Incapacidad inadaptiva para afrontar la realidad. Ésta incluye una falta de habilidades relacionales, el enojo incontrolado y una alta incidencia de abuso y dependencia del alcohol. Se vio en la gran mayoría de los casos (83%) la influencia del alcohol en su conducta disfuncional, lo que sirve para subrayar la importancia de la necesidad del tratamiento simultáneo para el abuso de sustancias. La falta de habilidades de afrontamiento y la presencia de cogniciones distorsionadas forman la base de la teoría cognitivo-conductual de la violencia familiar (Holtzworth-Munroe y Hutchinson, 1993).

Estresantes ambientales, como la pobreza y las dificultades incesantes con la inmigración y la discriminación. Esto da apoyo a la teoría ecosistémica de la violencia familiar en los niveles del macrosistema, del exosistema y del microsistema (Corsí, 1994).

La experiencia de la terapia en grupo

Los hombres encontraron que estar en un grupo con otros latinos aumentó el valor de su tratamiento, por mucho que hubieran llegado al grupo enojados y negando las acusaciones de violencia. Superaron un obstáculo mayor cuando *ellos* tomaron la decisión de cambiar y cuando empezaron a escuchar el contenido del programa, a participar en las discusiones y en la autodivulgación. Reportaron un gran cambio cuando llegaron a ese punto, y dijeron que había un pequeño número de clientes que pareció *no* sacar provecho del grupo terapéutico. El respeto del grupo y del terapeuta fue para ellos de gran importancia y promovió una atmósfera en la que podían aprender y abrirse. Todos los entrevistados encontraron que el material o contenido del programa les fue muy útil y apropiado a su situación, aun sin las adaptaciones o adiciones culturales. Sin embargo, dijeron que hubieran apreciado un acercamiento más apropiado a su cultura.

Conducta del terapeuta

Los hombres hablaron de la eficacia de un método de enseñanza claro y estructurado, y de la inutilidad de un método autoritario y desenfocado.

El estilo clínico del terapeuta recibió todavía más atención de parte de los entrevistados. Alabaron cualidades personales del terapeuta como confianza propia, respeto, simpatía, amabilidad, tranquilidad y comprensión. Las habilidades terapéuticas que más apreciaron fueron la capacidad de autodivulgar, de escuchar atentamente mientras ayudaban a los hombres a asumir la responsabilidad por sus acciones, el uso del humor, y la capacidad de esperar hasta que los clientes se sintieran cómodos en la autodivulgación.

Raúl describió a su terapeuta, una mujer centroamericana:

> Yo la sentí de muy bonito carácter, una cosa como de paz, de tranquilidad, y empecé a comunicarme con ella, empecé a sentir confianza. "Si deseas participar lo que sientes, si deseas decirnos cómo sucedieron las cosas, adelante. Si te sientes mal, si quieres empezar a conocernos un poco para que vayas expresando cómo pasaron las cosas, adelante. Aquí no hay presión. Todo eso está en ti". Si no hubiera habido ese respeto desde el comienzo, si no hubiera sentido yo ese respeto, allí es donde sentí yo esa confianza, ese deseo de participar.

El hombre que hizo este comentario había cursado el mismo programa antes con un terapeuta masculino, que era confrontador e intrusivo. Dijo que no progresó allá y se la pasaba constantemente enojado en aquel grupo. Durante su tratamiento volvió a agredir a su mujer. Luego lo arrestaron de nuevo y empezó la terapia por segunda vez.

La estrategia terapéutica que les gustó menos fue la actitud cerrada que tenía el terapeuta, en algunos casos, hacia escuchar su lado o su visión de la historia de su relación, y de validar sus preocupaciones. Algunos terapeutas tenían a veces la tendencia a confrontar y a echar la culpa a los hombres por todos los problemas que existían en su relación. Esta actitud no les ayudó a tomar responsabilidad, porque se preocupaban más bien por defenderse (cf. Murphy y Baxter, 1997).

Los hombres reportaron que no les importaba mucho el grupo étnico de su terapeuta, mientras él o ella hablara bien el español y poseyera tanto un buen entendimiento del material educativo como una profunda comprensión de la cultura mexicana y latina. Sin embargo, esto no siempre fue el caso, como explicó Blas:

> Pienso que tienen en mente que el mexicano es muy diferente de cualquiera de ellos. Que el machismo..., que son muy borrachos... Aplican todos esos estereotipos. Nomás dicen 'un mexicano' y entonces ven una pantalla grandota: borracho, mujeriego, ya lo tienen clasificado en una forma, aunque si lo ven bien, en México, como en cualquier otro país, hay un poco de todo. Como en todo el mundo va a ser lo mismo. Me sentía incómodo, porque lo decían como atacando o tratando de hacernos sentir un poco menos... Me hubiera gustado que hubieran conocido más a fondo.

Afortunadamente, esto no fue la experiencia de la mayoría de los entrevistados y dijeron, al contrario, que les daba más confianza en la terapia el conocimiento cultural del terapeuta. Este resultado está de acuerdo con las investigaciones que demuestran que la credibilidad es la variable proximal, mientras que el grupo étnico es una variable distal (Maramba y Hall, 2002; Sue y Zane, 1987.)

Resultados percibidos del tratamiento

Los entrevistados sentían mucho orgullo por los cambios de actitud y de conducta que habían realizado gracias al programa, como las habilidades de comunicación mejoradas, y la capacidad de controlar su enojo. Identificaron como elemento vital de su nueva visión de la familia el aumento de la flexibilidad en los papeles de género. Asimismo, la igualdad de género fue para la gran mayoría de ellos un concepto nuevo. Sin embargo, después de una larga batalla, lo habían aceptado y lo estaban integrando en su relación actual. Superar la adicción al alcohol, con sus problemas personales y relacionales, fue uno de los logros más importantes para muchos de ellos, algo que no se puede destacar demasiado. Finalmente, hablaron con gratitud de las nuevas habilidades respecto a cómo ser padres de familia que habían adquirido como parte de su tratamiento. Aprender a demostrar cariño y a cuidar a los hijos fue una de las ganancias mayores del programa, aunque no todos los terapeutas la valoraron, ya que normalmente forma una parte muy reducida de los programas.

Lucio expresó su gratitud por lo que había aprendido como papá:

> El hijo quiere ser como el papá. El hijo se pone los zapatos de uno y hace lo que uno hace; entonces el ejemplo es uno. Entonces para mí en lo personal, yo todo el tiempo luchando, y quiero aprovechar toda la experiencia de los grupos, las clases, para darle a mi hijo la mejor educación posible. El respeto hacia los demás, hacia las mujeres, hacia los maestros, hacia las personas adultas. Como dije al principio, mi hijo..., no quiero que sea como yo... que sea mejor.

Elementos culturales identificados por los participantes

Enseguida se presenta la información que fue el enfoque mayor de la investigación, es decir, los elementos culturales que identificaron como esenciales para mejorar el tratamiento de hombres latinos. Estos elementos son la base de las adaptaciones que se incorporaron al nuevo programa de tratamiento para latinos que presenta este libro.

Hacer hincapié en la discusión sobre los papeles de género masculinos muy rígidos, especialmente acerca del machismo, pues los participantes dijeron que influía mucho en su pensamiento y en su conducta. En el nuevo programa, este tema se discute con mucha frecuencia. El modelo de modificación de los papeles de género se presenta como un tipo de "viaje del héroe" y utiliza la presión por parte del grupo, y no del terapeuta, como clave para efectuar el cambio. El programa utiliza historias de los textos antiguos de los aztecas que demuestran cómo debe actuar el hombre fiel a su cultura (Carrillo y Tello, 1998; Leander, 1972; Leeming, 1990; León-Portilla, 1956; Townsend, 1992), algo que es casi desconocido desde la conquista española, por lo menos entre las personas mestizas con poco estudio. El concepto de la igualdad se presenta utilizando documentos de la Comisión Nacional de Derechos Humanos de México. Sin embargo, los terapeutas deben esperar bastante resistencia a la idea de la igualdad de género y tratar de presentarla como ganancia para el hombre, y no como pérdida de nivel social.

Enfatizar la educación de padres, porque la mayoría de ellos no recibieron un modelo de padre positivo y no saben cómo ser buenos papás. Las investigaciones prueban que lo que más motiva a los latinos es el bienestar de sus familias (Falicov, 1996; Marín y Marín, 1991), y los entrevistados mostraron un fuerte deseo de romper el ciclo intergeneracional de falta de cariño y expresividad paternal, y del maltrato y brutalidad que muchos de ellos habían vivido. La educación para ser buenos padres está incorporada en muchas sesiones del programa por medio de El Rincón del niño, y hay una sección específica de educación para padres (Windell, 1994) que incluye los efectos de la violencia familiar en los niños.

Reconocer la discriminación contra los inmigrantes y vincularla con la discriminación contra las mujeres, usando su experiencia negativa para crear la empatía hacia las mujeres. Respeto a la dignidad humana es la base de este material, y el reconocimiento de su realidad como inmigrantes sirve para validar y explorar un poco su experiencia (Washington Lawyer's Committee for Civil Rights and Urban Affairs, 2001; Juan Pablo II, 1988). Aunque se podría decir mucho acerca de su estado de marginalización, la experiencia demuestra que no es productivo ni terapéutico enfatizar un tono de victimización en el grupo. Al contrario, se usará su experiencia para expandir su comprensión de la marginalización, y su deseo de cambiar el desnivel social que existe entre los géneros en su cultura y específicamente en su familia. Es decir, es un nexo para llegar a empatizar con la discriminación contra la mujer.

Discutir las dificultades que puedan surgir de la inmigración, especialmente las relacionadas con los cambios en los papeles de género, para ambos sexos (Casas *et al.*, 1994). Se ve que muchos de estos temas están vinculados de alguna manera con el machismo. Se utilizan los resultados de los estudios y teorías que se han hecho para facilitar, en vez de bloquear, cambios futuros en su identidad masculina. El método terapéutico es importante aquí, porque muchos participantes pueden sentir que se está retando su autopercepción como hombres.

Discutir abiertamente el abuso sexual conyugal, aunque les dé pena hablar de esto enfrente de una terapeuta femenina —pues según los participantes y la experiencia terapéutica, el problema es tan común que se debe discutir a fondo, y trabajar juntos para reemplazar la coacción con el respeto. También se incluye el tema de las relaciones extramaritales y cómo estas aventuras llegan a ser un tipo de abuso emocional, sexual y hasta físico para su pareja, si con el acto íntimo con otras personas le traen alguna enfermedad sexual.

Incluir la discusión de la espiritualidad y la manera como se relaciona con la prevención de la violencia familiar. De los respondientes a la encuesta, 89% constataron que su religión tiene mucha importancia en sus vidas (Welland y Ribner, 2001). Once de los 12 entrevistados dijeron creer que su religión católica está en contra de la violencia familiar. Expresaron el deseo de que se integren las creencias espirituales en su tratamiento, pues los dos se complementan. También querían aprender de sus compañeros cómo utilizar las creencias y prácticas espirituales para vencer sus costumbres negativas. ¡Para este cambio en el programa, no había marco ni mapa! En Estados Unidos es difícil que un programa ordenado por la corte contenga material religioso. Sin embargo, como la cultura latina integra el punto de vista espiritual a la vida cotidiana de manera mucho más notoria que la cultura estadounidense, los participantes opinaron que un acercamiento de este género no debe evadirse. Esta unidad contiene citas de la Biblia, así como algunas declaraciones actuales del judaísmo (Rasnic, 2001), de las iglesias evangélicas (Stanley y Trathen, 1994) y de la iglesia católica (Conferencia General del Episcopado Latinoamericano; Juan Pablo II, 1979, 1981, 1988, 1992; Ramírez, 2001) relacionadas con el respeto, el amor, y los derechos humanos tanto de las mujeres como de los hombres. Así, pueden proseguir el camino de la igualdad de género sin miedo a abandonar su herencia religiosa.

Puede ser también muy útil que intercambien sus experiencias positivas de cómo la fe les ha ayudado a cambiar sus vidas. Ésta es la base de Alcohólicos Anónimos, al que muchos de ellos están obligados a asistir por la corte, al mismo tiempo que cursan el tratamiento para la violencia familiar. El tema de la espiritualidad relacionada con la violencia familiar es otra área de investigación que todavía no se estudia mucho en Estados Unidos, y se espera que la cultura latina nos abra el camino en lo que a esto se refiere. La última sesión de esta unidad trata del perdón, cómo darlo, pues muchos de los participantes (cerca de 50%) fueron víctimas del trauma temprano, y cómo pedirlo y recibirlo (Enright, 2001).

Finalmente, se trata de la prevención de recaída, una de las etapas de aprendizaje más importantes de la enseñanza del libro. Prevenir la recaída durante los períodos de alto riesgo, como en las fiestas navideñas, se discute en una sesión especial. También cada miembro, como parte de su graduación del programa, presenta su plan de prevención de recaída al grupo, donde resume todas las habilidades que ha aprendido y puesto en práctica durante su tratamiento. Si los cambios que logran en grupo no se extienden a su vida futura, de muy poco sirven.

Conclusiones

Uno de los resultados más importantes de este estudio, según el parecer de la autora, fueron las cualidades tanto positivas como negativas de los terapeutas que los participantes identificaron. Sus experiencias y preferencias están de acuerdo con las investigaciones recientes, que demuestran la mayor eficacia de un acercamiento empático con la población de ofensores de violencia familiar (Murphy y Baxter, 1997). Enseguida enumeramos algunas de las cualidades y deberes personales y terapéuticos que ayudaron a los participantes en su tratamiento:

- Cualidades personales de respeto, simpatía, personalismo y autodivulgación apropiados.
- Los terapeutas deben ofrecer una nueva visión de los papeles de género sin atacar, rechazar o menospreciar a los hombres, y deben apreciar las dificultades que enfrentan para aculturarse en Estados Unidos, si ese es el caso.
- Deben respetar el ritmo de cambio de los clientes y no tratar de forzarlos a cumplir con el programa prematuramente.
- No deben olvidar felicitar a los clientes cuando tengan éxitos grandes o pequeños en el programa.
- Deben estar muy conscientes de la posibilidad de trauma en las historias de los clientes, y deben ofrecerles tratamiento aparte para aquello, si se requiere.

El desafío de lograr cambios importantes en un problema social tan arraigado en casi todas las culturas, incluida la cultura latinoamericana, es muy grande y puede parecer imposiblemente complicado. Por eso, la autora quiere terminar con algunas citas de los mismos participantes, para ofrecer esperanza a los colegas y también para subrayar el deseo que tienen muchos hombres de superarse. Uno de ellos, un hombre con un nivel de educación de sexto grado y con una historia de trauma y alcoholismo, dijo: "Yo era así, y yo cambié. Si yo lo puedo hacer, ellos también pueden".

La autora quiere agradecer a los hombres que compartieron su experiencia con ella. Su valentía y apertura para discutir su viaje personal por el dolor y la oscuridad hacia la luz preparan el camino para otros hombres como ellos a dejar atrás el pasado y a crear una nueva vida para sí mismos y para su familia. Como dijo tan sencillamente Leonardo de su experiencia de terapia: "Me gusta que me enseñó otra manera de ser hombre".

Consejos clínicos

David Wexler

Se recomienda tener en mente estos lineamientos durante todo el curso del tratamiento:

1. *Respeto.* Muchas veces es difícil para los terapeutas escuchar las historias de los hombres en nuestro programa desapasionada y compasivamente. Todos entramos en este ambiente con nuestros valores y juicios, y el proceso de comprender a un hombre que maltrata a su pareja es capaz de provocar emociones difíciles.

   Los hombres que participan en este programa merecen nuestro respeto —no, evidentemente, por las acciones que han tomado, sino por las historias individuales que los han llevado a actuar desesperada y destructivamente. Es muy útil reconocer que muchos de los hombres en nuestros grupos —como cada uno de nosotros— han sido confrontados con emociones que no sabían manejar. Y les faltaban las habilidades necesarias para manejar estas emociones en forma constructiva y proactiva.

2. *Marcando el paso y guiando.* Una estrategia clínica para facilitar estas metas se llama *pacing and leading* (marcando el paso y guiando). Desarrollada originalmente a partir del trabajo de Milton Erickson, esta táctica utiliza cuidadosamente la *técnica de espejo* para comprender mejor la experiencia de la otra persona, técnica que es seguida por una sugerencia *guía* que la lleve hacia una manera nueva de pensar y de actuar.

   En nuestros grupos, "marcar el paso" significa reflejar al hombre nuestro entendimiento de su experiencia:

   Habrás sentido que perdías el control totalmente cuando Julia te confrontó acerca del beber. Allí está ella, cargando al bebé, diciéndote que tienes que irte hasta que dejes de beber por completo. Y tú sólo podías pensar que ella te estaba quitando todo – ¡incluyendo a tu hijo! Y tenías miedo y te sentías muy impotente y avergonzado, todo revuelto. Y luego sentías que tenías que hacer algo para recuperar el control de la situación. En ese momento habrás sentido que nada importaba, salvo forzarla a quedarse. Podías sentir tu cuerpo calentándose y tus músculos se volvían tensos. Entonces la atacaste y se cayó con tu hijo en sus brazos.

Entonces, y sólo entonces, se procede a "guiar": *Pero Juan, te conozco, y sé que no eres una persona que quiere lastimar a su hijo o a su esposa. Sé que vas a poder encontrar la manera de no hacer algo que vaya tanto en contra de tus valores. Es tiempo de hacer una pausa y de decirte a ti mismo: "No quiero lastimar a mi familia... No quiero lastimar a mi familia..."* Juan miró el piso y empezó a llorar. *"Es cierto."* Esta secuencia de comunicarle comprensión empática, y respeto hacia la experiencia del hombre, seguida por una nueva perspectiva o idea, ha resultado muy valiosa en estos grupos.

3. *Resistencia inicial.* Muy frecuentemente, miembros de grupos llegan a su primera sesión enojados y reacios. Se quejan de estar en el grupo, cuestionan su legitimidad e insisten en que no van a participar en las sesiones. A menos que sean seriamente disruptivos en el grupo, por lo general es mejor escuchar sus quejas respetuosamente y continuar con el grupo. Es necesario evitar las luchas de poder cada vez que sea posible. Muchas veces los hombres más difíciles durante las primeras sesiones llegan a ser los mejores miembros del grupo, una vez que se sienten respetados.

4. *Tomar las cosas en serio.* Sucede con frecuencia que los miembros del grupo se ponen incómodos con las discusiones, pues suscitan en ellos emociones inquietantes a las que enfrentan tomándolas a risa o con chistes. Esto pasa a veces cuando un miembro del grupo describe algún acto de violencia en contra de su esposa o pareja, al que ella lo indujo con su molesta insistencia. Puede facilitar que los facilitadores "sermoneen" al grupo porque el tema no es chistoso. Los facilitadores deben simplemente mantener ellos mismos un tono serio. Los miembros del grupo suelen entender el mensaje rápidamente.

5. *Los nueve mandamientos.* Son temas centrales (vea la sesión 3) que se encuentran en todas la sesiones de tratamiento, aunque no haya conferencias específicas dedicadas a ellos. Se puede colgar una versión tamaño póster de estos mandamientos en la pared del salón del grupo. Cada vez que un tema relacionado con alguno de los mandamientos surge en la discusión grupal, es útil interrumpir, señalar

el póster y pedir a alguien que lea en voz alta el mandamiento que viene al caso. En algunos grupos se leen los nueve mandamientos al inicio de la sesión cada semana.

6. *Cofacilitadores hombres y mujeres.* La forma óptima de facilitar a los grupos involucra un equipo de facilitadores que incluya hombre(s) y mujer(es). Los miembros del grupo sacan provecho de una relación clínica con terapeutas. En general hemos encontrado valioso que el terapeuta masculino tome la delantera cuando se debe confrontar a algunos miembros del grupo acerca de atacar verbalmente a las mujeres o sobre las generalizaciones negativas respecto de la mujer. Esto produce una conciencia masculina distinta acerca de la política de género –que parece otra cosa cuando el terapeuta es una mujer, pues da la impresión de estar defendiéndose a sí misma o a su género. Hay equipos de cofacilitadores que eligen manejar este tema de otra forma, porque la mujer puede sentirse tratada con aire condescendiente si el hombre la defiende. El equipo de cofacilitadores puede también conciliar los desacuerdos respetuosos y la resolución de conflictos.

7. *Ataques verbales a la mujer.* Los ataques verbales a la mujer ocurren con frecuencia en estas sesiones grupales. Se debe confrontar esto inmediatamente. Los facilitadores deben aclarar que las generalizaciones acerca de cualquier grupo social siempre cambian a las personas a categorías en vez de individuos. Se debe destacar que *está bien decir que tu esposa se queja todo el tiempo, pero no está bien decir que todas las mujeres hacen eso.* Además, a los hombres que se refieren a su esposa como "la mujer" o "ella" o aun "mi mujer/mi esposa", se les debe de pedir consistentemente que se refieran a ella *por su nombre.* Tiene efecto humanizante escribir los nombres de cada una de las "mujeres" del grupo, al surgir su nombre durante la sesión. Nuestra meta es hacer a las mujeres que comparten la vida de estos hombres lo más real y humano posible.

8. *Ataques verbales al sistema.* Los ataques verbales al sistema también se producen a menudo en los grupos: el sistema de las cortes, servicios de protección a la niñez, leyes acerca de la custodia de los niños, etc. Es necesario acortar estas discusiones lo más pronto posible. Al contrario de los ataques a la mujer, raramente es eficaz confrontar estas quejas. Para empezar, las quejas de estos hombres pueden tener justificación. Luego, es improductivo ocuparse en luchas de poder innecesarias. Parece que la estrategia más eficaz es decir algo como esto: "Puede ser que tenga razón en algunas de sus quejas, pero real-

mente esto no es el enfoque de las sesiones del grupo. Lo que necesitamos discutir aquí son las cosas que ustedes pueden hacer de forma diferente en su vida".

9. *Falla en el tratamiento*. Si un miembro del grupo muestra señales claras de no haber progresado en su tratamiento, hay que confrontarlo con su conducta y decirle que existe un problema que hay que solucionar lo antes posible en el programa. Normalmente esperamos notar estos problemas en la semana 6 o 7. Es injusto informar a un miembro del grupo después de 18 sesiones que hemos decidido que no está sacando provecho del programa (a menos que suceda algo inesperado, por ejemplo, la reincidencia). Las indicaciones de la falla en el tratamiento pueden incluir actitudes beligerantes, el rechazo de todas las tareas, la negativa a participar, agresión verbal consistente cuando se habla de las mujeres, etcétera.

10. *Impotencia*. Aunque sea evidente que el dominio y el control son temas centrales para muchos de los perpetradores masculinos de la violencia familiar, es también importante reconocer la impotencia que siente un gran número de ellos. Cuando somos capaces de identificar esta experiencia, muchos de estos hombres se vuelven más accesibles. Se sienten menos culpables y más comprendidos como hombres frustrados o lastimados. Es muy posible comunicar a los hombres este mensaje sin absolverlos de la responsabilidad de sus acciones abusivas.

11. *Autodivulgación del terapeuta*. La autodivulgación del terapeuta, con moderación, puede ser muy efectiva en estos grupos de tratamiento. Los terapeutas han podido crear una atmósfera de mayor confianza e intimidad mediante la admisión de que ellos han experimentado algunas de las mismas luchas y conflictos en sus propias relaciones. Ésta es una herramienta muy valiosa para ayudar a los miembros del grupo a normalizar sus experiencias, y frecuentemente los ayuda a reaccionar con menos explosividad a las frustraciones personales y familiares.

12. *Limitaciones*. Cuando se presenta una nueva habilidad –por ejemplo la conducta asertiva (o confianza respetuosa)– en los miembros del grupo, es muy importante destacar que no hay ninguna garantía de que estas habilidades tendrán resultados positivos. De hecho, hay situaciones en que actuar de una manera "asertiva", o "escuchar activamente", o usar "mensajes del yo", no es el mejor camino. El mensaje que debemos comunicar es el de que generalmente éstas son las formas de comunicación más respetuosas, y la comunicación respetuosa es normalmente lo más efectivo a la larga.

El espejo roto

Una perspectiva sobre el tratamiento autopsicológico de la violencia íntima

David B. Wexler

Los primeros cuatro o seis meses después de juntarnos, yo me sentía lleno de felicidad. Todo lo que hacía era maravilloso. Me sentía una persona "padre", "a todo dar". Me sentía fantástico. Era casi nada más una cuestión de verla para sentirme satisfecho conmigo mismo. Y luego todo se derrumbó. Ya no me mira de la misma manera. Los niños le exigen mucha atención. Es como si ella ya no pensara que soy tan "padre". Y ahora ya no le hablo de muchas cosas, porque le pueden molestar y destruir todavía más su imagen de mí, aun sabiendo que se va a enojar todavía más cuando se dé cuenta de que le eché mentiras. ¡Y luego me enojo con ella, como si fuera su culpa que ya no sienta yo esa felicidad!

A los nueve años, una vez mi hijo estaba tratando de hacer un truco con su bicicleta: tenía que hacer a su bici saltar en el aire, y luego caer encima de unas tablas. No lo podía hacer. Tenía miedo. Y yo lo ataqué: "Eres un bebé, eres un miedoso, eres débil. ¡Te voy a quitar la bicicleta!" ¡Yo pensaba que me decepcionaba! Sentía como si él me estuviera faltando el respeto a *mí*.*

Cuando un hombre llega a casa con su esposa y sus hijos, espera que algo suceda en la transacción entre ellos que le ofrezca un estado de bienestar emocional, o lo que se llama en la autopsicología un estado de cohesión propia. La necesidad de la cohesión propia es primaria. Sus orígenes vienen de las necesidades originales entre el infante o niño pequeño y la figura de apego más central, normalmente la madre. El niño tiene la necesidad urgente de mirar la cara de su madre y ver, reflejándose hacia él, ojos que le digan: "Eres maravilloso" y una sonrisa que le diga: "Tú me haces feliz".

Éste es su espejo mágico, y la figura en el espejo, según la teoría de la autopsicología, es el autoobjeto que refleja una interpretación importantísima de su imagen. La teoría de la autopsicología del desarrollo normal infantil (Shapiro, 1995) afirma que los niños, en algún momento de su desarrollo, necesitan ser validados y reconocidos por sus padres. Con el pa-

---

* Reimpreso con permiso del *Journal of Psychotherapy Practice and Research*, 8(2), 1999.

so del tiempo, el niño llega a sentir orgullo y gusto por sus logros –a experimentar un sentido de aptitud y eficacia.

Los niños que son privados de estas respuestas esenciales, o que son objeto de crítica y burla por sus esfuerzos para alcanzar el éxito, se vuelven incapaces de desarrollar un sentido interno de confianza y competencia. Como adultos, buscan constantemente alguna fuente externa de aprobación o de reconocimiento, aquel reflejo positivo que no tuvieron. Pero no habrá nunca madre, padre, maestro, entrenador, ni terapeuta que pueda proveer el espejo perfecto. Algunas de estas figuras reflexivas, como todos muy bien sabemos, a menudo son fragmentadas ellas mismas y tienen poca capacidad de ofrecer el reflejo de amor y valor propio que el niño requiere de una manera desesperada. O en algunos casos hay un desajuste entre el niño y la figura reflectora, así que el niño siente constantemente que no lo entienden, que no lo aprecian –hay una brecha fundamental en la armonía. Aun en las mejores situaciones, esta experiencia o armonía se puede percibir como incompleta. Entonces el niño desarrolla fallas en su sentido del yo: siente la desconfianza y la falta de respeto a sus propias señales y estados internos; duda de su valor propio y competencia. Desesperadamente, busca la validación y, aún más que el resto de nosotros, se hace excesivamente sensible a las señales que puedan sugerir que no es apreciado, necesitado o que no es exitoso.

Por lo tanto, el hombre adulto que ha sido privado de las funciones del reflejo fundamentales espera inconscientemente de sus relaciones y actividades adultas más íntimas que lo ayuden a adquirir lo que nunca se estableció sólidamente cuando era pequeño. Inicia una relación amorosa erizado de defensas contra la intimidad, por miedo a ser lastimado y a perder la armonía una vez más. Mientras la conexión emocional se va desarrollando, por supuesto que las necesidades resurgen. Espera, ruega que los buenos sentimientos que experimenta cuando une su vida con la de su pareja y su familia lo sostengan por el resto de su vida contra el sentido de vacío y privación que ya conoce.

Podremos entender mejor algo de esta psicología si comprendemos que, en la cultura estadounidense, los hombres muchas veces entregan a las mujeres el poder de generar para ellos un estado de cohesión propia y de bienestar. Pleck (1980) esboza dos dimensiones muy importantes del resguardo masculino en la validación femenina.

La primera es la percepción masculina de que las mujeres tienen poder expresivo, el poder de expresar las emociones. Muchos hombres dependen de las mujeres para ayudarlos a expresar sus emociones; de hecho, la vida emocional más rica de la mujer y su capacidad para la expresión emocional provee a muchos hombres de una chispa de vida esencial. Sean capaces o no de identificarlo, muchos hombres se sienten perdidos sin una conexión fundamental con esta chispa.

La segunda forma de resguardo es el poder que valida la masculinidad. Los hombres dependen a menudo de las mujeres para sentirse reafirmados en su masculinidad fundamental y en su valor propio masculino. Cuando sus mujeres rehúsan ofrecerles esta validación, o cuando las expectativas irreales y las distorsiones subsecuentes los convencen de que ellas les están negando esto, muchos hombres se sienten perdidos. Exigen desesperadamente la restauración de su virilidad, de su orgullo masculino y, por último, de su cohesión propia por la mujer, poderosa fuente de confirmación. Por eso, el reflejo que ofrecen estos espejos femeninos es muy poderoso. Y el hombre que anhela ese espejo encuentra en el curso de su relación que su familia y su trabajo no son suficientes para suplir lo que nunca en su vida ha recibido. Cuando a su esposa le interese más hablar con su hermana que con él, cuando su vida sexual disminuya y cuando sus hijos no le demuestren el respeto filial que él había imaginado, empieza a fragmentarse, a volverse incapaz de mantener su sentido de valor propio, de autoestima. Varios tipos de conducta negativa se derivan de esta fragmentación, como la afición a apostar, el abuso de sustancias tóxicas, comportamientos sexuales irresponsables, agresividad, etcétera.

White y Weiner (1986) ofrecen una imagen valiosa desde la perspectiva de la autopsicología de la experiencia del padre o madre abusivo, que corre paralelo con la experiencia del esposo frustrado y abusivo. Identifican la rabia narcisista a causa de la incapacidad de forzar al niño a reaccionar como si fuera él o ella parte del yo del padre o de la madre y saber de veras lo que quería. Aquí la función del autoobjeto reflexivo es extremadamente importante y bastante frágil. Mientras el niño (o pareja) proporcione la aprobación necesaria, se mantiene la autoestima. Cuando falle el aplauso, la rabia narcisista brotará junto con una experiencia interna del yo en el proceso de fragmentarse. El adulto narcisistamente deteriorado necesita ser respetado y obedecido y que le hagan sentirse valioso; cuando no ve esa reflexión en el espejo interpersonal, se siente vulnerable, impotente y ultrajado.

> Estoy casado desde hace 10 años. Los primeros seis años fueron perfectos. Tuvimos unas pequeñas discusiones, pero eso fue todo. Y luego llegó esa cosa que se llama paternidad. Ella se puso más crítica conmigo y además la presión del trabajo subió muchísimo. Y su actitud era cada vez peor. Y yo pensaba: "Tú no eres

la única que tiene el derecho a tener esa actitud". Yo me hice el único sostén de la familia y, en vez de formar con ella una pareja con los mismos derechos en nuestra vida, mi padre afloró en mí.

¡Sencillamente, me convertí en mi papá! En vez de tomar en cuenta que ella estaba enfrentando mucha presión, sólo explotaba. Todo lo que había dicho que nunca iba a hacer ¡lo hice de todas maneras!

Soy capaz de beber hasta el olvido sólo para escapar de mis sentimientos. Claro, puedo ser de tan mal genio cuando estoy sobrio. Tengo la quijada y el cuello que me duelen increíblemente. Es capaz [el dolor] de arruinarme la noche entera. Tiene todo que ver con la tensión, el coraje y la actitud que tengo.

Es inevitable que haya alguna decepción en el curso de las relaciones humanas y en el reconocimiento de las limitaciones. El problema con el hombre que maltrata a su pareja o a sus hijos es que confunde la inundación de buenos sentimientos que vienen de una relación íntima con la promesa de que el espejo que tanto anhela brillará para siempre. Entonces, a sus ojos, el espejo se rompe, su sentido de identidad propia se destroza, y le echa la culpa al espejo. "Porque me prometió".

Stosny (1995) describe a estos hombres como "abusadores de apego". Cuando ven reflejada una imagen que los hace sentir poco amables o inadecuados, sienten vergüenza. Le echan la culpa al espejo por lo que está reflejando.

Algunos de estos hombres llegan a ser abusivos psicológica, sexual, emocional y/o físicamente con sus parejas –porque estas vulnerabilidades, combinadas con otros factores sociales y ambientales, forman la base de las acciones abusivas en las relaciones. Las investigaciones de Dutton (Dutton y Golant, 1995) sobre los orígenes de las palizas masculinas identifican las maneras en que la socialización se combina con las influencias psicológicas para crear la personalidad abusiva. Entre los factores de esta situación se encuentran la sensación de impotencia surgida en la infancia, la experiencia de haber sido avergonzado y golpeado, y parejas que muestran un tipo de apego inseguro evitante-ambivalente. Los hombres que recibieron la puntuación más alta en el "apego temeroso" también recibieron la puntuación más alta en los celos. "Los celos", afirman los autores, "son la expresión del terror del abandono" (p. 151). Y luego demuestran que estos temores están en el centro de muchas acciones abusivas.

Son profundas las implicaciones de este miedo para el tratamiento. El terapeuta que es capaz de comprender auténticamente las necesidades frustradas del reflejo y de afirmación del perpetrador –y que es capaz de suspender su preocupación con el rechazo moral de las formas inmaduras e inaceptables por las cuales fueron expresadas– puede ser de un valor tremendo. Las necesidades de autoobjeto del perpetrador son válidas. El reconocer cómo las conductas que elige tienen el propósito de recobrar la cohesión propia y algún sentido de poder y control sobre su sentido de identidad propia que se derrumba (no necesariamente sobre otra persona) lleva a un encuentro terapéutico nuevo, más accesible y profundamente respetuoso.

Si entendemos la fuerza dinámica que impulsa a un gran número de estos hombres, podremos reconocer que la mayoría de ellos (con algunas excepciones notables, como se explicará abajo) no son tan diferentes de la mayoría de los demás hombres y mujeres. Sus acciones pueden violar los códigos morales o legales y pueden estar fuera del repertorio de conducta de muchos otros adultos; pero las emociones, necesidades y luchas fundamentales no son, por cierto, únicas ni extrañas. La tarea de los terapeutas y de los educadores, al ofrecer el tratamiento, es comprender este patrón y ofrecer a estos hombres una nueva narrativa personal y un nuevo conjunto de herramientas para enfrentarse con estas experiencias tan humanas. La perspectiva de la autopsicología (Shapiro, 1995; White y Weiner, 1986), que enfatiza los colapsos en la experiencia de la cohesión propia que lleva a actos desesperados, nos ofrece un mapa.

Tipología de los golpeadores

Antes de dilucidar más esta imagen de la dinámica del hombre abusivo, es necesario aclarar algunas de las tipologías distintas esbozadas en las investigaciones actuales. Johnson (1995) categoriza el abuso marital en dos grupos principales: "el terrorismo patriarcal" y "la violencia común de parejas". Los orígenes, las motivaciones y los patrones son bastante distintos, aunque tengan en común el rasgo central que los conecta: la agresión física o la intimidación en la relación íntima. Johnson está convencido de que diversos investigadores han encontrado descripciones del abuso marital muy distintas, porque estaban estudiando poblaciones diferentes: poblaciones de albergues para mujeres golpeadas versus muestras de la población general. "El terrorismo patriarcal", basado en la población de los albergues para mujeres golpeadas, es generalmente el más peligroso de los dos tipos. La violencia ocurre con más frecuencia y severidad. Es sólo de hombre a mujer. Los hombres de esta categoría que cometen actos de abuso marital se caracterizan por la necesidad de estar encargados de la relación y de controlar a la mujer a toda costa. Los hombres en estas relaciones están decididos a mantener una estructura de poder y control, utilizando varias estrategias abusivas, como la violencia física, amenazas e intimidación, abuso sexual, abuso emocional, verbal y psicológico, control económico y aislamiento social. Invocan sus derechos de privilegio y superioridad masculina.

"La violencia común de parejas", en contraste, es una respuesta intermitente a los conflictos infrecuentes de la vida diaria, motivada por la necesidad de controlar una situación específica. Las complejidades de la vida familiar producen conflictos que de vez en cuando llegan a estar fuera de control. No es más probable que esta violencia sea ejecutada por el hombre que por la mujer. Este tipo de violencia, concluye Johnson, generalmente no forma parte de un patrón donde una pareja intenta ejercer el control global sobre su cónyuge. Esta forma de abuso marital no depende tanto del género.

El centro de la diferencia entre estos dos tipos de violencia familiar está en la motivación. Mientras que el terrorismo patriarcal asume que las conductas violentas representan el contexto mayor del poder, los "derechos" y el dominio masculinos, la violencia común de parejas procede de un propósito menos específico. El intento de este tipo de violencia no es el de controlar a la pareja, sino más bien el de expresar una frustración. De igual manera, Prince y Arias (1994) identificaron dos tipos de hombres: uno que parecía usar la violencia de manera consistente con sus preferencias y convicciones personales, y otro para quienes la violencia parecía el resultado de la frustración –una respuesta catártica expresiva y desviada. Se han descrito estas distinciones también como "golpeadores crónicos versus golpeadores esporádicos" o sencillamente "la paliza versus la violencia física". La paliza es la agresión física con el propósito de controlar, intimidar o sujetar a la otra persona. Se acompaña siempre del abuso psicológico. Muchos otros actos de abuso físico o psicológico pueden tener la finalidad de ganar poder y control en esa situación específica, pero no siempre representan un patrón sistemático que demuestre aquel propósito.

Subtipos del maltratador marital masculino

Como sucede con la mayoría de las poblaciones clínicas, los investigadores no están exactamente de acuerdo en las tipologías de los hombres que cometen actos de violencia familiar. Sin embargo, varios investigadores importantes han desarrollado categorías básicas que generalmente coinciden en algunos puntos. Revisando los textos Holtzworth-Munroe y Stuart (1994) encontraron que las investigaciones apuntan a tres categorías principales. Me referiré a estas categorías como tipo I, tipo II y tipo III. Recientemente se ha encontrado un tipo IV, con características que caen entre el tipo I y el tipo II. Los golpeadores tipo I generalmente son antisociales y es más probable que cometan la violencia instrumental. La agresión "funciona" mejor para ellos. Tienen capacidad limitada para la empatía y el apego y profesan las actitudes más rígidas y conservadoras respecto de las mujeres. Se inclinan a ser violentos en varias situaciones y contra varias víctimas. Son más beligerantes en general y es más probable que abusen de sustancias tóxicas y que tengan una historia criminal. Demuestran poco remordimiento. Sorprendentemente, reportan niveles de enojo bajos o medianos.

Hay una cierta población de golpeadores a la que el modelo del espejo roto no se aplica muy bien y en la que prácticamente ninguna intervención de tratamiento parece tener probabilidades de éxito. Éstos son los hombres que ahora se describen como "reactores vagales" o "cobras" (Jacobson y Gottman, 1998b) o, según las descripciones de otros, psicópatas (Hare, 1993). Estudios basados en la psicofisiología (Gottman *et al.*, 1995; Jacobson y Gottman, 1998b) identificaron un acontecimiento inusual en un subgrupo de los golpeadores más severos, quienes efectivamente demostraron una reducción de medidas de excitación durante las interacciones agresivas con sus parejas –totalmente contrario a las expectativas y a los patrones típicos durante las interacciones fuertes. Los investigadores identifican a estos hombres como "reactores vagales" para los que la excitación del sistema nervioso está extrañamente desconectada de su conducta. Estos golpeadores están controlando deliberadamente, en forma de manipuleo, lo que pasa en la interacción marital. Es improbable que los hombres que funcionan de esta manera fría y calculadora puedan ser afectados por el tratamiento, al menos por el tratamiento que ahora conocemos. Jacobson y Gottman (1998b) llaman a estos hombres "cobras" por su habilidad de ponerse quietos y enfocados antes de atacar a su víctima –en contraste con los "pit bulls", quienes arden con llama baja llenos de frustración y resentimiento antes de estallar por fin. Manifiestan muchas de las características de la conducta psicopática clásica– que no es necesariamente típico de todos los golpeadores del tipo I.

Varios investigadores describen a los golpeadores del tipo II como "sólo familia." Son de carácter dependiente y celoso. Se inclinan a suprimir las emociones y a retirarse, aunque estallan después de largos períodos de rabia desbordante inexpresada. Tienden a cometer actos de abuso sólo en la familia. Sus actos de abuso son generalmente menos severos y ellos son menos agresivos en general. Normalmente sienten remordimiento por sus acciones.

> ¡De repente me di cuenta de que habían pasado cinco años y que no le había comunicado nada durante todo ese tiempo! Luego todo explotó a causa de la pecera. Mi pecera me importaba mucho. Esto era no sólo una tacita de peces infantil. Era mi acuario de 200 litros, en el que había puesto mucho empeño. Y ya estaba listo para encontrarle un lugar en nuestra casa. Entonces, intentando ser educado, le dije: "Bueno, ¿dónde piensas que debería ir esto?" y ella explotó con ese tono de voz feo: "No me importa dónde pones tu pinche pecera". Y yo perdí el control. Fingí que había agarrado una navaja y que la estaba moviendo en el aire, para hacerle ver qué terrible me sentía. Ella me lanzó un gancho de ropa. La agarré y la empujé al piso. No sabía qué estaba haciendo. Empecé a ahorcarla y luego me di cuenta de que estaba quedándose sin aliento. Me eché para atrás. No podía recordar nada al principio y luego todo me vino a la cabeza. ¿Qué estaba diciéndome? No es justo... No me respeta... No le importo yo... ¡Tanto tiempo que me he controlado que ya por fin le toca a ella escucharlo! Y luego como que desperté y miré a mi alrededor. ¿Qué diablos he hecho?

Los golpeadores tipo III se identifican normalmente como "disfórico/fronterizo" o "emocionalmente volátiles". Tienden a ser violentos sólo dentro de su familia, pero están más aislados socialmente y son menos competentes socialmente que los otros golpeadores. Exhiben los niveles más altos de enojo, depresión y celos. Encuentran maneras de malinterpretar a sus parejas y echarles la culpa por sus propios estados de ánimo. La depresión y los sentimientos de insuficiencia son prominentes. Tienen más probabilidades de tener una personalidad esquizoide o volátil/inestable.

> Había terminado con Daniela hacía meses. Y estaba teniendo relaciones con dos o tres muchachas diferentes a la vez. Pero no podía borrarla de mi mente. Un amigo me dijo que él había escuchado que Daniela otra vez estaba bailando en los clubes de desnudas porque no tenía dinero. Me volví loco. Me apresuré a ir a su casa y empecé a gritarle: "¡Te voy a desfigurar todo tu maldito cuerpo si vuelvo a oír que estás bailando!" No es que lo fuera a hacer, pero sentía ganas de hacerlo.
>
> Cuando la imagino bailando o teniendo relaciones con otro bato que no le demuestre una dignidad y respeto absoluto, ¡nomás la quiero matar!
>
> Esa chica me dio más que nadie en toda mi vida. Haría cualquier cosa por mí. Volaría a Australia para traerme un suéter si tuviera frío. Era como mi madre.
>
> Es que siento tanto dolor —y siento que tengo que encontrarla. Anoche me golpeó como una ola la manera en que la extraño y salí a buscarla por dondequiera. Sé que mis acciones no son correctas.
>
> Pero siento que si sólo la pudiera ver y ella estuviera conmigo, mis sentimientos malos se irían y todo estaría bien. No tendría que preocuparme ya.

Un pequeño porcentaje de los golpeadores más severos están fuera del alcance de las intervenciones clínicas y psicoeducativas, quizá mejor adaptados a las consecuencias externas como posibles factores interventores en su conducta. De hecho, muchos de estos hombres que son más severamente peligrosos (los "cobras", los psicópatas, los severamente antisociales) nunca llegan al sistema de tratamiento: algunos estarán en la cárcel por otros delitos, otros se escapan hábilmente de descubiertos y otros llegan a evitar de alguna manera cumplir con los requisitos del tratamiento ordenado por la corte. Pero los resultados alentadores demuestran que muchos otros hombres en esta población no están fuera de nuestro alcance. No son tan diferentes de otros hombres y mujeres quienes no son maltratadores maritales, y nuestra comprensión de los principios psicológicos fundamentales, combinada con la influencia de modelos culturales de la violencia, los hace pertenecer a la comunidad de clientes receptivos al tratamiento.

La vergüenza

El modelo de Dutton (Dutton y Golant, 1995), que intenta comprender los factores múltiples que preparan la escena para la violencia familiar, ilumina particularmente la experiencia psicológica masculina y nos permite de una manera especial desarrollar una comprensión más empática de estos hombres. Dutton delineó varios factores clave que preparan la escena en la que un niño se puede desarrollar como un golpeador cuando crezca. Aunque se desplegó este paradigma basándose sólo en los estudios de una categoría (emocionalmente volátil/tipo III), los principios se relacionan significativamente con las otras categorías también. Dutton explica cómo las semillas vienen de tres fuentes distintas: el yo avergonzado (especialmente por su padre), el apego inseguro a la madre y la observación directa del abuso en el hogar.

Según Dutton, el acto de avergonzar proviene de la exposición pública de las vulnerabilidades de la persona. Se siente defectuoso por completo. Los niños maltratados suelen cerrar la puerta a toda emoción, para defenderse contra el dolor y la rabia hacia el perpetrador. Un padre que avergüenza a su hijo siente la necesidad de castigarlo. Cuando ataca a su hijo, está tratando desesperadamente de recobrar algún sentido de su propia identidad personal perdida, de reforzar y reasegurar su propio sentido del yo, que está en un estado de inestabilidad. Para el muchacho que necesita sentirse amado por esta fuente principal de su identidad masculina, es una serie de golpes arrasadores.

> Mi papá me hacía menos. Me abofeteaba, me llamaba "pinche burro", me decía que tenerme fue un error. Ahora sí lo entiendo. Cuando mi esposa me dice algo

que me suena aún un poco crítico, escucho la misma pinche cosa en mi cerebro, "pinche burro, pinche burro..."

Si amontonaba algo incorrectamente en la tienda, me daba una cachetada en frente de otra gente. Me decía "tonto". Siempre me sentía nervioso en el trabajo que hacía. Me daba de cachetadas si lo hacía mal, hasta que lo hacía bien.

Era suficientemente bueno como atleta y jugué tres deportes en la universidad, pero él siempre me criticaba. Una vez me dio una paliza porque no gané una carrera. Él creía que no había puesto bastante esfuerzo. La manera en que mi padre me crió me causó muchos problemas. No estoy satisfecho con la persona que soy y nunca lo estaré.

Las personas expuestas a la vergüenza harán cualquier cosa para evitarla en el futuro. Desarrollan un radar hipersensible a la posibilidad de la humillación y son casi fóbicas en su manera de reaccionar. Tienden a proyectar la culpa y a percibir lo peor en los demás. Estos hombres, trágicamente, son generalmente los que anhelan más el cariño y la aprobación, pero no los pueden pedir. A veces las señales más pequeñas del retiro de cariño activan las antiguas heridas narcisistas –y ellos atacan a la fuente percibida de esta nueva herida. Son incapaces de describir estas emociones; no tienen la menor idea de dónde vienen.

Además, si la madre de este niño pequeño es sólo capaz de ofrecerle cariño y apoyo emocional de vez en cuando, él gastará mucho tiempo tratando de acercársela. Esto lo priva de la atención, la energía y la confianza necesarias para seguir adelante en su desarrollo. A la inversa, si ella es muy ansiosa y necesita mucha atención o validación de él, lo vuelve dependiente. Nunca desarrolla completamente un sentido interior de un yo central amable, estable y valioso. Este niño desarrolla una actitud ambivalente hacia ella y después hacia las mujeres en general. Las mujeres proveen el apoyo vital que es esencial, pero sólo a veces son confiables y disponibles.

Como el apego es necesario para la sobrevivencia, el hombre aprende temprano que su madre (y por asociación, toda mujer íntima) tiene sobre él un poder monumental. La verdadera seguridad emocional se asocia inicialmente con la presencia física de una mujer –que sólo está disponible de una manera inconstante. Como adultos, estos hombres tratan de disminuir la angustia del abandono por medio del control exagerado de su pareja femenina.

Mi esposa se molesta cuando muevo los muebles, dice que no lo estoy haciendo bien. "Siempre haces esto, nunca haces lo otro, nunca piensas en nadie más que en ti, siempre estás pensando sólo en ti..." Bien, se rompió la pata del sofá. Ahora yo soy el tonto que lo hizo. Me insulta sobre el dinero. Yo hago muchas cosas muy bien, pero parece que me critica de todas formas. En el momento en que me empieza a criticar, me pongo tan enojado como para pelearme.

Como Dutton (Dutton y Golant, 1995) bien lo describe, "un niño con un padre ausente o punitivo y una madre exigente e inaccesible aprende que los hombres no dan consuelo emocional y las mujeres parecen dar apoyo, aunque a fin de cuentas son exigentes y no se puede confiar en ellas" (p. 118).

Éste es el grito del niño dentro del hombre adulto: "¿Por qué no puede ella hacerme sentir mejor?"

Cuando estas variables psicológicas se combinan con la observación de la conducta abusiva en el hogar, tenemos una receta futura para la violencia relacional masculina. Los estudios de investigación indican que, para los hombres que vieron a sus padres atacarse, es de tres a cuatro veces más probable que ellos, con el tiempo, asalten a sus esposas (Straus, Gelles y Steinmetz, 1980). Aunque recibir maltrato físico y emocional es una variable prominente en la población de maltratadores maritales, presenciar el maltrato de hombre a mujer es aún más significativo (Hotaling y Sugarman, 1986; Kalmuss, 1984).

Evolución de los modelos de tratamiento

Los defensores de las intervenciones basadas en "el poder y el control" (modelos que según Johnson se derivan de las teorías del terrorismo patriarcal) describen su tratamiento como educativo; pero, de hecho, ni siquiera es "tratamiento" si la palabra "tratamiento" implica ser terapéutico (Pence y Paymar, 1993). El modelo de Duluth es el más notable de los que apoyan a dicho "tratamiento", y el dominio de este modelo se ve claramente en el hecho de que muchas legislaturas estatales, incluyendo la de California hasta hace pocos años, han dictado que los programas de tratamiento aprobados por la corte tienen el permiso de usar sólo los basados en este modelo. Aun los programas que han desarrollado un acercamiento cognitivo-conductual más integrado han incluido componentes filosóficos importantes del modelo de Duluth. La meta de este modelo es la reeducación de los hombres en su uso de poder, privilegio y derechos masculinos en sus relaciones con las mujeres. Basado en la perspectiva sociocultural y feminista del patriarcado masculino y de la violencia relacional, la paliza se identifica como el resultado natural de una sociedad que refuerza el poder y el predominio masculinos. Se identifican las normas y las actitudes sociales como los culpables centrales en el maltrato marital.

El predominio de los programas basados en este modelo se originó en los análisis socioculturales de los años setenta y ochenta. Las intervenciones –siempre en grupos– eran una respuesta directa al estilo clínico que dominaba previamente: identificar el problema como disfunción de la relación, trabajar con la pareja, identificar las maneras en que ambos cónyuges contribuían a los conflictos, examinar las presiones que afectaban al perpetrador, enfocarse en los disturbios psicológicos de la víctima que le hacían quedarse en la relación, etc. En contraste, los programas basados en un acercamiento sociocultural y que tenían a los hombres como responsables de sus acciones quitaron de las mujeres el estigma de haber causado la violencia, e insistieron en que "hombres que ayudan a hombres" era el foro más eficaz para examinar las actitudes fundamentales que rigen el maltrato marital y fueron una adición bienvenida y valiosa a este tema. En estos programas, los hombres fueron confrontados consistentemente con su negación del abuso, su minimización de la severidad de sus efectos, sus racionalizaciones acerca de cómo fueron provocados, y su tendencia a echar la culpa a factores externos por su conducta (alcohol, tensión, etcétera).

Mientras que los programas con base sociocultural proliferaban en los ochenta y noventa, surgieron varios problemas de efectividad y algunas de las críticas que se les hicieron eran, según el autor, justificadas. Se han criticado estos programas por respaldarse demasiado en un estilo de confrontación, por sólo reconocer la violencia masculina, por dar poca importancia a la frecuencia y severidad de la violencia femenina o "bidireccional," y por tratar a todos los hombres que hayan cometido actos de maltrato conyugal como personas motivadas por el "terrorismo patriarcal". Como Stosny (Jacobson y Gottman, 1998a) explica: "La mayoría de los programas de tratamiento se enfoca en cómo el predominio de los hombres causa la violencia familiar. Nosotros decimos que la variable de género verdadero es que la cultura no enseña a los hombres a regular sus emociones negativas, a sostener la confianza, la compasión y el amor... Pero la violencia familiar no se puede combatir con una guerra de género... Convertir al golpeador en un demonio lo aísla más" (p. 88). Se les ha criticado además por no enfatizar plenamente el aprendizaje de habilidades y por prohibir completamente cualquier tratamiento de pareja en cualquier caso. Aunque, para los propósitos de este artículo, es necesario realizar las diferencias entre los modelos de tratamiento para el "terrorismo patriarcal" y la "violencia común de pareja," en la práctica real frecuentemente se integran las intervenciones que tienen su origen en ambas áreas. Sin embargo, surgen algunas diferencias filosóficas fundamentales que no se pueden ignorar.

Efectos de los modelos confrontacionales

En estos modelos, que en la década pasada predominaron en el tratamiento de la violencia familiar, el enfoque está siempre en las cuestiones de género y de poder. Todos los intentos de "psicologizar" el problema se confrontan como una forma de negación o de abdicación de la responsabilidad masculina. Desde esta perspectiva, se debe confrontar al perpetrador consistentemente acerca de su racionalización, su negación y su costumbre de culpar a la víctima. Desde el primer día, se impulsa a los miembros del grupo a admitir que han cometido actos violentos y abusivos, y a describir estos actos en detalle y sin minimización, negación, y sin *echar la culpa* a la víctima. El análisis de la agresión está basado principalmente en su valor instrumental de mantener el poder y el control en las relaciones de género. Estos modelos, de muchas maneras, se basan en avergonzar, ya que confrontan a los hombres con su mala conducta antes de establecer el rapport básico o el reconocimiento de la experiencia masculina.

Sin embargo, en estudios de psicoterapia individual, Henry, Schacht y Strupp (1986, 1990) reconocieron que los clientes con un sentido de autoestima profundamente dañado (típico en muchos perpetradores de violencia familiar) están altamente sensibilizados a los mensajes negativos de los terapeutas. Destacaron cómo los introyectos —las maneras en que las personas aprenden a tratarse tal como han sido tratadas por los demás— ayudan a formar una estructura relativamente estable. Encontraron que los terapeutas que ofrecían apoyo real y positivo y una "reinterpretación" positiva de las conductas de sus clientes, y que aceptaban y fomentaban la autonomía de éstos (es decir, los terapeutas que lograban "asociarse" con su cliente), produjeron respuestas en los clientes que se caracterizaron por un aumento de expresión propia y mejor autoestima. En forma parecida a la teoría de control-dominio de Weiss y Sampson (1986), concluyeron que los terapeutas deben encontrar la manera de pasar las "pruebas" inconscientes compuestas por sus clientes, ofreciéndoles una perspectiva diferente: una experiencia de aceptación en vez de rechazo, de respeto en vez de vergüenza y de autonomía en vez de control.

Murphy y Baxter (1997) revisaron los modelos confrontacionales en el medio terapéutico. Concluyeron que la crítica y la confrontación agresiva de las defensas del cliente por parte del terapeuta son frecuentemente con-traproducentes. Terapeutas con una mayor habilidad para comprender y tener compasión de sus clientes son más efectivos que los terapeutas que optan por confrontar. Revisando la literatura sobre los programas de edu-cación acerca de la violación, Fischer (1986) concluyó que los programas confrontacionales con base sociocultural, que destacaron la imagen de hombres como bestias y mujeres como víctimas impotentes, efectivamen-te disminuyeron la probabilidad del éxito –e incluso llevaron a efectos ne-gativos indeseables. Aunque los modelos más confrontacionales parecen lógicos por cuanto retan las cogniciones y actitudes distorsionadas, hay una gran diferencia entre las buenas intenciones y los buenos resultados. Muchas veces la variable clínica decisiva de ofrecer y modelar el respeto falta en estos modelos. "Tales prácticas y actitudes enredan al golpeador en un juego viejo y conocido de poder y control, víctima y victimario, con un cambio de personajes y papeles momentáneo" (Murphy y Baxter, 1997, p. 609). Cuando se trate del valor de las relaciones respetuosas, los provee-dores del tratamiento no sólo deben predicarlo, sino también deben prac-ticarlo. Existe el peligro de establecer una jerarquía de poder en el ambien-te terapéutico que refuerce sutilmente las tácticas de poder y que enajene a la misma población que queremos ayudar.

Como Dutton (1998) demuestra, no se debe confrontar con demasia-da fuerza ni rapidez a los hombres abusivos, dada su hipersensibilidad a la experiencia de la vergüenza. Cuanto más experimenten el ambiente del tratamiento como un foro que aumenta su vergüenza, tanto más probable es que se defiendan contra esta experiencia con mayor terquedad: enojo intensificado, racionalización de la violencia y proyección de la culpa.

Aun si el análisis sociocultural de la violencia familiar correspondie-ra a todos los casos referidos al tratamiento –y no es así–, insistir en que los hombres reconozcan (de inmediato, desde el inicio del tratamiento) que representan una cultura masculina patriarcal, que están ocupados en tácticas de poder y control con sus parejas y que la violencia de su pare-ja contra ellos es sólo un acto de autodefensa, tendrá el efecto de enaje-nar a un gran número de ellos. El endurecimiento de sus defensas no les produce beneficio alguno a los hombres a quienes tratamos, ni sirve a sus parejas, a las que a fin de cuenta estamos tratando de proteger.

Modelos centrados en el cliente: respeto

A pesar de que este capítulo enfoca el problema desde la perspectiva de la autopsicología, hay varios modelos parecidos que destacan principios y valores similares. Aunque estos modelos pueden diferir desde el punto de vista de la duración del tratamiento, el énfasis sobre el contenido psicoeducativo o su uso de técnicas para edificar habilidades nuevas, comparten el respeto fundamental por la experiencia personal del maltratador masculino. Ninguno de estos modelos niega la severidad de la violencia familiar, ni anima a los hombres a evadirse de la responsabilidad. Estos modelos proponen sencillamente una manera de hacer contacto con estos hombres para que sean más accesibles al cambio.

Es también importante señalar que estas orientaciones generales pueden ser muy compatibles con las estrategias de tratamiento que integran las cuestiones del poder y control, y la capacitación en las habilidades cognitivas conductuales.

Marcar el paso y guiar

Un modelo clínico que trasciende teorías y programas específicos está basado en la estrategia clínica de marcar el paso y guiar al cliente. Este modelo, que tiene su origen en el trabajo de Milton Erickson y que luego fue desarrollado por profesionales neoericksonianos (Erickson y Rossi, 1979; Gilligan, 1987), "refleja" cuidadosamente la experiencia del cliente y es seguido por una sugerencia que lo guiará o le "enseñará el camino" hacia una nueva manera de pensar y de actuar. Basado en el trabajo original de Erickson con la hipnosis indirecta y naturalística, "marcar el paso" quiere decir primero desarrollar la compasión, la comprensión y la compenetración con la experiencia del cliente por medio de una delineación cuidadosa –antes de hacer correcciones o sugerencias, antes de fomentarle una nueva perspectiva, y antes de llevarlo a una nueva conducta.

En los grupos de la violencia familiar, marcar el paso significa el acto de reflejar cuidadosamente la comprensión o entendimiento de la experiencia del cliente:

> Cuando Mari estaba hablando con este otro bato en la fiesta, te has de haber sentido muy amenazado, como que te robaban algo importantísimo. Y te has de haber sentido traicionado, preguntándote a ti mismo: "¿Cómo puede ella tratarme así?" Y además estaban en frente de otra gente y tu orgullo estaba en peligro. Y te sentías impotente, probablemente estabas pensando: "Tengo que *hacer* algo para detener esto ahorita, en este momento". Muy probablemente lo sentías correr por todo tu cuerpo, y te sentías muy mal, y no sabías qué hacer. Tiene sentido que te hayas sentido así y que sintieras este impulso de intentar hacer *algo* para sentirte poderoso de nuevo.

Luego, y sólo entonces, se procede a "guiar": "Y en ese instante quizá lo mejor que podías haber hecho era recordar que tú te sientes inseguro en estas situaciones y que no siempre quiere decir que Mari te esté haciendo algo. Y recordar que tú tienes la manera de comunicárselo después. Tú le puedes hacer saber qué es lo que necesitas de ella".

Esta secuencia de comunicar la comprensión y el respeto por la experiencia del hombre, seguida de una nueva perspectiva o idea, tiene un impacto profundo en la preparación de los hombres para recibir nuevas maneras de pensar y actuar. Saunders (1983) indica que los terapeutas pueden ser informados por el axioma "aceptar al cliente pero rechazar la conducta". También indica que en la mayoría de los casos no tiene uno que buscar mucho para encontrar algún rastro redentor en cada hombre. Demostrar la comprensión de su temor, su herida, su sentido de impotencia y su enojo, no sólo fomenta el progreso terapéutico, sino también ayuda a desconectar el potencial del estallido de violencia hacia el terapeuta.

De igual manera, el modelo fotograma (Wexler, 1991, 1994) es extremadamente valioso en la generación de más accesibilidad en estos hombres. Este modelo emplea una perspectiva autopsicológica para ayudar a los hombres a reconocer las necesidades fundamentales —y muy respetables— que experimentaban a la hora de tomar la decisión conductual que resultó en consecuencias destructivas o autoderrotantes. La atención primaria a la experiencia auténtica y a las necesidades emocionales legítimas (atención, autoestima, aprecio, seguridad, autoeficacia, etc.) diluye radicalmente su posible actitud defensiva. Según nuestra experiencia, la capacitación y las correcciones que inevitablemente siguen en programas de violencia familiar son mejor recibidas.

Modelos de autopsicología: la perspectiva del autoobjeto

Hay varios conceptos de la autopsicología que son especialmente valiosos para dar sentido a la experiencia del maltratador conyugal y para guiar las intervenciones de tratamiento. Antes que todo, está el concepto del autoobjeto reflexivo (Shapiro, 1995; White y Weiner, 1986; Wolf, 1988; Wolfe, 1989). Cuando un niño mira a los ojos de su madre o padre y ve en el reflejo una mirada de amor y aprobación, su sentido básico de sí mismo se valida profundamente. Se siente vivo e importante. Cuando un adulto masculino mira a los ojos de su pareja y ve en el reflejo una mirada de amor, deleite y respeto profundo, él también se siente vivo y valioso. Sin embargo, ya que hasta en las mejores relaciones este "reflejo" perfecto inevitablemente disminuye, al menos hasta un cierto grado, este hombre está condenado a presenciar la aparición de una grieta en el espejo y una brecha en su identidad personal. Esta experiencia debe ser identificada y admitida por muchos de los hombres que son agresivos con sus parejas. Necesitan entender el origen de su inquietud y de su resentimiento profundo para poder tomar alguna responsabilidad al respecto. Como la mayoría de las demás experiencias psicológicas, la experiencia identificada y conocida tiene un efecto organizador profundo y permite al individuo responder de una manera más madura y apropiada al problema genuino. El autoobjeto de gemelazgo (*twinship*) es una experiencia mucho más adecuada a este punto en la relación. Esto permitiría al esposo decir a su esposa: *"Sabes, a veces me siento perdido sin todos los tiempos especiales que tuvimos. Me parece que tener a nuestros hijos, la rutina y los problemas económicos nos han quitado algo. Supongo que tú te has de sentir igual"*. Aquí el hombre ha cambiado su necesidad primaria de la función reflexiva de la pareja por una relación en la que ambos son profundamente similares. La mujer ya no es la enemiga sino la compañera en la jornada difícil de la vida —una compañera con defectos, pero fundamentalmente no más defectuosa que él.

También, según la perspectiva de la autopsicología, es importante reconocer la herida narcisista fundamental o el colapso autoobjetivo que normalmente precede a un arrebato de conducta abusiva. De hecho, normalmente podemos observar los efectos de una herida al yo vulnerable en la relación clínica, ya que es inevitable que haya un fracaso de comprensión en todos los tratamientos. La investigación de Holtzworth-Munroe y Hutchinson (1993) ilumina esta situación de una manera particular. Examinaron las atribuciones erróneas de los hombres que abusan de sus esposas comparándolas con las de una población masculina no abusiva. Encontraron que era mucho más probable que los hombres violentos atribuyeran a la conducta de sus esposas intenciones negativas; cuando se presentó a ambos tipos de hombre ilustraciones de situaciones como la de una esposa que habla con otro hombre en una fiesta, o una esposa que no siente interés en el sexo en una noche particular, era mucho más probable que los hombres violentos estuvieran convencidos de que ella estaba tratando de hacerles enojar, lastimarlos, insultarlos, conseguir algo para sí misma o empezar un pleito. Los investigadores encontraron también que cuando este tipo de hombre percibía una situación de abandono o rechazo, era especialmente probable una respuesta conductual incompetente. Estas situaciones constituyen heridas narcisistas para estos hombres; y como sucede con todas las heridas narcisistas, son gobernadas estrictamente por la interpretación cognitiva del incidente. Un esposo no violento podría interpretar la misma situación de otra manera, más benignamente. Si su esposa pasara mucho tiempo en una fiesta hablando con otro hombre, podría sentirse irritado con ella, o hacerle poco caso, o hasta complacerse en que ella sea atractiva y popular y que estuviera divirtiéndose. Este reconocimiento de la vulnerabilidad a la herida narcisista –y la capacidad de comunicar esta comprensión en el ambiente clínico– permite tanto a nosotros como a estos hombres que están en tratamiento, desarrollar un respeto mayor por la manera en que se desarrollaron sus sentimientos lastimados y sus eventuales reacciones desesperadas.

La meta clínica aquí es crear una intervención "parecida a la experiencia"; ésta debe evocar la experiencia de la debilidad e impotencia del hombre, no importa cuánto el análisis político observado en el externo indique que él sea influyente y poderoso. Harway y Evans (1996) hacen un ensayo crítico de una de las piezas fundamentales de los modelos de la violencia familiar: "El ciclo de violencia", de Walker (Walker, 1984). El ciclo original identifica etapas por las que pasan ciertos tipos o secuencias de palizas conyugales: de escalada a explosión a período de luna de miel. Tanto el hombre como la mujer suelen negar los problemas de las otras etapas, debido a la dulzura y satisfacción del período de luna de miel –pero trágicamente, el período de la escalada regresa inevitablemente y culmina una vez más en la explosión. Según Walker, este ciclo suele hacerse cada vez más corto, con los períodos de escalada y de explosión más frecuentes e inquietantes.

Investigaciones más recientes sugieren que muchas parejas no sufren la experiencia de estas secuencias, en las cuales el ciclo es cada vez más rápido y la intensificación más peligrosa (Johnson, 1995). Muchas parejas viven la experiencia de incidentes ocasionales de abuso que no llevan inevitablemente a mayor peligro. Y, ciertamente, muchos hombres no viven este ciclo de la forma descrita. El hecho de que no lo vivan de esta manera no lo invalida, pero indudablemente no se presta como intervención valiosa. Confrontar a los hombres en tratamiento con el ciclo de violencia como el hecho central del abuso –con su énfasis sobre el predominio masculino y la escalada inevitable– nos pone en peligro de perder una gran parte de nuestra audiencia. Muchos hombres sienten que este modelo no los describe correctamente y suele resultar en comportamiento defensivo o, aun peor, desligado. En vez de esto, Harway y Evans (1996) usan el "Ciclo de evitar los sentimientos". Este modelo refleja la experiencia más típica –y muchas veces sorprendente– de la impotencia que los hombres sufren en las relaciones interpersonales difíciles. Muchos hombres –y sin duda muchos hombres que llegan a ser abusivos– tienen muy poca tolerancia a los sentimientos difíciles o impugnantes (Gottman, 1994). Cuando sufren alguna herida personal o alguna incomodidad interna, se sienten abrumados. Equivocarse puede llevar a la vergüenza, la frustración, la impotencia, la distancia emocional y la soledad. En este modelo, los hombres hacen cualquier cosa para defenderse de estos estados extremadamente disfóricos. Pueden portarse con pasividad, pacificando o pidiendo disculpas excesivamente, sólo para mantener la paz. O pueden escoger una técnica más activa: atacar a la persona que parezca ser la causa de este dolor, utilizar una conducta dominante para eliminar las fuentes de la incomodidad, abusar de las sustancias o drogas para escapar de los sentimientos, o actuar de una manera precipitada (como las aventuras sexuales o manejar de manera peligrosa) para proveerse de un poco de alivio.

> Entonces aquí estoy, como un loco, creo, fingiendo que estoy moviendo esta navaja en el aire. No estaba ni siquiera en mi mano, pero ella creía que la estaba. Y estoy escuchando este grito en mi cabeza: "¡Yo no te importo!" "¡Yo quiero controlar al menos *algo* en mi vida!" Y después reflexioné en cómo fui adoptado y cómo ni siquiera pude "escoger" a mis propios padres verdaderos; ellos tomaron esa decisión por mí.

En este estado y bajo estas circunstancias, las demás personas en la vida de este hombre son percibidas sólo como potenciales figuras autoobjetivas. La conducta de la esposa, incluyendo sus sentimientos y su "centro independiente de iniciativa", son periféricos al impulso fundamental del hombre hacia la cohesión propia. Hará *cualquier cosa* para evitar la disforia y recobrar en alguna medida su bienestar. Frecuentemente, esto quiere decir tratar de conseguir el control sobre alguna otra persona. Y frecuentemente quiere decir el abuso emocional, verbal o físico.

En el ambiente del tratamiento, los terapeutas pueden ofrecer a estos hombres un nuevo autoobjeto reflexivo estable, a fin de que lleguen a un sentido de respeto propio más profundo y puedan mantener un sentido de identidad personal más centrado, al mismo tiempo que se enfrentan con el campo de minas emocional inherente a muchas relaciones amorosas. Y les pueden ofrecer una nueva experiencia "gemela" más madura –para que puedan reconocer que todos somos pasajeros semejantes en este viaje por los episodios delicados y los momentos difíciles de las relaciones. Aunque muchos de nosotros no seguiríamos una conducta físicamente abusiva o emocionalmente intimidante, al menos compartimos la experiencia de habernos sentido lastimados o amenazados, y a veces, en respuesta a estos estados, hemos recurrido a conductas que deploramos profundamente. De esta manera, los terapeutas y los clientes pueden experimentar la identificación "gemela".

Estructura de grupo centrada en el cliente

Hay algunas estructuras o formatos de grupo específicos que han adoptado un plan de tratamiento psicológico y centrado en el cliente, que no incluye los elementos educativos que se encuentran en otros programas. Estos programas comparten una creencia fundamental en la capacidad del individuo para sanarse de las heridas de la niñez y para construir tomando en cuenta sus propias fuerzas.

Tratamiento de proceso psicodinámico

Saunders (1996b; Browne, Saunders y Staecker, 1997) diseñó un modelo de tratamiento de la violencia familiar basado en el modelo "procesopsicodinámico". Ésta es otra intervención basada en un modelo clínico que –de nuevo, sin absolver a los hombres de la responsabilidad por sus acciones– pone énfasis en la comprensión de la experiencia del perpetrador, en vez de la confrontación de la política de género y la perpetuación de ésta por los hombres. Este modelo asume que los hombres necesitan desahogarse de los dolores y las pérdidas de la niñez en un ambiente seguro. Saunders basó el diseño de este modelo en varias teorías y estudios que destacan las amenazas e injurias al sentido del yo que los hombres experimentan. Pleck (1980) sugiere que los hombres perciben a las mujeres como superiores en su capacidad de expresarse –así que los hombres llegan a ser dependientes de las mujeres y se vuelven a ellas para las necesidades emocionales y de crianza. Dependen de las mujeres para apoyar su sentido de masculinidad y por eso se creen impotentes, comparados con su pareja femenina. Cuando las mujeres no responden a sus necesidades percibidas, ellos experimentan un colapso autoobjetivo y pueden reaccionar con ansiedad y enojo.

En su estudio, que compara estos grupos con los modelos cognitivo-conductuales más tradicionales, Saunders encontró que los hombres abusivos diagnosticados como personalidades más dependientes –en contraste con las personalidades más antisociales– tuvieron más éxito con el modelo "proceso psicodinámico". Encontró que los hombres participaron más en este proceso y que muchos responden mejor al modelo "compasivo".

El taller de la compasión

Stosny (1995) ha diseñado un programa de tratamiento llamado El taller de la compasión, basado en la idea de que la mayoría de los golpeadores no pueden sostener el apego. Similar al modelo defendido por Harway y Evans (1996) con el ciclo de evitar los sentimientos, este modelo destaca las deficiencias en la capacidad de los hombres para tolerar y regular el afecto disfórico. Como Gottman (1994) descubrió, los hombres se inundan fácilmente cuando experimenten las heridas narcisistas, e insisten en cerrarse emocionalmente o en atacar a la fuente percibida del dolor. El taller de la compasión emplea una serie de ejercicios intensivos, videos y tareas para ayudar a los hombres a generar un aumento de compasión por sí mismos: en otras palabras, para reparar las deficiencias en la cohesión propia. La técnica HEALS [SANA] (el núcleo de este programa) enseña cinco pasos a los hombres para alcanzar la conciencia propia y para "reenmarcar" los estados emocionales disfóricos: Sanación, Autoexplicación, Aplicarte la Compasión Propia, Amarte a ti mismo, Resuelve. Por medio de la práctica diaria de esta técnica, los hombres aprenden que la compasión hacia sí mismo y hacia los demás representa el verdadero poder y tiene la capacidad de sanar. Estudios iniciales del taller de la compasión sugieren provisoriamente que tanto el índice de atrición como la reincidencia postratamiento son más bajos con este programa que con las evaluaciones hechas de muchos otros programas.

Modelos enfocados en la solución

La terapia enfocada en la solución (O'Hanlon y Weiner-Davis, 1989) destaca las fuerzas y potenciales del individuo, en vez de enfocarse en los problemas y la disfunción. Es un modelo de colaboración influido por una perspectiva humanista, la teoría de sistemas y el constructivismo social. Los proponentes creen que los cambios duraderos y positivos pueden ocurrir cuando se enfoca en las fuerzas, aptitudes y capacidades para construir soluciones del cliente en la actualidad, en vez de poner más atención en sus deficiencias. Se ve el lenguaje como el medio por el cual se construyen los significados personales. El lenguaje es de "solución y fuerzas", en vez de "deficiencias y culpa". Los terapeutas ayudan a los clientes con una serie de preguntas que inexorablemente enmarcan a la persona y el problema:

- (Excepciones) ¿Qué hay de diferente en las ocasiones en que no estallas?

- (Resultado) Imagina que una noche, mientras duermes, hubiera un milagro y se solucionara este problema. ¿Cómo te darías cuenta? ¿Qué sería diferente?
- (Afrontamiento) ¿Exactamente cómo pudiste afrontar las presiones de tu matrimonio y de tu familia?
- (Escalamiento) Sé que todavía estás perdiendo la paciencia, pero ¿te das cuenta de que estas explosiones ocurren con menos frecuencia (menos intensas, menos largas)?

Lee y sus colegas (1997) diseñaron un tratamiento breve de grupo enfocado en la solución para los ofensores de violencia familiar basado en estos principios. Sin negar la naturaleza violenta y agresiva de las conductas, se entrenó a los facilitadores grupales para que evitaran la confrontación de los clientes que provoca un estado defensivo, entrar en debates y para que, en lugar de tomar una posición de poder con el cliente, lo vieran como el "experto" en su situación. Los miembros del grupo se ocupan en múltiples tareas que enfatizan la identificación de fuerzas y recursos personales que ya existen. Se tiene a los hombres en el programa como personas que poseen tanto la capacidad como la buena voluntad para controlar su violencia –de ahí que se busque la evidencia de ocasiones pasadas en las que estos hombres tuvieron éxito en evitar la conducta abusiva. En vez de un enfoque en las situaciones violentas, se destacan las excepciones a la norma de la violencia.

Cuestiones de contratransferencia

En el desarrollo de una conexión de empatía con los hombres que han cometido actos muy inquietantes y destructivos, es fácil a veces caer víctima de una hiperidentificación con el perpetrador –y olvidar que está en tratamiento porque otra persona ha sido gravemente lastimada emocional o físicamente. Puede ser difícil para los terapeutas desempeñar el papel doble de proveer una alianza de empatía y tener que reportar cualquier señal de fallo en el tratamiento o de riesgo aumentado, y es probable que los terapeutas que no pueden aceptar este papel doble no debieran tratar a esta población. A diferencia de la mayoría de los otros tratamientos clínicos, la preocupación principal es el bienestar de alguien que no es el cliente.

Nada en este capítulo debe ser interpretado como sugerencia de que esta meta sea reducida o puesta al fondo –los argumentos aquí no tienen que ver con el propósito, sino con la ejecución. Cuando el terapeuta es capaz de mantener una postura de empatía, puede relacionarse con el golpeador, no como un monstruo social desequilibrado, sino como un hombre herido que ha padecido injurias y decepciones narcisistas en su relación amorosa, decepciones que a veces se le parecieron tan insoportables que lo llevaron a actuar en contra de la fuente percibida de aquella frustración. ¿Quién entre nosotros no conoce esta experiencia?

Conclusión: integración y respeto

Desde la perspectiva filosófica y clínica aquí presentada, el modelo de tratamiento que ofrece más posibilidades de éxito con la mayoría de esta población es el que destaca los principios autopsicológicos de respeto centrado en el cliente, mientras no deje de presentar la información psicoeducativa que hace falta a estos hombres. Este modelo es político, educacional y psicológico. Algunos de los programas de tratamientos actuales, como *Sin golpes* y Fundaciones para la Vida Libre de la Violencia (Amherst H. Wilder Foundation, 1995), integran la estructura psicoeducacional (enseñar acerca de la política del abuso y el entrenamiento en las habilidades cognitivo-conductuales) con estos principios autopsicológicos. Mientras insistan en que los hombres tomen plena responsabilidad por su conducta abusiva, los modelos de tratamiento pueden ser todavía más efectivos si se dirigen a las cuestiones psicológicas inherentes a estas conductas destructivas. Es más probable que los facilitadores que son capaces de ofrecer a los perpetradores un sentido profundo de respeto por su experiencia –incluyendo su historia, su experiencia de la impotencia, sus heridas emocionales en sus relaciones primarias– tendrán un impacto mayor. Podremos guiar de mejor manera a los hombres a que desarrollen una nueva visión de la igualdad de género y nuevas habilidades de autoadministración y comunicación, si primero avanzamos al mismo paso con su experiencia. A través del ofrecimiento de nuestro respeto, modelamos para ellos la capacidad de respetarse más plenamente a sí mismos y a los demás. Por medio de la comprensión compasiva de sus espejos rotos, podemos ayudarlos a desarrollar nuevas formas de la experiencia de "identificación gemela" con otros hombres y hasta con sus parejas femeninas.

Intervenciones feministas, cognitivas y conductuales de grupos para hombres golpeadores*

Una visión general de los fundamentos y métodos

DANIEL G. SAUNDERS

Este capítulo tiene como propósito dar una breve visión general de los principios y técnicas feministas y cognitivo-conductuales comúnmente usadas al trabajar con hombres que golpean a sus parejas. Doy inicio con las razones para usar grupos de varones en lugar de terapia de pareja o grupos mixtos, y concluyo con una descripción de las tendencias recientes en las intervenciones a los hombres que golpean.

Razones para enfocarse en la agresión de los hombres en grupos de varones

En la superficie puede parecer que ambos, hombres y mujeres, podrían beneficiarse de un programa de estudio enfocado a aprender las alternativas a la agresión. Aunque algunas de las técnicas específicas de manejo de la ira pueden beneficiar a ambos sexos, las causas fundamentales de la ira y la agresión son generalmente diferentes en hombres y mujeres. Por ejemplo, en casos de homicidio, los motivos de los varones típicamente incluyen celos y ansias de posesión, mientras que en las mujeres se involucra la defensa propia (Saunders y Browne, en imprenta). La agresión del hombre continúa siendo el enfoque de la mayoría de los programas de intervención porque ésta es más destructiva que la agresión de la mujer, en ambos casos, física y psicológicamente (Straus y Gelles, 1990). No puede siquiera asumirse que las mujeres que han sido arrestadas por agresión física tengan problemas de manejo de la ira, ya que es posible que la policía

---

* Resumimos para este capítulo el artículo de D. Saunders (1989), "Cognitive and Behavioral Interventions with Men Who Batter: Applications and outcome", en P.L. Caesar y L.K. Hamberger (eds.), *Treating Men Who Batter: Theory and Practice*, Nueva York, Springer.

o los fiscales no hayan identificado al "agresor primario". Es muy posible que las mujeres que acuden a la violencia hayan sido víctimas de ésta (Hamberger y Potence, 1994; Saunders y Browne, en imprenta). Una vez que se liberan de sus relaciones violentas, las mujeres son menos propensas a utilizar la violencia (Walker, 1984). Mientras que el hombre es generalmente condicionado a canalizar su dolor y sus miedos hacia la ira, ésta podría ser menos aceptable socialmente en las mujeres, las cuales podrían encontrar maneras menos directas de expresarla. Los grupos de ayuda social para la mujer tienden a enfocarse en ayudar a las mujeres a resolver problemas de falta de autoexpresión, o de agresión pasiva mediante una expresión más directa del coraje. La ira en el hombre, por otro lado, surge comúnmente por amenazas reales o imaginarias a su poder, o por miedo al abandono (Dutton y Golant, 1995).

Los hombres que golpean a su pareja podrán tener una mejor oportunidad de cambiar sus secuencias de agresividad si pueden explorar un condicionamiento de roles masculinos en grupos de varones solamente.

La mayoría de los programas para varones en Estados Unidos combinan ingredientes de tres modelos principales de tratamiento: feminista, cognitivo y conductual (ej.: Edleson y Tolman, 1992; Saunders, 1996a; Storderur y Stille, 1989). Muchos de estos programas enfatizan también los beneficios del apoyo social que se encuentra en los grupos de tratamiento. Hay razones adicionales para el formato de grupos:

Un enfoque de pareja no se usa generalmente porque: *a*) la mayoría de la evidencia indica que son los hombres, y no las mujeres, los que tienen un déficit en sus habilidades interpersonales y una niñez traumática, sugiriendo la necesidad de un tratamiento a largo plazo (Hotaling y Sugarman, 1986); *b*) las mujeres pueden no sentirse en libertad de expresar sus sentimientos cuando hay hombres presentes; *c*) las mujeres pueden ser consideradas implícitamente corresponsables del abuso por su sola presencia en los grupos de ambos sexos (para mayor información, vea Tolman y Edleson, 1995; Saunders, 1996a). Casi todos los programas de grupos para varones sostienen que un enfoque de grupos de ambos sexos debe reservarse para casos de parejas que desean permanecer unidas, están motivados a trabajar en su relación y en los que el hombre ha terminado suficiente tratamiento para controlar su violencia. Las ventajas y desventajas del enfoque de pareja continúan siendo fuertemente debatidas y algunos estados han desarrollado estándares para restringir o prohibir su uso. Algunos estudios de investigación muestran resultados alentadores del enfoque de pareja, pero éstos han filtrado los casos más serios y han usado muestras muy pequeñas.

Los enfoques feminista, cognitivo y conductual

El enfoque feminista está basado en la suposición y en la evidencia relativa de que el blanco de la agresión masculina lo constituyen, con frecuencia, las mujeres y los niños, aunque la fuente de su ira sea otra. La agresión contra la mujer se ve como un intento de mantener o retomar el dominio del hombre en una sociedad que ve este dominio como normal. Los métodos usados en este enfoque son, a menudo, didácticos, pero los programas usan también registros de "control", discusión y confrontación. Este enfoque se integra con frecuencia con una reestructuración cognitiva, por ejemplo: al ayudar a los miembros varones a ver los beneficios para ellos mismos de la competencia e independencia de las mujeres.

El enfoque cognitivo se basa en la suposición de que la ira es muchas veces un precursor de la agresión y que la distorsión cognitiva y los pensamientos irracionales contribuyen a estimular la ira. La terapia de inoculación del estrés (1977) y la Terapia Racional Emotiva de Ellis son los enfoques cognitivos principales. Los métodos usan, con frecuencia, clases, tareas para el hogar relacionadas con circunstancias personales, y ensayo cognitivo.

Aquellos que usan el marco cognitivo asumen que el sentido del derecho y la necesidad de dominio de los varones se basa en creencias susceptibles de cambio. Se ha usado un enfoque basado en los conflictos internos entre actitudes y valores centrales para confrontar las creencias abusivas y el dominio del varón (Russel y Frohberg, 1995).

El enfoque conductual se basa en la suposición de que la agresión del hombre surge de un déficit en sus habilidades interpersonales o porque es hipersensible a ciertos eventos. Hay indicaciones, por ejemplo, de que los hombres golpeadores presentan un déficit en sus habilidades de expresión personal (Holtzworth-Munroe, 1992). Para enseñar un comportamiento asertivo se utilizan la presentación de modelos y el ensayo de conductas. Para la superación de algunas situaciones de estrés y excitación de la ira se usa la desensibilización sistemática (Saunders, 1984; Storderur y Stille, 1989).

No hay una sola teoría o juego de procedimientos integrados que pueda ser llamado "cognitivo-conductual". En vez de esto, el término cubre un número de principios y procedimientos que muchos practicantes no han intentado unir teóricamente. Los tratamientos conductuales y cognitivos tienen sus raíces en los principios y procedimientos de condicionamiento clásico y operante. La teoría de aprendizaje social de Bandura (1973) destacó los aspectos cognitivos de estos dos principios condicionantes y demostró, además, que mucho del comportamiento se aprende a través de la imitación, sin ser condicionado.

La teoría moderna del aprendizaje social destaca la influencia recíproca entre la gente y su entorno y enfatiza la capacidad humana de cambio autodirigido. O'Leary (1988) aplica un modelo de aprendizaje social a factores relacionados con el abuso de la mujer, y encuentra que muchos factores se ajustan bien al modelo –por ejemplo, estresantes diarios y violencia en la familia de origen, combinados con un estilo de personalidad agresivo.

Enfoques cognitivos y conductuales, especialmente capacitación en expresión personal y de relajamiento, han sido bastante populares en el trabajo con hombres que golpean. Encuestas nacionales de programas de golpeadores muestran que el uso de estos procedimientos es general en cualquier tipo de programas, incluyendo los basados en albergues y los especializados, tanto como en los de agencias más tradicionales (por ejemplo, Eddy y Myers, 1984). Otros métodos populares que son usualmente combinados con métodos cognitivo-conductuales incluyen el de conciencia emocional, resocialización de los papeles de ambos sexos, y el desarrollo del apoyo social. Un estudio demostró que todos estos métodos pueden integrarse en un enfoque feminista-cognitivo-conductual (Saunders, 1996b). Aunque algunos programas se califiquen a sí mismos como "feministas" o "cognitivo-conductuales", en realidad mezclan diferentes enfoques con grados de énfasis variables.

Aunque las teorías anteriores son típicamente aplicadas a las terapias individual y de grupo, pueden adaptarse a un formato educativo. Explicaré en detalle cada enfoque enseguida.

Aplicación de principios cognitivos y conductuales

La descripción de las aplicaciones conductuales y cognitivas se presentará en el contexto de los principios generales que se han desarrollado, probado y aplicado para aliviar muchos tipos de problemas. La aplicación de métodos cognitivo-conductuales en el trabajo con hombres que golpean consiste, generalmente, en una combinación de métodos, más comúnmente instrucción sobre expresión personal, relajación y algunas terapias cognitivas (por ejemplo: Edleson y Tolman, 1992; Ganley, 1981; Saunders, 1984; Sonkin y Durphy, 1989; Souldeur y Stille, 1989).

Manejo de contingencias

La aplicación de principios operantes se llama *manejo de contingencias* porque las consecuencias inmediatas, o contingencias de la conducta, son modificadas. La agresión debida al alcoholismo es una conducta difícil de tratar porque la incomodidad y dolor derivados de la conducta en el agresor son, con frecuencia, retrasados por un tiempo considerable. Las recompensas pueden ser, por otro lado, inmediatas, incluido el "salirse con la suya" o un ansia reducida de abandono si la pareja amenaza con irse y después se queda. El análisis de recompensas y castigos encaja en el modelo de intercambio/control social.

Los hombres que entran en programas de golpeadores se ven muchas veces motivados a asistir por miedo al castigo –ya sea el castigo formal de la justicia, o la pérdida de sus parejas. El miedo al castigo puede tener también un efecto en el comportamiento abusivo mismo. Cuando las mujeres dicen a sus parejas que no volverán a ellos hasta que se inscriban o completen un tratamiento, están aplicando un reforzador negativo, esto es, su dolor cesará cuando él cumpla con lo que ella le pide. Hay evidencia de que el arresto, el miedo al arresto o una advertencia de acción legal son un freno para algunos tipos de golpeadores (Saunders, 1994). Hay también evidencia, sin embargo, de que el puro arresto no es suficiente y de que el arresto más el tratamiento son mucho más efectivos (Saunders, 1996a).

Steinfeld (1986) da algunos ejemplos de preguntas que los terapeutas pueden hacer a los agresores para hacerlos adquirir conciencia de las recompensas potenciales y costos de la agresión.

a. Beneficio de la conducta agresiva: *"Específicamente, ¿qué querías que sucediera, José, cuando golpeaste a María?"* Las respuestas pueden incluir factores tales como:
   1. Supresión del comportamiento repugnante: "Es que ella me estaba dando lata". "Es que yo me quería alejar de ahí".
   2. Rencor: "Es que yo quería lastimarla también".
   3. Poder: "Me sentía impotente frente a ella". "Me quería hacer entender por ella, que me escuchara". "La quería hacer papilla".

    4. Control: "Yo debo decirle lo que debe hacer", "yo soy él que manda".

    5. Realzar el amor propio: "Si dejo que haga esas cosas, ¿qué clase de hombre sería yo? No puedo dejar que me mangonee".

  b. Dureza del castigo: *"Específicamente, ¿qué sentiste que podría pasar si la golpeabas?"* Las respuestas podrían incluir:

    1. "Nada".

    2. "Ella podría golpearme también o matarme". "Ella se podría ir de la casa".

    3. "Podría venir la policía; la cosa se haría más grande".

    4. "Podría yo ir a la cárcel".

    5. "Me podrían dar una multa".

  c. Probabilidad de una consecuencia: *"¿Cuál es la posibilidad de que lo anterior (castigo, costo de respuesta) realmente sucediera?*

Ya que la investigación sugiere que las consecuencias de la conducta serán más poderosas si son inmediatas y seguras, los consejeros de programas pueden trabajar con la justicia para crear normas que en forma consistente y pronta puedan encontrar a los hombres responsables de su conducta violenta. Esto es más factible cuando los infractores están en libertad probatoria o condicional, ya que bajo estas circunstancias, el sistema puede responder en forma rápida pero flexible. Estos métodos pueden funcionar mejor en casos de violencia instrumental y premeditada, ya que el ofensor deberá sopesar los costos de la respuesta y ver los efectos de freno del castigo. Si el ofensor está sumamente enojado, su percepción podría estar demasiado nublada para permitir una evaluación de su conducta. Aunque los tratamientos con base en la comunidad o la cárcel podrían parecer las únicas opciones, Tolman (1996) describe una variedad de sanciones que se podrían considerar. Trabajar con el sistema de justicia y otras agencias para formular una respuesta coordinada de la comunidad a la violencia interfamiliar podría verse como que está fuera de la influencia de la "terapia", a menos que se defina la terapia como parte de una respuesta social a un problema social (Fagan, 1996).

Un componente del tratamiento de conducta del hombre que golpea y que tiene un elemento de extinción (la remoción de un reforzador positivo para la conducta problema) es la "técnica de tiempo fuera" (Sonkin y Durphy, 1989). Con el "tiempo fuera", el golpeador reconoce el incremento del coraje, dice a su pareja que está tomando un tiempo fuera y entonces se aleja por un tiempo para poder calmarse. La intención de esto es un tiempo fuera del conflicto y de las emociones de ira, pero podría operar como una técnica de extinción, pues el agresor no se "sale con la suya". Este método no es adecuado para hombres que consistentemente lo usan para rechazar a sus parejas o para encontrar otras formas de manipular la técnica en forma abusiva.

La vergüenza, la culpa, y la ansiedad que algunos hombres sienten después de su agresión, ya sea de fuentes internas o externas, son probablemente recursos efímeros para el cambio de conducta. En efecto, para el tipo de hombre que siente culpa excesiva, un mayor castigo podría aumentar la agresividad. Los terapeutas de la conducta recomiendan que cualquier castigo sea seguido en forma rápida por una oferta de enseñar al individuo conductas positivas.

El reforzador positivo se usa más comúnmente en el tratamiento de hombres que agreden por medio del elogio de las habilidades que son incompatibles con la agresión. Naturalmente, este reforzador es más poderoso cuando se ha dado una relación positiva con el cliente. Tal relación puede formarse mediante la comprensión de los sentimientos del cliente y una aceptación de su humanidad. En un grupo, se puede enseñar a los hombres a elogiarse entre ellos al hacer comentarios reforzadores específicos por reportes de progreso durante la semana y por medio del aprendizaje de nuevos conocimientos. Este apoyo de otros miembros del grupo parece ser una de las más fuertes formas de refuerzo que los hombres pueden recibir, y éstos informan que ésta es una parte muy útil de la experiencia de grupo. A través de este apoyo, los hombres pueden disminuir la fuerte dependencia al elogio y aceptación que con frecuencia tienen de sus parejas. La sobredependencia de otros puede disminuirse aún más si aprenden a elogiarse a sí mismos, una habilidad que enfatizan algunos terapeutas cognitivos.

Debido a que muchos hombres sufren una baja autoestima, podría ser difícil para ellos aceptar el elogio o pensar en formas en las que han logrado progreso. Una manera de rebasar esta dificultad es iniciar la sesión de grupo con una declaración de cada miembro sobre la forma en que aplicó un conocimiento usado en grupos. Cuando un hombre dice "nada" como respuesta, tal vez tome varios intentos de ayuda para animarlo a platicar sobre su éxito. En sesiones posteriores se enseña a los miembros a darse unos a otros una retroalimentación específica, positiva, de sus conocimientos adquiridos.

Reducción de la excitación

Aunque la ira no es una condición necesaria ni suficiente para el abuso de la mujer u otras formas de agresión, aquélla se ve, con frecuencia, asociada a ésta. Uno de los ingredientes necesarios para el coraje u otras emociones es, sin embargo, la excitación psicológica. Los terapeutas han empleado durante mucho tiempo la instrucción sobre relajación, *biofeedback*, y métodos similares para tratar la ansiedad. Estos métodos se usan ahora para reducir el componente de excitación de la ira y las reacciones hacia el estrés que se presentan antes que aquélla (ej.: Deffenbacher, McNamara, Stark y Sabadell, 1990).

La manera más común de reducir la excitación psicológica es enseñar "relajación progresiva". Al principio se usa un número grande de grupos de músculos, con las instrucciones del facilitador de tensarlos y luego relajarlos. Al adquirir experiencia el cliente, se usan menos grupos de músculos y con esto la habilidad, eventualmente, de poder relajarse rápidamente con recordar, simplemente, los sentimientos de relajación, o por medio de la repetición de una palabra que se ha asociado con el estado de relajación. Debido a que esta practica se realiza en posición acostada y con los ojos cerrados, tal vez muchos hombres se resistan a practicar los ejercicios. Esta resistencia podría ser especialmente pronunciada en grupos que contengan otros hombres agresivos. Algunos hombres se sienten más cómodos sentados o de espaldas al grupo.

Tal vez algunos hombres encuentren otros métodos de relajación más útiles como un sustituto o accesorio a la relajación progresiva. Hay un número posible de sustitutos para la relajación que son atractivos para los hombres, por ejemplo, el *biofeedback* porque es de "alta técnica", o el tai chi, las artes marciales que son una forma de ejercicio, relajación y meditación.

Condicionamiento clásico

Una vez que se domina la relajación, ésta puede combinarse con una serie de escenarios que causen ira, siguiendo los principios del condicionamiento clásico (desensibilización sistemática) (Saunders, 1984). En la aplicación de este método no usamos el termino *desensibilizar*, sino que nos referimos al método como "La escalera del enojo". Como tarea para el hogar, el cliente construye una "escalera" con tres escenarios que de menos a más causen alteración. Después de la relajación, el terapeuta alterna un escenario de calma con uno que produzca coraje varias veces, hasta que la ira o estrés del escenario que produzca más alteración se vea reducida o eliminada. Es importante iniciar con un tema que produzca un bajo nivel de alteración o, de otra manera, el método podría no resultar efectivo. Si algún miembro no presenta progreso, tal vez necesite ayuda para construir escenas bajas en la jerarquía. Por ejemplo, en vez de una escena en la cual el patrón lo regaña, tal vez encuentre una menos molesta, como esperar el camión o el tren para ir a casa después del trabajo.

Terapias cognitivas

Los métodos cognitivos están entre los más difíciles de emplear, pues se pide a los hombres que miren hacia su interior y se concentren en pensamientos "irracionales" o "automáticos". Los métodos son, sin embargo, importantes porque colocan claramente la responsabilidad de la excitación de la ira en el individuo y no en la interacción. En contraste con la instrucción de habilidades sociales, también tienen la ventaja de aplicarse a situaciones que no son interpersonales, por ejemplo: la ira producida por el mal clima, la pérdida de las llaves o estar atorado en el tráfico.

Los métodos cognitivos más comúnmente usados con hombres que golpean son los que Novaco (1995, 1978) y otros (McKay, Rogers y McKay, 1989) adaptaron de los trabajos de inoculación de estrés de Meichenbaum (1977).

Novaco explica que la agresión tiene varios componentes. Primero, existen expectativas no cumplidas o evaluaciones defectuosas de eventos adversos. La excitación subsiguiente se designa como ira, la cual puede llevar a la agresión. Se da a los miembros el fundamento de que la ira está con frecuencia relacionada con sentimientos de autoduda o amenaza. Se les enseña a diferenciar entre afirmaciones autoderrotantes o de automejoramiento que les ayuden a afrontar su realidad. Si éstas son difíciles de descubrir, se puede colocar a los miembros en situaciones de juego de roles hasta que se incite a la ira, y después pedirles hablar "en voz alta" de su diálogo interior que produce ira.

Se enseña a los miembros, entonces, a usar autoafirmaciones en varias etapas de una situación que típicamente produce ira. Las situaciones se vuelven más manejables al separarlas en etapas: preparación, entrada en la situación, afrontando la excitación, y la reflexión subsiguiente. Novaco da ejemplos de cada una: "Recuerda, no te salgas del tema y no lo tomes como algo personal" (preparación); "No tienes que probar nada. No hagas esto más grande de lo necesario" (efecto); "Los músculos se están endureciendo. Relájate y baja el paso" (excitación); "Manejé esa situación muy bien. Eso es hacer un buen trabajo" (conflicto resuelto); "Trata de sacudírtelo de encima. No dejes que interfiera en tu trabajo" (conflicto no resuelto). Tales afirmaciones para afrontar las situaciones pueden darse a los hombres, pero es probable que el ejercicio sea más efectivo si ellos dan forma a sus propias afirmaciones. Con frecuencia las afirmaciones no son "creíbles" para los miembros. La relajación, aplicada con las afirmaciones, puede ayudar a que éstas "penetren" y se sientan reales. Tal vez los miembros necesiten ayuda para dar forma de nuevo a sus afirmaciones también, probando un número de afirmaciones sugeridas por el terapeuta hasta que una parezca por lo menos algo creíble.

Se han aplicado también otros métodos cognitivos, por ejemplo: el de Ellis (1977), Terapia Racional Emotiva (TRE) (Edleson y Tolman, 1992). La TRE ayuda a los miembros a afrontar creencias irracionales que llevan a expectativas irracionales de ellos y de otros. La premisa es que la ira probablemente se produzca si los hombres creen que siempre *deben* tener el amor y la aprobación de las personas cercanas. La ira también pudiera excitarse si ellos creen que deben ser completamente competentes en todo lo que hacen, o si ven la vida como algo catastrófico cuando las cosas no salen como ellos quieren. Ellis da numerosos ejemplos de formas para entender y cuestionar filosofías que producen enojo en uno mismo. Él divide el análisis en cuatro categorías, por ejemplo: en respuesta a un acuerdo roto.

- Creencia racional: "Qué mala acción".
- Creencia irracional: "Qué *horror*, no puedo soportar que me trate de esa manera. Ella *no debería*, *no debe* tratarme así, y creo que ella es una *persona muy mala* por hacer eso y que ella *debería ser castigada*".
- Consecuencia apropiada: desilusión, sentimientos de rechazo.
- Consecuencia inapropiada: sentimientos de hostilidad y el deseo de venganza o castigo.

Meichenbaum (1977) explica que la falta de técnicas para afrontar las situaciones puede ser un problema más grave que la presencia de creencias irracionales. Por lo tanto, las habilidades cognitivas y conductuales para enfrentar situaciones pueden ser esenciales. Ellis enfatiza también la necesidad de practicar nuevas conductas fuera de la terapia. Cercanamente relacionado con la TRE está el análisis de Beck sobre los estilos cognitivos disfuncionales. Estos estilos incluyen la tendencia a hacer inferencias arbitrarias, a magnificar el significado de un suceso, a usar un pensamiento rígido de "blanco o negro" y a sobregeneralizar (ej.: tomar un simple error como muestra de incompetencia). Bedrosian (1982) muestra cómo ayudó a un marido a detectar sus pensamientos automáticos.

T: ¿Qué estabas pensando cuando tu esposa llegó a casa?

M: No recuerdo. Eran puras babosadas.

T: Bien, ¿puedes recordar dónde estabas y qué pensabas cuando te diste cuenta de que se le había hecho tarde a ella?

M: Bueno, estaba sentado en el sofá. Lo primero que pensé es: ¿qué tal si sufrió un accidente?

T: ¿Cómo te sentiste entonces?

M: Asustado. Me acordé del accidente que tuvo el mes pasado.

T: Así que, ¿qué hiciste cuando ella llegó a casa?

M: Primero me sentí aliviado. Luego pensé: siempre me está haciendo esto. A ella le importo un pito. Todo lo que hago es matarme trabajando para esta familia y así me lo agradece.

T: Y entonces usted explotó.

Bedrosian explica cómo el marido experimentó miedo cuando pensó que la seguridad de su esposa estaba amenazada, y luego decepción cuando ella no lo llamó. Estos sentimientos, sin embargo, se transformaron pronto en coraje porque él interpretó las acciones de ella como si fueran personalmente dirigidas a él.

Otro enfoque de terapia cognitiva, llamado *tratamiento de resolución de problemas* (D'Zurilla y Goldfried, 1971), no se ha empleado directamente con golpeadores. Sin embargo, en la resolución de problemas comunes y el apoyo que se dan en muchos grupos de hombres que golpean a sus parejas se usan algunos pasos sistemáticos en la resolución de problemas.

Los métodos cognitivos son especialmente compatibles con los enfoques feministas. Pueden usarse también para cambiar los sentimientos de amenaza que algunos hombres sienten ante la independencia y la capacidad femeninas. La reestructuración cognitiva puede ayudar a cambiar los "guiones" típicos masculinos de posesión, competencia y esfuerzo por el logro, en una conducta más flexible. Por ejemplo, la autoafirmación: "Yo debo ganar toda discusión", puede cambiarse por la autoafirmación: "Si yo gano, los dos perdemos".

Con el reconocimiento creciente de que una importante proporción de hombres golpeadores en tratamiento tienen una gama de trastornos de personalidad, se está aplicando la terapia cognitiva a dichos trastornos. Los más comunes parecen ser el narcisista y el pasivo-agresivo o antisocial (Gondolf, 1999), pero no hay un solo perfil de personalidad. Beck y Freeman (1990) describen la conceptualización cognitiva, estrategias de evaluación e intervenciones cognitivas específicas para trastornos de personalidad. La evaluación de éstos puede ayudar al facilitador a alcanzar un equilibrio entre una postura de rechazo exagerado, o ser manipulado. La comprensión de las reacciones comunes del consejero a estos clientes puede ser útil. Por ejemplo, los sentimientos iniciales de satisfacción con frecuencia ocurren en respuesta a clientes con características narcisistas, ya que éstos son maestros de la adulación. Estos sentimientos pronto pueden dar paso a sentimientos de frustración por su falta de progreso. Los clientes con trastornos de personalidad pueden producir frustración y desesperación por su resistencia y lento progreso. Reaccionar con enojo puede simplemente alimentar el "plan de juego" de estos clientes.

Otro desarrollo reciente en la terapia cognitiva es el reconocimiento de "esquemas de inadaptación" que provienen de traumas de la infancia. En particular Young (1990) cree que hay un vínculo entre esquemas que involucran abandono y falta de confianza, y su expresión en creencias generalizadas, por ejemplo, creencias de que "Estaré solo para siempre. Nadie nunca estará ahí para mí" o "La gente me hará daño, me atacará, se aprovechará de mí, debo protegerme solo". Estos esquemas estables y su expresión parecen caracterizar mejor al subgrupo de golpeadores con rasgos fronterizos. Hay evidencia de que ellos sufrieron rechazo emocional severo en la infancia y desarrollaron fuertes temores de abandono como resultado (Dutton y Holtzworth-Munroe, 1997).

Uso de modelos y ensayos

El uso de modelos y ensayos tiene un fuerte apoyo científico como recurso para aprender nuevas conductas. Éstos son usados para ayudar a los hombres a adquirir habilidades sociales y de expresión personal que son incompatibles con la agresión. Una clara expresión personal se necesita en situaciones en las que el enojo se justifica, pero el hombre es típicamente pasivo, hasta que explota. Estas habilidades sociales son también útiles si el hombre es típicamente dominante e impulsivo. Varios estudios indican que el hombre que golpea es generalmente callado. Parece haber también un subtipo de hombres que son dominantes y agresivos en ambas situaciones, dentro y fuera de casa (Holtzworth-Munroe y Stuart, 1994). La instrucción en la expresión personal tiene como propósito enseñar a los hombres a enfrentar la crítica, a hacer peticiones, a decir "no" en forma clara, a empatizar con los sentimientos de los demás y a expresar sentimientos en forma apropiada. El énfasis se pone en una expresión clara y responsable y en la igualdad en la toma de decisiones (Saunders, 1984). El facilitador del grupo modela cada habilidad en un juego de roles y guía después a cada miembro, por medio de la práctica de desempeño de papeles, usando una situación imaginaria. Estos conocimientos pueden aplicarse después a situaciones reales, que deben ser descritas por los miembros específicamente. Se ayuda a éstos a definir un "momento crítico" en el que se pudo haber tomado una senda asertiva, en vez de una pasiva o agresiva. Después que el conocimiento es aplicado en una práctica de juego de roles, los hombres reciben retroalimentación del instructor y otros miembros del grupo. Esta retroalimentación se enfoca en la comunicación verbal y no verbal. El cliente practica entonces la situación usando la retroalimentación. Con frecuencia estas situaciones no involucran a la pareja, sino que se enfocan en problemas de trabajo, los cuales son una mayor fuente de estrés para muchos hombres. Los pasos del ensayo conductual se describen en detalle en un número de manuales de instructor (ejemplo: Lange y Jakubowski, 1976; Rose, 1989).

Para el fin del tratamiento, debería ser posible integrar la mayoría de los conocimientos cognitivo-conductuales que se describen arriba. Por ejemplo, en el ensayo de una nueva conducta, el cliente deberá ser capaz de evaluar los costos y recompensas de mantener la conducta agresiva, identificar y reestructurar distorsiones cognitivas, relajar la tensión y comunicarse en forma clara. Se espera que los componentes de conocimientos que se han construido a través del tratamiento puedan combinarse rápidamente en un nuevo hábito.

Ventajas y desventajas de estos métodos

Hay cantidad de ventajas en el uso de los métodos ya descritos. Primero, están basados en principios científicamente derivados que se han usado con otros grupos de individuos agresivos y, por lo tanto, pueden ser evaluados más fácilmente que la mayoría. Por ejemplo, la evaluación del desempeño de papeles puede realizarse dentro y fuera de los esquemas de grupos con una calificación de adquisición de conocimientos realizada por parte de los instructores y miembros del grupo. Segundo: porque los métodos son concretos y basados en conocimientos, los clientes los reciben con menos resistencia, pueden aprenderse relativamente rápido y ser transferidos a otros programas. Tercero: los métodos son bastante compatibles con el enfoque feminista y con las metas de los sistemas de justicia. Los métodos no suponen que la violencia sea un síntoma de un trastorno mental subyacente o de problemas en la relación de pareja, sino que los temas de la ira y la violencia son abordados de manera directa. Finalmente, debido a que los métodos se basan en la suposición de que la agresión es una conducta aprendida sobre la cual es posible el autocontrol, los clientes y practicantes podrían tener más esperanza de cambio que si se enfrentaran con teorías de agresión instintiva o genética.

Dentro de las desventajas, hay el riesgo de que estos métodos no puedan superar los reforzadores sociales hacia el abuso de la mujer en nuestra sociedad si no son integrados a un enfoque profeminista. Como con otros enfoques, los métodos cognitivo-conductuales pueden parecer una "cura rápida" a los hombres, sus parejas y los terapeutas, y pudieran desarrollarse falsas esperanzas después de que se alcancen logros a corto plazo. Sin embargo, los métodos parecen ser muy esperanzadores respecto a detener el abuso rápidamente, con miras a que otros métodos puedan usarse. Otra desventaja: si las parejas no están bien informadas sobre la instrucción, los primeros intentos de los hombres para comunicarse en formas nuevas traerá comentarios negativos de sus parejas, que verán esta conducta como falsa. Finalmente, se ha hecho cada vez más claro que la mayoría de los hombres fueron traumados de pequeños, ya sea por ser víctimas de abuso o por ser testigos del abuso de sus madres. Si la violencia en la familia nuclear se debe a agresión desplazada o ira no resuelta de la infancia, entonces los métodos cognitivo-conductuales pueden ser complementados con métodos que resuelvan traumas de la niñez.

Enfoque feminista

Los enfoques feministas son "metamétodos"; más que un juego concreto de procedimientos, nos proveen de una lente a través de la cual podemos examinar críticamente nuestras teorías, métodos y conducto como facilitadores de grupo. Nos ayudan a contestar la pregunta: ¿son nuestros pensamientos y conexiones consistentes con la meta de igualdad de los sexos? Como ocurre con los enfoques cognitivo-conductuales, los enfoques feministas no pueden aglutinarse bajo un solo tipo. Éstos son con frecuencia igualados con los métodos educativos que tratan de aumentar la conciencia del hombre de la naturaleza instrumental de su abuso (Pence y Paymar, 1993). Este enfoque tiende a confrontar a los hombres sobre la intencionalidad de su abuso y trata de asegurar que los hombres vean la gama total de sus comportamientos abusivos.

Sin embargo, hay otros enfoques, como muchos de los cognitivo-conductuales cubiertos antes, cuyo propósito consiste en aumentar el respeto y el trato igualitario de los hombres hacia las mujeres sin confrontar su posición de dominio. Un enfoque es poner de manifiesto los efectos tóxicos de los roles constreñidos de los hombres y entonces construir una conciencia de los beneficios de roles aumentados, incluyendo el papel del trabajo en el hogar y el cuidado de los niños, para reducir la carga a sus parejas. Muchas guías para asistir a los golpeadores se enfocan en cambiar la socialización de papeles de los sexos en los hombres (Gondolf y Russell, 1987; Lindsey, McBride y Platt, 1993; Stordeur y Stille, 1989). Hay también descripciones más generales de las creencias varoniles y de las maneras de cambiarlas. (ej.: Kivel, 1992; Stoltenberg, 1993). Kivel y sus asociados en el Proyecto Oakland para Varones establecen con claridad la conexión que existe entre sexismo, racismo, clasismo y homofobia, y lo hace sin asignar culpas.

Aun con el consenso general sobre la meta de la igualdad de los sexos, hay espacio para bastante debate en el campo. Por ejemplo, algunos programas insisten en que se utilicen instructores varones y en que no se empleen equipos hombre-mujer por temor a que los hombres piensen que el abuso es un "problema de relación" hombre-mujer. Otros programas afirman que los equipos hombre-mujer presentan ventajas, pues ofrecen buena comunicación y resolución de problemas entre hombres y mujeres. Similarmente, parece haber un consenso en todos estos enfoques sobre la necesidad de señalar la objetivación de la mujer cuando ocurre en grupos (por ejemplo, se pide a los hombres usar los nombres de sus parejas en vez de referirse a ellas como "la mujer", "la señora" o algo más insultante). Sin embargo, los instructores difieren en cuanto a la oportunidad para tal confrontación. Algunos instructores prefieren establecer previamente una relación adecuada con los miembros antes de confrontar los comentarios sexistas más agresivos (Browne, Saunders y Staeker, 1996).

¿Sabemos qué es lo que funciona?

Los estudios sobre efectividad de tratamiento realizados hasta ahora (revisados en Saunders, 1996a; Tolman y Edleson, 1995) indican algunas señales esperanzadoras en enfoques feminista-cognitivo-conductual integrados para detener o reducir agresiones. Algunos estudios también muestran promesas en la reducción de los niveles de ira, depresión y creencias rígidas sobre los papeles de los sexos. La evidencia es menos alentadora en la reducción de abuso psicológico. No pueden sacarse conclusiones sólidas por el momento sobre la eficacia del enfoque cognitivo-conductual por las muchas fallas en el diseño de los estudios. Por ejemplo, la mayoría de los estudios no tratan de establecer control sobre factores como la separación de la pareja o el arresto del golpeador, los cuales posiblemente tengan un impacto en la conducta del hombre.

Existe alguna evidencia de que se pueden necesitar diferentes tipos de tratamiento para diversos tipos de ofensores. Por ejemplo, en una comparación experimental que conduje de los enfoques feminista-cognitivo-conductual y el proceso psicodinámico, los hombres con personalidades dependientes presentaban un nivel significativamente menor de reincidencia en un grupo de proceso psicodinámico no estructurado que en un grupo estructurado de conducta feminista-cognitivo (Saunders, 1996). Un estudio de muestreo pequeño que compara grupos de varones con grupos de parejas no encontró diferencias mayores entre aquéllos, pero halló una tendencia hacia mayor efectividad en los grupos de parejas si el marido consumía alcohol (Brannen y Rubin, 1996).

Los presentadores deben estar alerta a los últimos descubrimientos de investigación de resultados sobre intervenciones. La lectura cuidadosa indicará si los estudios usaron tamaños de muestra adecuados y reportes de las mujeres sobre el comportamiento de sus parejas meses después del tratamiento. Los estudios están reportando 80% de entrevistas de seguimiento con la pareja un año después del tratamiento, mientras estudios anteriores reportaban de 50 a 60% de seguimiento. Están empezando a surgir estudios asignados al azar a comparación o a grupos de control. Cuando una investigación más rigurosa encuentra acceso al campo, las intervenciones serán más efectivas.

Direcciones recientes

Hay varias tendencias importantes en el campo que están ayudando a refinar y a mejorar todos los enfoques descritos antes.

Primero: la investigación indica el perfil emergente de los hombres más peligrosos. Como resultado, algunos programas evalúan cuidadosamente los niveles de severidad de la violencia y colocan a los hombres en diferentes "vías" de intervención. El programa "Third Path" en el condado Arapahoe, del estado de Colorado, EUA, es uno de ellos (Healy, Smith y Sullivan, 1998). Los encargados de admisión deben tener en mente que los factores de riesgo por aumento del peligro durante la relación pueden ser diferentes de los factores de riesgo durante la separación (Saunders y Browne, en imprenta).

Segundo: un enfoque "transteórico", llamado *etapas del cambio* (Prochaska y CiClemente, 1992), se está aplicando en intervenciones con hombres que golpean. La suposición es que el enfoque particular es menos importante que indagar el nivel de motivación del hombre. Una suposición más lejana es que los tratamientos son más efectivos si se ajustan a los niveles de motivación del individuo –desde la precontemplación a la contemplación del cambio, a la preparación, a la acción y, finalmente, hasta el mantenimiento del cambio.

Tercero: se está logrando profundizar la capacidad cultural de los programas (Carrillo y Tello, 1998). Esto se debe en parte a los descubrimientos que muestran un mayor nivel de deserción en programas para hombres de color. Williams y Becker (1994) describen varias avenidas organizacionales para desarrollar capacidad cultural, incluyendo capacitación de personal, consulta y autoevaluación. También resaltan la necesidad de propagar información hacia las comunidades de color. Algunos programas usan grupos de la misma raza y hay indicaciones de mayor cohesión en éstos (Williams, 1995). Algunos programas hacen hincapié en que la confrontación puede ser culturalmente inapropiada. Por ejemplo, los consejeros asiáticos del programa EMERGE de Boston desarrollaron un método socrático de metáforas y parábolas. Hasta evitaron usar el término "golpeador". Algunos programas hacen uso de rituales y conceptos culturalmente específicos, por ejemplo, el uso entre los indígenas norteamericanos del "temezcalli" o cuarto para sudar (como parte de un ritual religioso) y la rueda de oración. Los facilitadores necesitan hacer una serie de preguntas cuando evalúan la "resistencia" de los hombres de color. ¿Ha llevado el racismo institucional a oportunidades pobres de educación y empleo? ¿"Expulsa" del tratamiento nuestro programa a los hombres por el elevado nivel educativo de los materiales? ¿Entendemos y ayudamos a estos hombres a enfrentar dificultades de tipo racial y necesidades de supervivencia diarias?

Cuarto: algunas comunidades están desarrollando una respuesta coordinada a la violencia interfamiliar que involucra varias agencias clave. Diversos estudios indican que una combinación de arresto, multas y tratamiento es más efectiva que muchos de estos "ingredientes" solos. Cuerpos coordinados y grupos de apoyo proveen varias funciones: las normas congruentes pueden dar una idea o mensaje constante a los ofensores, las prácticas de remisión pueden mejorarse, y la consulta mutua y la capacitación cruzada pueden reducir la desconfianza entre los diferentes profesionistas y mejorar los conocimientos de todos. Además, estas agencias con frecuencia se unen en campañas de prevención de la violencia interfamiliar. Recientemente, más trabajadores de la salud y bienestar infantiles se han unido al esfuerzo.

Finalmente, más programas parecen estar enfatizando la acción social como una fase del "tratamiento" y desarrollando iniciativas antiviolencia que abarcan a toda la comunidad. Por ejemplo, cerca del final del tratamiento se puede animar a los hombres a presentar pláticas sobre la violencia interfamiliar en las escuelas preparatorias locales. Algunos programas capacitan a los hombres reformados para apadrinar a otros hombres. Los hombres que salen de nuestros programas pueden tener un efecto de resonancia en sus amigos, compañeros de trabajo e hijos, y a veces en la comunidad entera. Sólo al involucrar un círculo mayor de hombres y muchachos podemos asegurar una disminución de la violencia en las generaciones futuras.

PARTE 2

FORMAS DE GRUPO

Control semanal

 Materiales de clase

Nombre: _____ Fecha: _____

1. *Éxito de la semana*. Describa la manera en que tuvo éxito la semana pasada para controlar su agresividad o usar con buen resultado algo que aprendió en el grupo. El éxito puede ser grande o pequeño. Dese permiso de felicitarse en esta ocasión.

   Específicamente, ¿hizo una de las siguientes cosas?

   _____ defendí mis derechos calmadamente
   _____ expresé mis sentimientos de una manera responsable
   _____ me dije que me relajara
   _____ cambié mis pensamientos de negativos a positivos
   _____ tomé un "tiempo fuera"

2. *Situación problemática*. Describa una situación de la semana pasada. Específicamente, ¿qué dijo o hizo?

   ¿Qué tan pertubado o enojado llegó a estar?

1	10	20	30	40	50	60	70	80	90	100

   No enojado   Extremadamente
   para nada   enojado

3. *Agresión*. ¿Fue verbal o físicamente agresivo contra otra persona en la semana pasada (incluye amenazas y daños a la propiedad)?

   Sí _____ No _____ Si la respuesta es sí, ¿qué hizo?

   _____ cachetear   _____ ahorcar
   _____ patear   _____ abuso sexual
   _____ golpear a puñetazos   _____ abuso verbal
   _____ tirar cosas   _____ otro (explicar) _____

   ¿Qué haría en alguna situación futura para evitar la agresión?

4. *¿Hizo la tarea asignada?*   Sí _____   No _____
   Si la respuesta es sí, ¿qué hizo?

Leí los folletos	Sí _____	No _____
Terminé la tarea escrita	Sí _____	No _____
Practiqué el ejercicio	Sí _____	No _____

Progreso en el grupo

Nivel de participación en el grupo

Fecha: _____ Hora: _____

Nombre del grupo: _____

Facilitadores: _____

_____

Tema de la sesión: _____

Núm. de la sesión:___ Presente_____

Ausente_____

Participó con frecuencia: se autodivulgó ___

Participó con frecuencia: dio retroalimentación ___

Participó con moderación ___

Participó raras veces, pero puso atención ___

Participó raras veces; parecía preocupado ___

No participó; parecía no tener motivación ___

Obstructivo al proceso del grupo ___

Resistente a la información ___

Parece estar usando material del curso ___

Completó la tarea ___

Afecto

Optimista ___
Cauteloso ___
Resentido ___
Calmado ___
Frustrado ___
Pensativo ___
Inapropiado ___
Insulso ___
Triste ___
Ansioso ___
Confidente ___
Arrepentido ___
Otro _____

Cogniciones

Esperanzado/desesperanzado
1   2   3   4   5

Diálogo interior positivo/negativo
1   2   3   4   5

Tiene claridad/confundido
1   2   3   4   5

No fue evidente en la sesión ___

Otro _____

Responsabilidad por sí mismo

Reconoce la responsabilidad/
no la reconoce
1   2   3   4   5

Echa la culpa a los demás ___

Se siente impotente ___

No fue evidente en la sesión ___

Preocupaciones terapéuticas

Incidente de reabuso ___

Ideación suicida ___

Riesgo aumentado del reabuso ___

Conducta hostil y agresiva ___

Aumento de depresión ___

Aumento de presión ___

Reporte a Servicios de
Protección a la Niñez ___

Aviso a la víctima ___

Otro _____

**Nota de progreso
en el grupo**

Nombre del miembro de grupo: _____

Comentario: _____

_____

Firma: _____ / _____

Fecha de la nota: _____

Forma de evaluación

Nombre del miembro del grupo: _____

Nombres de los facilitadores _____ / _____

Nombre del grupo: _____ Fecha: de _____ a _____

Número total de sesiones a las que asistió _____

Fecha del reporte: _____

Favor de evaluar al miembro del grupo en todas las escalas listadas abajo. El grupo de norma debe ser la población total de miembros de grupos en esta etapa del tratamiento. Ponga "1" para la puntuación más baja en cada artículo y "9" para la puntuación más alta, con cualquier número en medio que mejor describa su evaluación.

Participación

Se aísla	1 2 3 4 5 6 7 8 9	Se autodivulga con frecuencia
Nunca inicia	1 2 3 4 5 6 7 8 9	Inicia con frecuencia
No hace comentarios	1 2 3 4 5 6 7 8 9	Comparte sus comentarios con frecuencia
Defensivo	1 2 3 4 5 6 7 8 9	Muy abierto a los comentarios
Comentarios agresivos/ destructivos	1 2 3 4 5 6 7 8 9	Comentarios constructivos
No hace la tarea	1 2 3 4 5 6 7 8 9	Hace la tarea

Conducta

Capacidad inferior para expresar las emociones	1 2 3 4 5 6 7 8 9	Capacidad excelente para expresar una variedad de emociones
No reconoce su responsabilidad por la violencia familiar	1 2 3 4 5 6 7 8 9	Reconoce su responsabilidad
Control inferior de los impulsos y de la conducta	1 2 3 4 5 6 7 8 9	Buen control
Empatía mínima hacia la víctima u otros miembros de la familia	1 2 3 4 5 6 7 8 9	Empatía excelente/preocupación
Baja autoestima	1 2 3 4 5 6 7 8 9	Autoestima /respeto propio excelente
Poca conciencia del aumento de tensión y necesidades emocionales	1 2 3 4 5 6 7 8 9	Conciencia propia excelente
Uso frecuente de la conducta controlante	1 2 3 4 5 6 7 8 9	Tolerancia excelente para la conducta de otros
Expresión asertiva inferior	1 2 3 4 5 6 7 8 9	Capacidad excelente para ser asertivo con sus necesidades y emociones

Favor de evaluar el progreso total del miembro del grupo, comparándolo con la población total de miembros de grupo en esta etapa del tratamiento. Evalúelo en una escala de 1-9, con 1 representando nada de mejora y 9 representando la mejora sobresaliente.

1   2   3   4   5   6   7   8   9   N/A

Ahora, anote si recomienda cualquiera de las dos opciones siguientes:

Probación   _____
Terminación del programa   _____

Comentario

_____
_____
_____
_____
_____
_____
_____

Firma del cofacilitador _____
Firma del cofacilitador _____

Orientación para grupos de hombres

🖎 **Materiales de clase**

Bienvenido a las sesiones del grupo de orientación para el tratamiento de la violencia familiar. Las siguientes son respuestas a las preguntas más frecuentes sobre los grupos. **Por favor lea esta información con cuidado.**

1. **¿Por qué me mandaron a un tratamiento sobre violencia familiar?**
   Se le envió a este programa porque un reporte dijo que usted se vio envuelto en un incidente de violencia familiar. El hecho de que lo hayan mandado a un grupo de varones significa que estos problemas pueden responder bien al tratamiento.

2. **¿Cuándo se reúnen los grupos?**
   Los grupos se reúnen dos horas, una vez a la semana, durante 32 semanas (varía dependiendo del programa).

3. **¿Qué pasa en los grupos?**
   Cada reunión trata un aspecto particular de la violencia familiar. Los grupos dan la oportunidad a sus miembros de discutir problemas familiares, los sentimientos que llevan a una conducta destructiva, y los resultados que la violencia ha traído a la pareja. En los grupos se aspira a encontrar nuevas formas de comunicación, un buen manejo del estrés y el mejor modo de resolver problemas.

4. **¿Es terapia de grupo o son clases?**
   Aunque muchas de las sesiones del grupo incluyen clases sobre conocimientos específicos, como manejo del estrés (tensión) y el mejoramiento de la comunicación, los grupos son considerados consejería o "terapia de grupo". Esto significa que se anima a los miembros del grupo a pensar en su propia vida, discutir sus sentimientos y ofrecer apoyo a otros miembros del grupo. Los miembros del grupo se benefician de él según su participación en el mismo.

5. **¿Debo asistir cada semana?**
   Se requiere la asistencia semanal de todos los miembros del grupo. La investigación indica que hay un progreso en el tratamiento sólo cuando hay asistencia constante. Para que se beneficie usted del programa, se necesita que dé importancia al asistir. Cuanto más participe en el grupo, probablemente se sentirá más animado a asistir, no sólo para su beneficio, sino para apoyar a sus compañeros.

6. **¿Qué pasa con las faltas?**

Es necesario pedir permiso por escrito a su consejero antes de cada falta justificada. Las faltas que no se justifiquen por escrito se considerarán injustificadas. Las faltas injustificadas (las que no se deban a enfermedad u otra emergencia) indican falta de interés y seriedad para cambiar su situación. Una falta injustificada hará que su caso se revise. Cualquier otra falta injustificada podría causar que lo den de baja del grupo. El máximo número de faltas injustificadas permitidas en el programa es de tres, con sólo una permitida durante las primeras ocho semanas.

7. **¿Qué pasa si llego tarde?**

Si algún miembro del grupo llega más de 10 minutos tarde, se le considerará ausente y no recibirá crédito por la sesión.

8. **¿Quién dirige los grupos?**

Todos los consejeros de grupo son trabajadores sociales clínicos con licencia, psicólogos clínicos con licencia, o internos en psicología, trabajo social, consejeros matrimoniales o familiares con amplio entrenamiento en violencia familiar. Cada grupo es dirigido a la vez por un consejero masculino y una consejera femenina.

9. **¿Se espera algo más que mi asistencia para tener éxito en los grupos?**

En casi todas las sesiones habrá tarea para hacer en casa que deberá usted terminar y llevar a la próxima sesión. Los consejeros revisarán la tarea con usted para que sepa qué se espera que haga. Los consejeros también comentarán las tareas terminadas al principio de la sesión. No cumplir con las tareas podría provocar una revisión de su caso y que tal vez lo den de baja del tratamiento.

Adquirirá un ejemplar del libro de trabajo. Cada semana se comentará una sección del libro durante la sesión. Se espera que traiga su cuaderno a cada reunión del grupo.

10. **¿Y qué ocurre con la confidencialidad? ¿Se puede usar contra mí lo que yo diga en los grupos?**

Como los consejeros trabajan juntos, usted puede suponer que lo que se diga en el grupo se discutirá entre los consejeros que están involucrados en su tratamiento y con su oficial de libertad probatoria –probación–, si éste fuera el caso. Sólo la información que sea importante para su tratamiento se incluye en estos reportes. Casi todos los asuntos personales y sentimientos discutidos en el grupo se mantendrán confidenciales.

En ciertas situaciones, el consejero de grupo se ve obligado a reportar información que se dice en el grupo. Las situaciones que se pueden reportar incluyen amenazas serias de lastimar o matar a alguien, amenazas serias de suicidio o de lastimarse usted mismo, o reportes de abuso infantil.

Información adicional y reglas del grupo

1. La sesión dará principio a la hora designada. Es necesario que los miembros se presenten 10 minutos antes de la hora para llenar un cuestionario llamado *control semanal*. El grupo no empezará hasta que todos los miembros llenen el cuestionario. No llenar este cuestionario se cuenta como una falta injustificada.
2. No se deberá tomar alcohol el día de la sesión.
3. Todas las cuotas de cada miembro deberán ser pagadas antes de la sesión o no se permitirá la asistencia al grupo.
4. No se permitirá a ningún miembro intimidar o amenazar a otros miembros del grupo o a los consejeros. Los consejeros y participantes vigilarán la seguridad de todos los miembros.
5. Los consejeros de grupo evaluarán su progreso frecuentemente.

He leído la información anterior y estoy de acuerdo con las condiciones del tratamiento.

_____   _____
Firma del miembro   Escriba su nombre

_____   _____
Fecha   Nombre del grupo

PARTE 3

ORIENTACIÓN
E INTERVENCIONES BREVES

Buscando un camino diferente: Quetzalcóatl, el viaje del héroe

CHRISTAURIA WELLAND

Materiales

> Orientación al grupo
> "Breve historia de Quetzalcóatl, héroe y dios de los aztecas"
> Cita de la semana
> Control semanal

Meta

Orientar a los participantes en lo relativo al proceso y a las expectativas del grupo, y presentarles la idea del viaje personal y de grupo que están emprendiendo.

Objetivos

1. Presentar a los facilitadores y a los miembros del grupo.
2. Revisar la orientación al grupo.
3. Pedir que cada hombre firme el contrato.
4. Conducir la técnica de presentaciones al grupo.
5. Introducir el tema del viaje del héroe y discutirlo con el grupo.
6. Revisar la cita de la semana.
7. Explicar el uso del control semanal.

Programa

1. Los facilitadores se presentan al grupo.[2]
2. Revisan la orientación al grupo. No tienen que leer todas las secciones en voz alta, pero deben poner de relieve la mayoría de ellas. Expliquen a grandes rasgos qué es la terapia y cómo pueden ellos aprovechar su experiencia de la manera más eficaz. Aclaren las cláusulas

---

[2] Se usará la tercera persona del plural cuando se aluda a los facilitadores, aunque en muchos casos haya sólo uno. Además, se usará la tercera persona del singular, *usted*, para dirigirse a los individuos en el grupo, siempre en la inteligencia de que los facilitadores sabrán si y cuándo tratar de *tú* a los miembros del grupo.

acerca de las tareas, la asistencia y la confidencialidad. Pidan a todos los miembros del grupo que firmen una copia de este contrato y que se las devuelvan, si no se hizo esto ya en el proceso de admisión a la agencia.

3. Normalmente es mejor reducir al mínimo la información acerca del abuso y violencia personal en esta primera sesión. Conduzcan la técnica breve de presentación grupal con las instrucciones siguientes: "Por favor formen parejas con uno de los miembros del grupo que esté cerca de usted". Tendrán unos minutos cada uno para obtener información básica de su "pareja" de esta sesión: ¿Cómo se llama? ¿Está casado actualmente o vive con su pareja? ¿Cómo se llama ella? ¿Tiene él hijos? ¿Cómo se llaman y cuántos años tienen? ¿De dónde es él? ¿En qué trabaja? ¿Cuáles son sus intereses, aficiones y pasatiempos? No es necesario preguntarle detalles de cómo llegó al grupo. Vamos a hacer eso mucho más tarde. Luego le va a presentar su "pareja" al grupo. Al término de esto y durante todas las sesiones tempranas, los facilitadores deben buscar la forma de establecer relaciones entre los miembros del grupo, como los que son papás, los que vienen de la misma región, etcétera.

4. Introduzcan el tema del viaje del héroe, que servirá a manera de motivación para que los nuevos miembros entren en el proceso del grupo con menos resistencia, viéndolo más como desafío personal para el bien de su familia que como una orden de la corte sobre la que no tienen ningún control. La presentación del tema tendrá la siguiente forma:

   a. Pregunten a los miembros del grupo si han salido alguna vez de viaje con familiares o con amigos, ya sea de vacaciones o de visita, en peregrinación o con el equipo de futbol, o si han tenido la experiencia de cruzar la frontera sin documentos con un grupo de compañeros. ¿Cómo fue la experiencia? ¿Cuáles son las ventajas y desventajas de viajar en un grupo? Recuerden usar el pizarrón para ilustrar los puntos que tocan.

   b. Presenten el programa de tratamiento y los objetivos del grupo que están formando desde hoy como un viaje que van a emprender juntos. Quizá no hubieran elegido hacer este viaje, pero ahora que lo están iniciando, ellos pueden decidir sacar algo bueno de la experiencia. (Éste *no* es el tiempo de hablar mucho acerca de sus sentimientos negativos por estar en el grupo.)

c. También podemos ver nuestra vida como un viaje personal, un viaje de desarrollo y crecimiento hacia la madurez física, intelectual, emocional y espiritual. (Hagan anotaciones en el pizarrón durante esta explicación.) Hay momentos en nuestro viaje de la vida en que estamos solos, en los que nos toca sólo a nosotros enfrentar los retos de cada momento o algún desafío específico. Éstos son los momentos en que crecemos más y en los que vamos alcanzando nuestras metas como seres humanos. Usualmente este proceso abarca el sacrificio personal, porque es así que traemos a la luz una nueva forma de vivir, que alcanzamos una vida de más valor todavía que la de antes y que nos vamos transformando en seres más maduros. Asegúrense de que hayan entendido el concepto del viaje personal.

d. "Ahora vamos a escuchar brevemente la historia de un héroe y dios de los aztecas, Quetzalcóatl". Repasen la historia de Quetzalcóatl.

Anoten juntos, con la participación de los miembros del grupo, los puntos clave de la historia y describan cómo:

• El héroe tiene que dejar el mundo normal de todos los días, donde vive más o menos inconscientemente, para entrar en el mundo difícil y peligroso de la oscuridad. Claro, se resiste al cambio, porque la aventura que desconoce le da miedo y prefiere quedarse con lo familiar.

• Emprende el viaje y encuentra que siempre hay fuentes de fuerza que lo ayudan.

• Luego, por medio de sus esfuerzos y sacrificios, supera las fuerzas que lo quieren destrozar y alcanza sus metas.

• Ahora trae consigo regalos para los suyos, que pueden ser una nueva sabiduría acerca de cómo vivir un nuevo sentido de haber crecido como individuo ya responsable. Ha descubierto el significado de la vida y se impone una nueva manera de vivir desde ese momento. Ha obtenido una madurez personal que hace que pueda aportar mucho a su esposa, hijos, familiares y compañeros de trabajo.

Los maestros sabios de los aztecas, antes de la conquista española, llamaban "rostro y corazón" a la personalidad del hombre educado en el autoconocimiento y el autocontrol (León-Portilla, 1956). Su trabajo como educadores era el de "poner un espejo delante de los demás" para que se conocieran y, así, fueran prudentes y cautelosos.

Según la enseñanza azteca, desarrollar el rostro y el corazón era la tarea más importante de los jóvenes adultos. El rostro se refiere a la verdadera naturaleza del individuo y necesita la sabiduría, mientras que el corazón significa el dinamismo del hombre, la parte de él que busca activamente su verdadero ser. El corazón necesita la fuerza. Los aztecas tenían que humanizar su corazón y su voluntad para llegar a ser hombres y mujeres responsables, y así contribuir a la sociedad.

Este viaje es lo que ustedes están comenzando ahora. Sus terapeutas y sus seres queridos van a apoyarlos en su jornada. ¿A quién más pueden pedir ayuda para llegar a su destino con bien? Piénsenlo y traten de invocar la ayuda que necesitarán para un viaje exitoso.

5. Revisen la cita de la semana, presentando a los participantes latinos en el estudio de investigación como compañeros en su viaje, personas que ya aprendieron a caminar con sabiduría.

6. Enséñenles el uso del control semanal cada semana antes de que empiece la sesión del grupo.

Tarea

1. Anote dos cosas positivas y dos cosas negativas que puedan ser consecuencias de asistir a este grupo. Esté preparado para compartirlas con el grupo.

2. El viaje de búsqueda para su verdadero rostro y su verdadero corazón es lo que usted está continuando ahora, si decide hacerlo. Sus terapeutas y sus seres queridos van a apoyarlo en su jornada. ¿A quién más puede pedir ayuda para llegar a su destino con bien? Piénselo y si gusta lo puede compartir con el grupo en la próxima sesión.

Breve historia de Quetzalcóatl, héroe y dios de los aztecas*

👉 Materiales de clase

Quetzalcóatl era el dios del viento de los ancianos de Teotihuacan, antes de los aztecas. Tenía también fama como sacerdote-rey de las leyendas y sobre todo como la serpiente emplumada, un símbolo de una gran tormenta con fuerte viento que levantaba el polvo de la tierra.

Dicen que en el principio, los dioses estaban tratando de decidir quién iba a habitar la Tierra. Quetzalcóatl se ofrece para descender al Reino de los Muertos para llevar los huesos preciosos de allá a la Tierra, y así crear a los primeros hombres y mujeres. Pero el Señor de la Muerte no quiere que Quetzalcóatl se lleve los huesos y le pone muchas pruebas y obstáculos. Por fin, se los lleva con la ayuda de los gusanos, pero se caen los huesos por tierra y se rompen en miles de pedacitos.

Llegado a su palacio, Quetzalcóatl los da a un artesano de su corte para que los muela en un lebrillo. Luego sacrifica su propia sangre y la echa sobre los huesos, y todos los demás dioses hacen lo mismo. Así dieron vida a los hombres y mujeres, quienes deben su existencia al sacrificio de los dioses y por esto deben hacer sacrificio también para que el mundo siga existiendo.

Quetzalcóatl se hace rey y sacerdote de la gran ciudad de Tula y su reinado es muy glorioso. Pero un día unos magos le tientan con el licor del maguey, para que se embriague y deje de ofrecer los sacrificios al sol necesarios para el bienestar del mundo. Al principio Quetzalcóatl resiste, pero al fin se deja llevar por sus palabras y por lo sabroso del pulque, y llega a emborracharse él y toda la gente de su corte. Olvidan honrar al sol al amanecer el día. Cuando se dan cuenta de lo que han hecho, todos se llenan de tristeza y Quetzalcóatl, sabiendo que él es responsable, llora y se tiende en un cofre de piedra por cuatro días. Dice: "Basta, abuelo, siervo mío! ¡Vámonos! Cerrad todo, esconded lo que habíamos descubierto, la alegría, la riqueza, todo nuestro bien y hacienda!"

---

* *In Xochitl In Cuicatl, Flor y canto, la poesía de los aztecas,* Secretaría de Educación Pública, México, 1972. Citado con permiso.

Y Quetzalcóatl se va de su ciudad de Tula, y llorando a sollozos llega a la orilla del mar divino, se reviste de sus plumas de quetzal y allá se enciende en llamas —él mismo se prende fuego. Dicen que vinieron a estar presentes en su muerte todas las aves hermosas del cielo y que cuando sus cenizas cesaron de arder, Quetzalcóatl fue llevado al cielo y allá se cambió en el lucero del alba, la Estrella de la Mañana.

Rostro y corazón, el camino de autoconocimiento y autocontrol

 Materiales de clase

Los maestros sabios de los aztecas, antes de la conquista española, llamaban "rostro y corazón" a la personalidad del hombre educado en el autoconocimiento y el autocontrol (León-Portilla, 1956). Su trabajo como educadores era el de "poner un espejo delante de los demás" para que se conocieran y así fueran prudentes y cautelosos.

Según la enseñanza azteca, desarrollar el rostro y el corazón era la tarea más importante de los jóvenes adultos. El rostro se refiere a la verdadera naturaleza del individuo y necesita la sabiduría, mientras que el corazón significa el dinamismo del hombre, la parte de él que busca activamente su verdadero ser. El corazón necesita la fuerza. Los aztecas tenían que humanizar su corazón y su voluntad para llegar a ser hombres y mujeres responsables y así contribuir a la sociedad. Éste es un poema azteca que describe al hombre educado según el camino del pueblo:

> *El hombre maduro*
> *es un corazón sólido como una roca,*
> *es un rostro sabio.*
> *Dueño de un rostro, dueño de un corazón,*
> *es capaz y comprensivo.*

Cita de la semana: su hijo seguirá los ejemplos de usted.

El hijo quiere ser como el papá. El hijo se pone los zapatos de uno. Y hace lo que uno hace; entonces el ejemplo es uno. Entonces para mí en lo personal, yo todo el tiempo luchando, y quiero aprovechar toda la experiencia de los grupos, las clases, para darle a mi hijo la mejor educación posible. El respeto hacia los demás, hacia las mujeres, hacia los maestros, hacia las personas adultas. Como dije en el principio, mi hijo —no quiero que sea como yo… que sea mejor. *Lucio*

El padre de familia en la cultura azteca tenía que hacer lo siguiente para sus hijos:

- El padre es la raíz y el origen de la raza de los hombres.
- Su corazón es bueno, es cuidadoso con las cosas; es compasivo, toma un interés, es precavido; es el apoyo, protege con sus manos.
- Cría a los hijos, los educa, los instruye, los reprende, los enseña a vivir.
- Pone enfrente de ellos un gran espejo, un espejo perforado en ambos lados; es una gran antorcha que no emite humo.

La casa del abuso

Materiales

"La casa del abuso"
"Abuso emocional y juegos mentales"

Meta

Presentar a los miembros del grupo las definiciones básicas del abuso, y la gama de conductas amenazantes.

Objetivos

1. Repasar el control semanal
2. Revisar la tarea.
3. Explicar "La casa del abuso".
4. Identificar los "cuartos" distintos de la casa.
5. Revisar "Abuso emocional y juegos mentales".
6. Revisar la cita de la semana.

Programa

1. Empiecen por explicar el concepto básico de ésta dibujando un diagrama de "La casa del abuso" en el pizarrón. Terminando esta sesión, las categorías siguientes estarán escritas en los distintos cuartos:

Físico	Verbal/emocional/psicológico
Aislamiento social	Machismo
Intimidación	Religión
Sexual	Maltrato de niños
Económico	

Durante esta discusión deben repetir estas preguntas:

- ¿Es ésta una casa en la que le gustaría vivir?
- No tiene que decir nada en voz alta, pero mire si reconoce alguno de estos cuartos como aquellos que existen en su casa hoy día.

- De nuevo, no diga nada en voz alta, pero mire si reconoce alguno de estos cuartos como aquellos de la casa donde lo criaron.

También es importante destacar repetidamente la "regla de 100%". Esta regla afirma que todos nosotros somos 100% responsables de nuestra conducta. [Expliquen brevemente con diagrama lo que quiere decir 100%.] Si estamos enojados o heridos, no necesariamente tenemos que llegar al maltrato. Se ha visto que es muy valioso en este ejercicio usar descripciones que sean lo más neutrales posibles. Una mujer puede incurrir en la mayoría de estas formas de maltrato tan fácilmente contra un hombre que al contrario, con la excepción obvia del machismo y del abuso sexual. La meta actual es entablar una discusión valiosa y ayudar a los miembros del grupo a discutir estas cuestiones sin sentirse defensivos.

Empiecen pidiendo definiciones de las formas más obvias del abuso —se trata normalmente del maltrato físico y probablemente de los gritos. Pregunten: ¿Cuáles son algunas maneras en que una persona en una relación íntima entre adultos pueda maltratar a su pareja? ¿Cómo puede una persona maltratar a otra? Como el grupo identifica temas distintos, pongan título en los diversos cuartos y enmarquen algunos ejemplos donde mejor queden. Siguen algunas descripciones básicas de lo que corresponde a cada cuarto:

a. *Físico*. Éste es el más fácil de identificar. Incluye cualquier tipo de contacto físico agresivo, como golpear, empujar, etcétera. No dejen de revisar cada forma posible que el grupo pueda generar. Normalmente los miembros del grupo describen primero este cuarto.

b. *Verbal-emocional-psicológico*. Éste también es fácil de identificar. Incluye cualquier tipo de insultos, humillaciones y desprecios verbales, críticas, groserías, etcétera. Abarca también el uso de juegos mentales. Cuando un hombre hace bromas a una mujer acerca de su peso o su cuerpo y luego protesta que sólo estaba bromeando o nomás haciéndole una pregunta, está cometiendo un abuso psicológico. Cuando ella lo humilla en público, está haciendo la misma cosa. Con frecuencia, los hombres insisten en dar a su pareja el mensaje: "Tú no podrías hacer nada sin mí". Si alguien lo escucha muchas veces, puede empezar a creerlo. Humillar a alguien por no tener éxito o por no ser competente en algo es abuso psicológico. Otra forma de esta categoría es ignorar a la persona, el "trato de silencio". Este juego mental puede ser uno de los más poderosos, y cansar a la persona hasta que trate desesperadamente de "ser buena".

c. *La intimidación.* Ésta incluye las amenazas de matar o lastimar a la otra persona, amenazas de reportar a la pareja a Inmigración (la Migra) para que la deporten, amenazas contra los hijos o amenazas de secuestrar a los hijos. Puede incluir decirle que un juez nunca le dará la custodia de los hijos porque está loca o porque no trabaja, o porque ha consumido drogas en el pasado o porque es ilegal. Puede incluir decirle que él no piensa solicitar los papeles de ella o de sus hijos para que se legalicen. La amenaza de suicidio es otro ejemplo de intimidación —es una manera muy potente de controlar a alguien, porque harán cualquier cosa para evitar el terrible sentido de culpabilidad y dolor. La meta de estas técnicas es producir miedo, que se usa para mantener el dominio y el control.

d. *Sexual.* La forma más evidente de maltrato sexual es la violación, que sólo recientemente ha recibido el estatus de delito en el matrimonio en Estados Unidos. Pero no es la única forma de maltrato sexual en una relación. Exigir que la pareja mire o lea pornografía puede ser abusivo, y también insistir en ciertos actos sexuales que para ella son humillantes o degradantes puede ser abusivo, etcétera.

e. *Económico.* Muchos hombres ni se dan cuenta de este tipo de abuso. Pueden estar muy acostumbrados a tener el poder del dinero en la casa, pues con mucha frecuencia son los únicos que trabajan, que creen que es su derecho manejar todo el dinero, ocultar de su pareja la cantidad que ganan, no darle lo necesario para el gasto de la casa y mucho menos para que ella se compre algo para sí misma, mientras que ellos se compran lo que quieren sin que les importe si los hijos tienen lo necesario. La cuestión del dinero y quién lo va a manejar es la base de muchos conflictos en el matrimonio y se debe negociar de una manera equitativa.

f. *Aislamiento social.* Muchas veces se ignora esta categoría. Ya que se sienten amenazados, los hombres pueden llegar al punto de negar a su esposa o pareja la posibilidad de independizarse o de tener éxito. Esto puede incluir sabotear las tentativas de la mujer de trabajar, estudiar inglés o ir a otra escuela, tener amigas/amigos o actividades propias. El hombre en este caso tiene miedo a que la mujer deje de necesitarlo si se desarrolla de esta manera. Éste es el indicio máximo de la inseguridad –el hombre tiene que mantenerla en una posición inferior para sentirse más confiado y dominante.

g. *Machismo o privilegio masculino.* Este tipo de maltrato incluye el sentido del derecho masculino a dominar la relación. El hombre que insiste en apelar a su estatus como sostén de la familia para tomar él solo las decisiones que incumben a toda la familia es un ejemplo de esto. Se puede utilizar esta actitud para exigir el sexo, no colaborar en el quehacer de la casa, o para demandar más tiempo libre del que está dispuesto a conceder a su esposa o pareja. Un hombre puede decir a su esposa o pareja que "necesita" irse de vacaciones con sus hermanos, su compadre o sus amigos por una semana. ¿Cómo sería si ella le dijera la misma cosa, o si ella presumiera que es él quien cuida a los hijos y ve los asuntos de la casa? Asumir que la mujer es inferior al hombre y que servirlo es su deber femenino refleja esta actitud del privilegio masculino. Sin embargo, no insistan mucho en esto como forma de abuso al principio; como muchos de los hombres no lo percibirán como tal, se pueden poner muy defensivos si sienten que sus valores centrales están amenazados. No es nuestra tarea cambiar la cultura de los clientes; es nuestra tarea ayudarlos a parar la violencia y a reconocer el abuso en su relación para así vivir mejor y más contentos todos.

h. *Religión.* El uso de la religión como forma de abuso abarca la invocación de la Biblia como supuesto ejemplo de que el hombre debe dominar. Se debe notar que, como la estadística, se puede interpretar la Biblia como explicación de casi cualquier cosa. Tengan cuidado aquí. Hacer comentarios que se puedan interpretar como irrespetuosos de la Biblia o con la religión puede dañar el rapport inicial de una manera grave. Puede ser útil empezar con la sugerencia de que una manera de maltratar puede ser la de restringir el derecho de la pareja a asistir a la iglesia de su elección, o insistir en que participe en la religión cuando no quiera. Durante la discusión, se puede introducir la pregunta: "¿Cómo se podría usar la Biblia como forma de maltrato?" Habrá también otras oportunidades de discutir el valor de la religión y de la espiritualidad durante el curso.

  i. *El maltrato de niños.* Cualquier abuso físico, sexual, verbal o emocional de los hijos es también un abuso del matrimonio. Usar a los hijos como instrumentos en la batalla entre los padres o las amenazas de lastimar a los hijos son otros ejemplos. Esto frecuentemente lleva a una discusión sobre las maneras en que los niños maltratados muchas veces llegan a ser maltratadores en la próxima generación.

  j. *El techo.* Éste es un símbolo del dominio y del control. El tema por destacar, a la larga, es que el techo está sostenido por todos los cuartos de la casa. Aunque los actos de abuso quizá no tengan este propósito, todos apoyan el dominio y el control.

2. Presenten un concepto más: el cimiento. Los sentimientos están en el cimiento de la casa, y cuando los sentimientos se expresan de una manera no abusiva, fortalecen este cimiento. Pregunten a los hombres: ¿Qué se tendría que hacer para "limpiar" "La casa del abuso"? ¿Cómo se vería la casa después de la limpieza? ¿Quién es responsable de limpiarla?

3. Revisen "El abuso emocional y los juegos mentales" y lean la cita de la semana. Éste será el momento oportuno para presentar a los participantes de la investigación, sobre la cual están basadas muchas de las adaptaciones culturales del programa. Las citas son las palabras verdaderas de mexicanos inmigrados a Estados Unidos, quienes terminaron un año de tratamiento y luego completaron una entrevista a fondo con la autora. Aunque son personas reales y sus situaciones son reales, se han cambiado sus nombres para proteger su identidad.

LA CASA DEL ABUSO

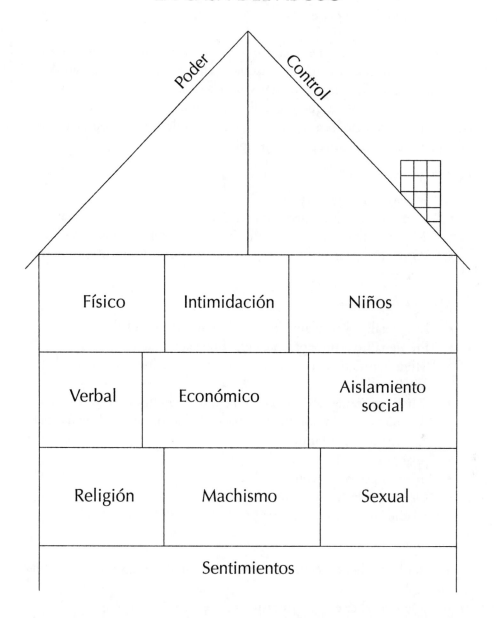

El folleto "La casa del abuso" fue diseñado por Michael R. McGrane, trabajador social y director del Programa de Asistencia Comunitaria (CAP) de la Fundación Amherst H. Wilder. Se utiliza con permiso. Es parte de un programa completo de abuso doméstico titulado "Fundamentos para vivir sin violencia: un manual detallado para facilitar los grupos de abuso doméstico para hombres". Se puede obtener (en inglés) del Centro de Publicaciones Wilder al 1-800-274-6 024.

Abuso emocional y juegos mentales

🖙 Materiales de clase

Como los golpes, el abuso emocional repetido puede producir un daño severo en el sentido de identidad personal y en el sentido de realidad de la víctima. A veces los juegos mentales hacen daños más duraderos que el abuso físico. La persona que los recibe –hombre o mujer– puede llegar a cuestionar su realidad, sentirse impotente, depender demasiado de los demás, etcétera. Éstos son algunos ejemplos:

La coacción

- "¡Me voy a matar si me dejas!"
- "Si tú no me dejas tenerte, ¡buscaré a alguien que sí me dejará!"
- "¡Me voy a llevar a tus hijos ahorita y nunca los volverás a ver!"
- "Voy a encontrar un doctor que constate que estás loco(a) ¡y te van a encerrar!"

Desprecios o humillaciones

- "Eres igualita a tu mamá: ¡pendeja, gorda y estúpida!"
- "Eres igualito a tu papá: ¡pendejo, huevón y necio!"
- "Mi mujer no tiene la menor idea de cómo cocinar." (Delante de los demás.)
- "¡Mi mamá tenía razón cuando me dijo que nunca serías nadie!"
- "¿Cómo es que un hombre tan macho como tú no pueda ganar más dinero para esta familia?"
- "¡Estúpido(a)!"
- "Te estás portando como un loco(a)."
- "Otra vez: chillando como una bebita."
- "¡Nadie jamás te va a querer!"

Aislamiento

- "¡Quiero saber exactamente dónde has estado en las últimas 24 horas!"
- "¡Quiero saber en qué gastaste cada centavo!"
- "¡Yo sé que vas a esa escuela sólo para tratar de hacer amistad con alguna muchacha!"
- "Tu familia sólo te mete en líos; no quiero que les hables nunca jamás."

- "No, no puedes usar el coche. Puede ser que me haga falta, y tú no tienes que ir a ningún lado."
- "No puedes salir. Quiero que te quedes aquí en casa, conmigo."

Echarle la culpa

- "Es tu culpa que no tenga más éxito en mi carrera."
- "¡Nadie jamás me hace enojar! ¡Eres tú que estás haciendo algo para para causar esto!"

Machismo y control

- "¡No sabes ni cómo cuidarte a ti misma si no estoy yo!"
- "¡No has limpiado esta casa como se debe!"
- "¡Yo voy a decidir cómo se gasta el dinero!"
- "Mi mujer no va a salir a trabajar. ¡Eso es mi trabajo!"
- "Me importa poco lo que piensas de que yo juegue. ¡Es mi dinero y voy a gastarlo como yo quiero!"
- "¿Y qué si compré el carro sin consultarte?"

Tiempo fuera

Materiales

Control semanal
Citas de la semana
"Los nueve mandamientos"
"Tiempo fuera"
"Información para la pareja sobre el tiempo fuera"
"Cuando la pareja le bloquea la salida"
"El plan de responsabilidad"

Meta

Que cada miembro del grupo diseñe un plan específico para manejar situaciones familiares estresantes, a fin de que la agresión disminuya o se evite.

Objetivos

1. Revisar el Control semanal.
2. Revisar las Citas de la semana.
3. Revisar "Los nueve mandamientos".
4. Explicar el "Tiempo fuera".
5. Revisar la "Información para la pareja sobre el tiempo fuera".
6. Revisar "Cuando la pareja le bloquea la salida".
7. Revisar los síntomas tempranos de alerta del coraje y de la agresión.
8. Revisar cada paso del "Plan de responsabilidad".
9. Guiar a cada miembro a desarrollar un Plan de responsabilidad.
10. Asignar la tarea.

Programa

1. Repasen las citas. Como hay mucho material en esta sesión, no dediquen mucho tiempo a discutirlas; sirven como introducción a lo que sigue.
2. Repasen "Los nueve mandamientos". Identifiquen los temas centrales que serán mencionados varias veces en el futuro durante el pro-

grama. En el 2°, recuerden identificar varias posibles excepciones, tales como defensa personal y acción militar. En el 8°, prepárense para que todos los miembros estén de acuerdo, aunque después tal vez descubran que, en realidad, ellos tienen diferentes "actitudes" sobre los diversos derechos y capacidades de hombres y mujeres. Para evitar calificar a los miembros negativamente, los facilitadores deberán incluir ejemplos personales en la discusión sobre problemas en la relación personal, como en la revisión de "Los nueve mandamientos".

3. Presenten la idea de la conveniencia de tener un plan para situaciones en que se siente que se está perdiendo el control de la conducta. Esto requiere responsabilidad personal para reconocer los síntomas y actuar responsablemente en dichas situaciones. Las posibilidades de éxito del plan son mucho mayores cuando se ha ensayado.

4. Repasen el "tiempo fuera". Empiecen con "La cita del día". La agresión puede evitarse si los hombres pueden reconocer los síntomas de la ira, decir en forma no agresiva que necesitan salir por un momento, y entonces tomar su "tiempo fuera". La técnica no ayuda a la pareja a resolver el problema presente; es una medida provisional. Sin embargo, con frecuencia evita la violencia, lo cual es la meta principal. Las habilidades para la comunicación pueden aprenderse después, ya que el temor a la violencia se ha desvanecido.

Desarrollen esta habilidad con un cofacilitador o con un miembro del grupo. Si es posible, hagan que cada miembro practique el tiempo fuera y denles un comentario breve después de cada práctica. Durante el ensayo, hagan que los miembros se alejen realmente de la situación y den un rápido paseo dentro del salón.

Cerciórense de que los miembros informen a sus parejas –por adelantado– del propósito y los pasos que incluye el "tiempo fuera".

Hagan estas preguntas:

• ¿Pudo sentir que el coraje disminuía cuando estaba caminando por aquí?

• ¿Qué problemas piensa que podría tener al usar esta técnica?

5. Repasen la "Información para la pareja sobre el tiempo fuera". Prepárense para la discusión en que los miembros le digan que la pareja no va a aguantar un tiempo fuera. Empatizar con esta preocupación es importante, pues a veces ésta es legítima. Hagan hincapié en

que ofrecemos enfoques que no están garantizados, pero que realmente disminuyen la posibilidad de una explosión.

6. Repasen "Cuando la pareja le bloquea el camino". Uno de los miembros (o el facilitador) se coloca cerca de la puerta, obstruyendo la salida de algún miembro del salón. Expliquen a los miembros que es su tarea, si su pareja le impide la salida del cuarto, encontrar una salida sin "ponerle las manos encima". Es éste un tema de controversia. Los miembros del grupo tal vez se quejen ruidosamente –en muchos casos con razón– de que no tienen opciones en esta situación. Nuestro trabajo es empatizar con la dificultad inherente a esta posición, mientras se plantea la forma menos destructiva y peligrosa de salir de ella. Es importante recordar a los miembros que todas estas estrategias contienen riesgos significativos, pero que la alternativa –la violencia entre la pareja– es mucho peor.

7. Repase los síntomas tempranos del coraje en discusión de grupo. Tener conciencia de algunos síntomas tempranos del coraje es cómo saber leer el cielo para saber si viene la tormenta. Podremos aprender a reconocer los síntomas tempranos de nuestra ira si ponemos atención a nuestras indicaciones internas, ¡y entonces podemos evitar la tormenta! La capacitación en la relajación hará más fácil reconocer estos síntomas. La conciencia de estas indicaciones internas puede ayudarnos a tomar medidas para evitar la agresión.

   Cuando nos sentimos amenazados, tendemos a responder con violencia o huir. Así se provoca una poderosa reacción fisiológica.

8. Expliquen las diferentes categorías anotadas en el Plan de responsabilidad. Estas categorías se explican claramente en los materiales para los miembros. Discutan en el grupo diferentes ejemplos que encajen en cada categoría para que todos entiendan.

9. Pidan a los miembros del grupo que desarrollen su propio plan de responsabilidad. Cada miembro debe escribir el suyo.

10. Presenten cada uno de los planes de responsabilidad al grupo y revísenlos juntos.

Tarea

1. Explique a su esposa o pareja sobre el tiempo fuera y ensaye cómo podría usarlo si fuera necesario. Es importante aclarar que esto es una señal de respeto hacia la relación, y no un acto de agresión o para evitar a la pareja.

2. Muestre a su esposa o pareja los materiales de "Información de tiempo fuera para la pareja". Pídale que los lea y los firme para indicar que entiende las ideas. Si se rehúsa a hacerlo, no la presione. Esto se discutirá en la próxima sesión.

3. Después de revisar esta información juntos, trate de usar el "tiempo fuera" dos veces durante la semana. Si no hubiera situación que lo requiera, imagine una y practiquen su respuesta juntos. Anote abajo las palabras que usó y las acciones que tomó. Si usted y su esposa (o pareja) están separados, describa dos ejemplos de cómo hubiera usado esto en el pasado.

Tiempo fuera

 Materiales de clase

Cita de la semana 1

Antes... nunca nos sentábamos a discutir un problema. Nunca. Simplemente todo era pleitos. Y así nunca los arreglábamos. Se hacían más grandes... *Rogelio*

Cita de la semana 2

Se tiene que enseñar el respeto a la familia, porque nosotros sabemos que si no, los niños miran que uno hace eso, entonces ahí sigue la cadena, nunca se va a parar, nunca se va a cortar... Entonces es muy importante eso. *Lucio*

Compartiendo con el grupo:

Cita de la semana 3

Yo les decía a los compañeros: "En este grupo nos tienes que decir lo que tú sientes, porque si no lo dices, nadie te puede ayudar". Pienso que tienen como vergüenza, pena, pena de que... el hombre mexicano, tenemos fama, pensamos que somos muy hombres, muy machos, que nada nos afecta, que los hombres no deben llorar. Pero ésas son puras palabras. Pero esas palabras están como arraigadas en la gente, están tan metidas en la gente que dicen: "Pues yo no tengo por qué decirle a la gente mis problemas. Yo los puedo arreglar solo". Pero 95 o 99 por ciento no podemos hacerlo solos. Necesitamos ayuda. Entonces, para que nosotros podamos tener ayuda y entender, necesita uno abrir el corazón. Pero muchas personas no lo hacen. *Lucio*

Los nueve mandamientos

Materiales de clase

1. Somos 100% responsables de nuestra conducta.
2. La violencia no es una solución aceptable de los problemas.
3. No tenemos control sobre ninguna otra persona, pero tenemos control sobre nosotros mismos.
4. Cuando hablamos con los demás, necesitamos decir nuestros sentimientos claramente, sin culpar o amenazar.
5. Entender más sobre lo que nos decimos a nosotros mismos, sobre nuestros síntomas físicos y nuestras emociones, es muy importante para progresar y mejorar.
6. Siempre podemos tomar un tiempo fuera antes de reaccionar.
7. Nada podemos hacer respecto al pasado, pero podemos cambiar el futuro.
8. Aunque hay diferencias entre hombres y mujeres, nuestros derechos y necesidades son, en el fondo, iguales.
9. Los terapeutas no pueden hacer que la gente cambie —sólo pueden preparar el terreno para que el cambio ocurra.

Tiempo fuera*

☞ Materiales de clase

El "tiempo fuera" es una estrategia para evitar que los conflictos empeoren. Solamente debe usarse en las crisis –mientras usted aprende comunicación y autocontrol. Tal vez nunca la necesite, pero debe aprender a usarla en forma efectiva.

El "tiempo fuera" nunca debe usarse como arma contra la pareja. No debe usarse como una manera de evitar los conflictos. Tampoco debe usarse como una forma de hacer que la pareja se sienta abandonada (*Me largo, m'hija. ¡Te voy a enseñar quién manda!*). En lugar de eso, debe usarse como una señal de respeto a la relación. Éste es el mensaje: "Me importa tanto lo nuestro que no quiero que se dañe más nuestra relación."

Es importante que su esposa o pareja entienda este mensaje de respeto. Es obligación de usted explicárselo claramente por adelantado, y después mostrarlo con acciones; ésta es la manera de usar el "tiempo fuera" correctamente.

1. "Me empiezo a sentir como que las cosas se están poniendo fuera de control."
2. "Y no quiero hacer nada que eche a perder nuestra relación."
3. "Así que necesito tomar un tiempo fuera."
4. "Voy a dar un paseo por el vecindario (o a la casa de mi hermana, o al gimnasio, etcétera)."
5. "Regresaré en (veinte minutos, una hora, etcétera)."
6. "Y trataremos de hablar de esto otra vez cuando vuelva; ¿está bien?"

La pareja responde:

7. "Está bien, tiempo fuera."

Si ella no acepta, empiece el tiempo fuera de todas maneras –sin amenazarla, sin ningún contacto físico.

- Salga de todas maneras, sin azotar la puerta.
- Mientras esté fuera, no consuma drogas ni alcohol, ni maneje un carro si su genio está fuera de control.
- Trate de mantener un diálogo interior que le ayude a poner esto en perspectiva.

---

* No se puede reproducir sin permiso.

- "Me estoy enojando, pero no quiero perder la calma."
- "Me siento frustrado, pero no tengo que controlar a nadie, ni salirme con la mía siempre."
- "Puedo calmarme y pensar cómo resolver esta situación."
- "Tengo que pensar qué será lo más importante para el futuro."
- Haga algo físico (caminar, jugar un deporte, ejercicio, etcétera). Le ayudará a descargar la tensión. Trate de distraerse con una actividad que le quite de la mente la intensidad de la discusión.
- Debe regresar o llamar cuando dijo que lo haría. Cuando vuelva, decidan juntos si quieren seguir la discusión. Aquí están las opciones en este momento:

  → Discútanlo ahora. Ésta es generalmente la mejor y más respetuosa acción, pero hay excepciones.
  → Deje el tema por la paz. Tal vez los dos decidan ahora que realmente no era para tanto.
  → Deje el tema para después. Éste puede ser un problema importante para discutir, pero tal vez sería mejor dejarlo para después. Siempre y cuando los dos estén de acuerdo, esto puede funcionar.

Cada uno tiene derecho a negarse a seguir la discusión en ese momento o a sugerir una hora para discutirlo. Si el coraje aumenta otra vez, tome otro tiempo fuera.

Recuerde lo siguiente y póngalo en práctica
cada vez que sea necesario

Resumen de los pasos de tiempo fuera para memorizar y practicar

1. Reconocer que hay un problema.
2. Anunciar a la pareja que va a tomar un tiempo fuera.
3. Decirle a dónde va y cuánto tiempo va a estar fuera.
4. Tomar el tiempo fuera. Relajarse y calmarse.
5. Hablarle a su pareja para ver si ya está bien regresar. (Este paso es opcional si no tiene manera de comunicarse por teléfono.)
6. Regresar y solucionar el problema, o dejarlo porque no valía la pena la discusión.

Información para la pareja sobre el "tiempo fuera"*

🖎 **Materiales de clase**

1. **¿Cómo ayuda el "tiempo fuera" a resolver problemas familiares?**

   El uso del "tiempo fuera" por parte de su pareja evitará que él llegue al abuso físico o psicológico. El tiempo fuera por sí solo no resuelve los conflictos, pero, si se usa fielmente, le ayudará a él a evitar la fuerza física y otras formas de control. Evitar los golpes es el primer paso para resolver los problemas familiares. Los problemas familiares deben discutirse a fin de llegar a acuerdos sobre ellos. Esto no puede suceder si una persona está golpeando a la otra. No puede haber comunicación cuando hay abuso. Los tiempos fuera son un primer paso necesario para la comunicación respetuosa.

2. **¿Qué hago si cada vez que quiero discutir algo importante con mi pareja él me dice que quiere un tiempo fuera?**

   Déjelo que lo tome de todas maneras. Si él se pone abusivo o enojado, no podrán hablar de los problemas. Al principio tal vez él tome muchos tiempos fuera. Recuerde que éste es sólo un paso y que debe esperar que él tome otros enfoques también. Lea las instrucciones. Esto le ayudará a entender cómo funciona esto.

3. **¿Y qué si él se niega a discutir el asunto después del tiempo fuera?**

   Note que en los papeles que recibió, él tiene varias opciones sobre qué hacer después del tiempo fuera. Él no debe abandonar el tema si es importante para usted; sin embargo, tal vez él pueda posponerlo hasta que sea capaz de hablar y de escucharla con calma. Si él se niega a discutir el tema, el hecho de que usted insista no conseguirá la comunicación. Dígale que usted aún está interesada en hablar del tema, pero que está dispuesta a fijar un tiempo para después, cuando él pueda discutirlo con más calma.

4. **¿Debo recordar a mi pareja que tome un tiempo fuera cuando se está enojando o portándose abusivo?**

   No. Él es responsable de identificar sus propios sentimientos y tomar su tiempo fuera. Si usted lo hace por él, él no estará poniendo

---

* Adaptado, con permiso, de la publicación del Family Violence Prevention Fund titulada *Domestic Violence: A National Curriculum for Family Violence Practitioners*, escrita por la trabajadora social Susan Schecter y la doctora Anne Ganley.

nada de su parte. Si usted está alterada por el abuso de él, tome un tiempo fuera mientras lo pueda hacer con seguridad. Recuerde: usted no puede controlar la conducta de otra persona, sino sólo protegerse a usted misma.

5. **¿Qué debo hacer cuando él toma un tiempo fuera durante una discusión?**

Recuerde que éste es sólo el primer paso, que es preferible que él tome un tiempo fuera a que se porte abusivo con usted. Esperar a que regrese puede hacerla sentir frustrada o abandonada, así que puede usar este tiempo como un tiempo fuera para usted, y entonces hacer las cosas normales de su día.

6. **¿Serían los tiempos fuera útiles para mí?**

Sí. Si usted siente que su propio coraje aumenta, un tiempo fuera es un medio que puede usar para calmarse antes de tratar de solucionar un problema. Sin embargo, el hecho de que usted use un tiempo fuera no necesariamente cambiará el comportamiento de su pareja.

Los tiempos fuera son útiles para usted cuando tiene problemas con sus hijos o con otras personas. También son algo bueno que enseñar a los hijos. Muchas escuelas y guarderías ya usan el tiempo fuera como una forma de enseñar a los niños a controlar sus sentimientos y conducta. Los tiempos fuera descritos aquí son diferentes de los usados con pequeños.

He leído y entiendo cómo funciona el tiempo fuera.

Firma de la esposa o pareja

Nombre del miembro del grupo
(letra de imprenta)

Cuando la pareja le obstruye la salida

👉 Materiales de clase

A veces su pareja no cooperará cuando usted quiera tomar un tiempo fuera, no importa qué tan respetuosamente lo pida usted. Esto es lo que tal vez pase:

1. Usted dice que quiere un tiempo fuera (siguiendo bien los pasos).
2. Su pareja se le atraviesa para que no pueda salir.
3. Ahora, usted le debe recordar el acuerdo que ya habían tomado antes.
4. Ella sigue estorbándole para que usted no salga.
5. Dígale si quiere salir ella en vez de usted, para que no se sienta abandonada. Por ejemplo, podría usted decir: "Está bien, si tú quieres salir, eso también está bien. No quiero que pienses que te ignoro. Sólo es que necesitamos un receso ahorita para calmarnos".

En esta situación, no es conveniente que usted le ponga las manos encima o use la fuerza para quitarla del camino. Esto no sólo es peligroso; también es posible que a usted lo arresten.

Si nada de esto funciona para separarlos, tiene usted tres salidas básicas:

1. Salida física.

   - Salga usted por otra salida (o entre al baño o recámara y cierre la puerta).
   - Salga por una ventana si es seguro hacerlo.
   - Acepte quedarse a discutir la situación hasta que su pareja se relaje y no estorbe su salida, y entonces salga del cuarto.

2. Pida ayuda.

   - Llame al 911 o al número de emergencia de su localidad. Explique que tiene antecedentes de violencia familiar y que su pareja no lo deja salir de casa. Insista en que está usted tratando de evitar la violencia.
   - Llame a alguien que pueda hablar con su pareja y calmarla para que le permita tomar su tiempo fuera.
   - Grite pidiendo ayuda.

3. Quédese ahí.

- Siéntese y quédese callado. Repítase a sí mismo: "No vale la pena pelear" o "Es mi deber estar calmado ahorita." Use técnicas de relajación, como respirar profundo, para seguir calmado.

Ninguna de estas salidas es particularmente fantástica. Todas tienen algunos riesgos, pero están hechas para conseguir la meta más importante en esta situación: evitar que ustedes se lastimen. Esperamos que nunca se vea usted en esta situación, pero éstas son formas de manejarla por si acaso.

Plan de responsabilidad*

 **Material de clase**

Plan para "tiempo fuera"

1. ¿Qué le indicará a usted que se tiene que salir?

   _____

   _____

2. ¿Adónde va a ir? ¿Qué va a hacer?

   _____

   _____

3. Teléfono de algún buen amigo:

   _____

   _____

4. Teléfono de un miembro del grupo:

   _____

   _____

Planes anteriores

1. Anote tres formas con las que ha controlado su enojo en el pasado:

   _____

   _____

   _____

2. Plan de ejercicio físico:

   _____

   _____

3. Plan de manejo del estrés:

   _____

   _____

4. Anote tres cosas que le gusta hacer, que lo relajan y ayudan a pensar con calma:

   _____

   _____

No se puede reproducir sin permiso.

Enojo, agresión y señales de peligro

Materiales

Control semanal
"Comprender el enojo"
"Alternativas apropiadas a la violencia"
CD "El reflejo que calma" (o algún disco compacto de relajación parecido)

Metas

Enseñar a los hombres la educación básica sobre el enojo y habilidades para manejarlo; animarlos a no usar la violencia hacia sus parejas y a explorar otras opciones.

Objetivos

1. Revisar el control semanal.
2. Revisar la tarea asignada.
3. Explicar la relajación.
4. Poner la grabación "El reflejo que calma".
5. Revisar "Comprender el enojo".
6. Introducir el concepto de las "señales de peligro".
7. Fomentar la discusión del enojo y del manejo del enojo, incluidos el modelado y el desempeño de papeles.
8. Asignar la tarea.

Programa

1. Relajarse para adquirir control. Capacitación en la relajación (aportado por Daniel G. Saunders). Aunque la agresión no siempre sea precedida por el enojo, esto pasa con frecuencia. Un componente (una parte) del enojo (coraje) es la excitación física. La capacitación en la relajación es una manera de aplacar la excitación (expliquen este concepto con dibujos; inviten a compañeros a explicar el concep-

to). Es también uno de los primeros pasos importantes en el programa. Expliquen que relajarse es una habilidad que se aprende como cualquier otra.

El estrés (tensión, presión) le quita la energía, la cual puede ser física o emocional. Si deja que la tensión aumente en usted, será probable que se vuelva más irritable, que trate groseramente a su pareja o que se sienta desanimado.

La capacitación en la relajación puede ayudarlo de diversos modos. Primero, puede aprender a ser más consciente de la tensión en su cuerpo, que es una señal de que el enojo o los nervios están empezando. Segundo, puede aprender a mantener unos músculos muy relajados y otros músculos tensos, para que conserve la energía cuando esté físicamente activo. Por eso los atletas olímpicos a veces usan la capacitación en la relajación. Tercero, es probable que encuentre que cuando tenga más control de su tensión muscular tendrá también más control de sus pensamientos y sentimientos, como el enojo.

Al principio, tendrá que practicar la capacitación que estamos aprendiendo. Después, la relajación se convertirá en costumbre para usted No es la intención de la capacitación que se duerma. Si duerme, no va a desarrollar verdaderas habilidades de relajación; sin embargo, está libre de dejar a su mente vagar en la dirección que quiera durante estas experiencias.

2. Pongan la grabación, de 10 minutos, El reflejo que calma (o alguna cinta de relajación parecida). Discutan los problemas que hayan tenido, por ejemplo, dormirse o no poder mantener cerrados los ojos. Discutan otras formas de relajación que puedan usar, como correr o la meditación.

3. Revisen el folleto "Comprender el enojo". Repasen la cita de la semana y discútanla. Pidan a los miembros del grupo que contesten cada pregunta. Pueden ofrecer unos apuntes, por ejemplo, preguntarles cómo saben que su esposa está enojada. Compartan ejemplos de sus propias relaciones o usen su conocimiento de las experiencias de otras parejas. No omitan detalle para explicar, aclarar o responder a las necesidades de hombres específicos. Modelen maneras de manejar el enojo con buen resultado. Animen a los hombres a que traten de desempeñar papeles con un ejemplo (expliquen bien cómo se hace; satisfagan las dudas que se sienten al principio). Si hay tiempo, revisen el folleto "Alternativas apropiadas a la violencia".

4. Introduzcan el concepto de las señales de peligro. Utilicen el pizarrón. Expliquen la importancia de identificar las señales de peligro de que esté aumentando el enojo. Refiéranse al mandamiento 5.

- *Señales físicas de peligro*: tensión muscular, ritmo cardíaco elevado, desorientación, etcétera. Explique cada uno con ejemplos.
- *Señales de peligro–palabras*: que agitan o inflaman. ¿Cuáles son las frases o palabras clave que tienen la capacidad de ponerlo a uno furioso? ¿De dónde vienen? ¿De la escuela? ¿La familia? ¿Los amigos?
- *Señales de peligro–situaciones*: pagar los gastos de la casa, oír ciertas preguntas, tratar con los niños. ¿Cuáles son los cuartos de la casa donde puede haber más conflicto? ¿La recámara? ¿La cocina? ¿Cuáles son los cuartos más peligrosos? (Probablemente el baño, por las instalaciones fijas duras, y la cocina, por las armas que allí se puede encontrar.)
- *Señales de peligro–hablarse a sí mismo*: "Está tratando de ponerme en ridículo." "Ella ya no me quiere."

Pidan a cada miembro, de ser posible, que desempeñe papeles de una situación personal que incluya todos los tipos mencionados de señales de peligro: físico, verbal, situacional y hablarse a sí mismo. Asegúrese de que los otros miembros del grupo estén verdaderamente convencidos de que pueden "ver" las señales de peligro.

Tarea

1. Lea el material sobre "Alternativas apropiadas a la violencia". Escoja dos de las alternativas que usted crea pueden ayudarle a manejar el enojo. Anote ejemplos de cómo y cuándo las usó. Esté preparado para comentar sobre la cita de Leonardo.

Comprender el enojo*

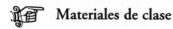 **Materiales de clase**

Cita de la semana 1

Lo que sentí es mucho coraje de que se fuera dejándome con la palabra en la boca... Pero como le digo, posiblemente hubiera pasado algo más, como darle una cachetada o quebrarle un brazo, yo no sé, ¿verdad? Honestamente. Yo estaba enojado. Y es peligroso. Ahora entiendo que muchas veces he analizado las cosas y me digo: "¿Por qué le jalé el cabello? Cierto, está aquí en la mano, ¿verdad? Cuando uno está enojado, tiene mucha fuerza, quién sabe de dónde. *Leonardo*

El enojo es normal, pero nos avisa que algo está mal, que se tiene que cambiar. Demasiado enojo puede causar problemas físicos, como la hipertensión y otros. Sin embargo, la conducta que sigue al enojo puede no ser normal y tornarse muy destructiva, como la violencia física, las amenazas, los comentarios verbales abusivos y el abuso sexual.

El enojo es siempre una emoción secundaria. Es producto de alguna otra cosa, como la frustración, el estrés extremo, sentirse despreciado o el temor a ser rechazado.

¿Cuáles son las señales del enojo?

Cuerpo:

- Músculos tensos
- Sudor
- Ritmo cardíaco elevado
- Respiración más rápida
- Ponerse tembloroso
- Cara enrojecida

Emocional:

- Tenso
- Agitado

---

* Adaptado con permiso de Geffner y Mantooth, 1995.

- Herido
- Ultrajado
- Insultado

Hablarse a sí mismo:

- "No es justo".
- "No puedo pensar correctamente".
- "¡Nadie me puede tratar así!"
- "¡Ella merece esto!"

¿Qué hace el enojo?

Positivo:

- Puede ser una señal de que debo ser asertivo.
- Motiva la acción.
- Provee una fuente creativa y poderosa de energía.

Negativo:

- Puede llevar a problemas físicos y enfermedades.
- Rebaja la autoestima.
- Crea problemas en las relaciones y el trabajo.
- Resulta en problemas de conducta, como la violencia.

¿Cuáles son algunas maneras de manejar el enojo?

- Reconocer las señales de peligro: estar consciente de sus propias señales corporales.
- Identificar la fuente del enojo. ¿Por qué está enojado?
- Tratar con la situación o el problema que está causando el enojo.
- Hablar con alguien.
- Aceptar el enojo como normal, pero recordar que la conducta inapropiada no es "normal".
- A veces tiene sentido sólo aguardar y dejar que pase.

Alternativas apropiadas a la violencia

Materiales de clase

1. *Correr o caminar enérgicamente.* Esto reduce el estrés y beneficia la salud general. Cuando te sientes bien físicamente, eres capaz de confrontar mejor las situaciones de estrés. Además, la actividad física ayuda a distraer la atención del ambiente que produce tensión. Caminar tan sólo una cuadra ayuda a las personas que no pueden correr.
2. *Trabajo físico.* El trabajo físico puede soltar la energía de la misma manera que correr, mientras que al mismo tiempo está logrando algo. El trabajo puede realizarse en casa o donde trabaja.
3. *Tiempo quieto.* Esto quiere decir buscar la soledad por un tiempo. Escuche música, siéntese calmadamente y sueñe despierto, o camine solo en un lugar agradable, como un parque, o junto a un lago, río o bosque. Puede ser que tenga un cuarto en su casa donde pueda estar aislado de todo por un rato.
4. *Respiración honda.* Párese por un momento cuando se sienta tenso, y respire hondo. Esto aumenta el oxígeno en su cuerpo y le ayuda a pensar más claramente, a tranquilizarse y a cambiar el enfoque de la situación. Estirarse o caminar mientras respira hondo ayuda también.
5. *Hablar.* Hablar del estrés con otra persona le puede ayudar. Hable acerca de lo que le preocupa con alguien en quien confía. Hablar de los motivos de su enojo, en vez de tomar alguna acción, le ayudará a reducir el estrés.
6. *Ejercicios de relajación.* Ponga en tensión sus grupos musculares y luego relájelos o use "El reflejo que calma" o alguna otra grabación de relajación.

Cita de la semana 2

Lo que ha cambiado, como le vuelvo a repetir... la comunicación que tenemos ahora es mucho más valiosa que la que teníamos antes, ¿verdad? Como que estamos más unidos, es más fácil, es más íntimo, con más confianza de dialogar, de tratar un problema y sacar una solución. Ese cambio lo veo, lo he visto en este año. *Leonardo*

---

* Adaptado con permiso de Geffner y Mantooth, 1995.

El ciclo del abuso

Materiales

Control semanal
"El ciclo del abuso"
Grabación breve de "El reflejo que calma" (o alguna cinta de relajación parecida)

Meta

Ayudar a los miembros del grupo a entender las etapas típicas de la violencia familiar.

Objetivos

1. Revisar el control semanal.
2. Revisar las tareas.
3. Poner la grabación breve de relajación "El reflejo que calma", de 5 minutos.
4. Explicar el concepto de "ciclo del abuso".
5. Asignar tareas.

Programa

1. Practiquen ejercicios de relajación poniendo la grabación breve de "El reflejo que calma" o alguna grabación parecida.
2. Presenten los materiales de clase "El ciclo del abuso". Estos materiales se enfocan en las tres etapas principales del ciclo de la violencia familiar: *1)* incremento de la tensión, (aumento); *2)* violencia (explosión), y *3)* calma (luna de miel). Expliquen a los miembros que ésta es una descripción precisa del patrón seguido por algunas parejas en que se da la violencia. Dicha descripción es muy útil cuando se trabaja con mujeres que han sido víctimas, porque les ayuda a ver los patrones de conducta más claramente. Sin embargo, no todas las parejas siguen este patrón. No es inevitable que la violencia se intensifique. Y no todos los hombres perciben esta descripción como

la más adecuada a su conducta. Un método alternativo, el ciclo de la esquivación del sentir, se presentará más tarde. Es mejor enfrentar estos temas directamente para reducir la resistencia a este modelo.

3. Primero, presenten un resumen de las tres etapas y pregunten a los miembros si reconocen algunas señales de cada una de ellas.

4. Enseguida, discutan la etapa de incremento de la tensión. ¿Cuáles son las indicaciones y causas que pueden provocar estos incrementos? Repasen las "señales de peligro" que se discutieron en la sesión anterior.

5. Comenten el "ritual de retirada" (Jacobson y Gottman, 1998a). Las parejas no violentas usan este ritual para que, en algún momento, el proceso del aumento de la tensión se detenga o ponga marcha atrás. Algunas parejas toman recesos, otras llegan a arreglos y algunas otras hacen ambas cosas. En las parejas donde se dan golpizas severas, las mujeres están dispuestas a detenerse en el punto en que empiezan a sentir peligro; pero una vez que los maridos se han "activado", la violencia sigue en forma casi inevitable. Pregunten a los hombres sobre algún ritual de "retirada" que ya usen con sus parejas. La meta es aumentar su conciencia de las estrategias efectivas y señales de peligro que típicamente avisan de un desastre inminente.

6. Comente la etapa de la "luna de miel". Aquí se invierten con frecuencia los papeles; es el hombre, que ha sido tan dominante, quien se vuelve dependiente. Él reconoce qué tanto necesita a su pareja y tal vez se aferre desesperadamente a ella. Esta etapa puede ser muy difícil de resistir para la pareja, porque las emociones vulnerables son muy atractivas. De acuerdo con los principios básicos de la psicología conductual, ambos miembros de la pareja pueden sentirse "reforzados" por la explosión. Pueden llegar a creer (inconscientemente) que este estado sólo puede lograrse como resultado de la violencia.

Tarea

1. Anote tres situaciones de "señales de peligro" que lo han llevado a la agresión en el pasado.

2. Llene el "Cuestionario sobre el alcohol y otras sustancias". Prepárese para comentarlo con el grupo en la próxima sesión.

EL CICLO DEL ABUSO*

El ciclo interno describe
al que es violento

El ciclo externo
describe a la víctima

> **La negación funciona en todas las etapas del ciclo y lo mantiene vivo. Solamente se puede quebrar el ciclo si se rompe esta barrera de la negación**

(Los que abusan y las víctimas pueden ser de cualquier género)

Aumento de la tensión

- La víctima niega la tensión, o la excusa como resultado de estrés externo, el trabajo, etc., o niega que la tensión empeorará: la víctima se culpa a sí misma por su conducta.
- El que abusa niega la responsabilidad por sus acciones culpando a su pareja, el trabajo, el tráfico, etc., de la tensión nerviosa que sentía.

Explosión

- La víctima niega sus heridas diciendo: "No son serias", "Yo me hago moretones por nada", "No necesité ayuda médica o de la policía". Culpa al alcohol: "Es que él/ella no sabía lo que hacía". No la considera una violación sexual si fue su marido el que la cometió.
- El que abusa culpa a su pareja, el estrés, etc. Dice: "Él/ella se lo merecía".

Etapa del remordimiento

- La víctima minimiza sus heridas: "Podría haber sido peor". Cree que ésta es la forma en que las cosas seguirán y cree en las promesas de la pareja.
- El que abusa cree también que no sucederá otra vez.

Cuestionario: el alcohol y otras sustancias

Materiales de clase

1. ¿Qué tan frecuentemente consume alcohol u otras drogas?
   a. Nunca ☐
   b. Cada dos o tres meses ☐
   c. Al menos una vez al mes ☐
   d. Al menos una vez a la semana ☐
   e. Varias veces por semana ☐
   f. Todos los días ☐

2. ¿Cuáles son sus razones principales para consumir alcohol o drogas?
   a. _____
   b. _____
   c. _____

3. ¿Cuáles son las "señales ambientales" principales que lo incitan a consumir drogas?
   a. ¿Qué personas?

   _____

   b. ¿Qué lugares?

   _____

   c. ¿Qué eventos sociales o situaciones (fiestas, estrés de trabajo, deportes, etcétera)?

   _____

   d. ¿Qué emociones (tristeza, enojo, alegría, etcétera)?

   _____

   e. ¿Qué está diciéndose? ("Esto no es justo", "Yo lo merezco", "Es tiempo de divertirme", "Nadie me puede controlar", etcétera.)

   _____

4. Anote una ocasión en que se hizo más abusivo o agresivo por consumir alcohol o drogas:

   _____

5. ¿Le ha dicho alguien alguna vez que su afición al alcohol o a las drogas es un problema?

   _____

Sesión 6
Alcohol y otras sustancias: ¿cuál es la conexión?

Materiales

Control semanal
"Alcohol y otras sustancias y el abuso: ¿cuál es la conexión?"
"Cuestionario sobre alcohol y otras sustancias"
"¿Por qué consumo las sustancias?"
Grabación breve de "El reflejo que calma" (u otra grabación parecida)

Meta

Ayudar a cada miembro del grupo a asesorar su propio método de consumo o abuso de sustancias e identificar la relación específica entre el consumo de sustancias y el abuso en las relaciones.

Objetivos

1. Revisar el control semanal.
2. Discutir las citas de la semana pasada acerca de la violencia familiar.
3. Revisar la primera parte de la tarea.
4. Poner la grabación breve de "El reflejo que calma".
5. Discutir el tema "Alcohol y otras sustancias y el abuso: ¿cuál es la conexión?"
6. Revisar el "Cuestionario sobre alcohol y otras sustancias".
7. Asignar la tarea.

Programa

1. Practiquen la capacitación de relajación poniendo la grabación breve de "El reflejo que calma" (u otra grabación parecida).
2. La mayoría de los hombres que lastiman a aquellos que aman tienen problemas con el alcohol. Algunos tienen problemas con otras drogas, como la marihuana, la cocaína y la metanfetamina. Sin embargo, no es muy probable que el alcohol y las otras drogas causen la agresión directamente. Más bien, la conexión causal parece ser indirecta y actúa por medio de las expectativas del hombre, las normas

culturales, su personalidad, su estado de ánimo y el ambiente. Además, durante el retiro del alcohol, la persona puede llegar a estar irritable y susceptible a cometer la violencia. A la larga, el abuso puede contribuir a la paranoia y a la tendencia a ser agresivo.

Algunos hombres golpeadores tienen una verdadera adicción al alcohol o a otras drogas. Se debe avisar a cualquier persona con familiares alcohólicos que se debe tener mucho cuidado con su abuso del alcohol. Puede ser mejor abstenerse completamente del alcohol. El desmayo es una señal del abuso severo del alcohol. A los hombres se les debe aclarar que mientras tomen excesivamente, pueden lastimar gravemente a una persona amada o a un desconocido y nunca recordar el acontecimiento. La sociedad tiene el derecho a hacerlos responsables por su conducta cuando estén ebrios, porque se arriesgan a cometer este tipo de actos en cuanto toman la primera bebida.

Expliquen que las personas utilizan las sustancias químicas por muchas razones. Pregunten a los hombres por qué ellos u otros usan las sustancias y hagan una lista de sus respuestas en el pizarrón.

Pregunten si creen que el alcohol es la causa física de la agresión o si creen que el alcohol y la agresión están conectados de otras maneras. Anoten sus respuestas en el pizarrón. Traten de categorizar sus respuestas en las siguientes teorías mayores:

a. *Efectos físicos.* Las propiedades del alcohol reducen la capacidad de controlar la conducta o permiten al enojo reprimido llegar a la superficie. Las sustancias tienen un efecto de "desinhibición" (expliquen la palabra con ejemplos).

b. *Aprendizaje social.* Las actitudes culturales enseñan que la agresión y el abuso de sustancias deben de estar unidos. El hombre macho toma alcohol y es agresivo. La presión social (expliquen qué es) puede ser especialmente fuerte para los hombres más jóvenes.

c. *Usar pretextos.* Antes o después de ser agresivo, el alcohol provee un pretexto que los demás muchas veces aceptan. En vez de que el enojo esté "bajo la influencia del alcohol", el alcohol puede estar "bajo la influencia del enojo". Una persona puede enojarse y luego decidir consumir alcohol para desatar su enojo.

Expliquen que es probable que cada una de estas teorías sea parte de la verdad. Poniendo término al abuso de sustancias, es probable que una persona reduzca la severidad de la agresión; pero no lo conseguirá definitivamente sin otro tratamiento.

Preguntas para discusión:

1. ¿Se debe hacer responsables a las personas por sus acciones cuando estén bajo la influencia de alguna sustancia? Si la respuesta es sí, ¿de qué manera?

2. Pregunten a cada miembro del grupo si él (y/o su pareja) había consumido alcohol u otra droga antes o durante el incidente que los trajo al programa de tratamiento. Pidan a los miembros del grupo que compartan una historia personal de los efectos destructivos del alcohol u otras sustancias en su vida.

Tarea

1. Llene la forma "¿Por qué consumo las sustancias?"

Alcohol, otras sustancias y el abuso: ¿cuál es la conexión?

☞ Materiales de clase

Algunas personas que lastiman a los que aman tienen problemas con el alcohol. Hay algunos que tienen problemas con otras drogas también, como la marihuana, la cocaína y el cristal (metanfetamina). En nuestra cultura muchas veces se favorece el abuso del alcohol y la demostración de agresividad bajo esta influencia. Por consecuencia, las personas bajo la influencia del alcohol, u otras sustancias actúan impulsivamente y hacen cosas que no harían ordinariamente, y su juicio y autodominio quedan perjudicados.

La gente usa las sustancias químicas por muchas razones. En los cuestionarios que siguen, piense en las razones por las cuales usted usa o usaba el alcohol o las drogas. Luego, identifique si el alcohol u otras drogas perjudican su juicio o lo llevan a hacerse agresivo. Muchas personas identifican estos temas cuando piensan en las preguntas siguientes:

1. La bebida social. Puede haber presión de amigos o de la cultura para que abusemos del alcohol. Los anuncios en el radio y la televisión hasta nos dicen: "¿Por qué te vas? Tómate otra cerveza".
2. La costumbre. Hay muchas personas que asocian las actividades sociales con la ingestión de alcohol. Otros creen que la única forma de relajarse es tomar. La bebida se hace rutinaria.
3. La dependencia psicológica. Cuando el uso del alcohol está bien establecido, es difícil imaginar vivir sin ello. Quizá cuando lleguen a esta etapa, ya hayan hecho algunos intentos de abstenerse del alcohol.
4. La dependencia física. Una vez que la persona es físicamente adicta, el retiro puede producir efectos severos. Para entonces, problemas médicos, legales, vocacionales y familiares que están vinculados con el abuso del alcohol ya han señalado el problema.

Estando bajo la influencia del alcohol (u otra droga), ha hecho algo de lo que luego se arrepintió?

a. ¿Ha tenido alguna vez un desmayo relacionado con el alcohol o períodos que no recuerda?
b. ¿Le han dicho alguna vez que tiene un problema con el alcohol?

Cualquier respuesta afirmativa indica que es probable que el alcohol esté perjudicando su capacidad de controlar plenamente su vida. Recuerde la regla de 100% acerca de la responsabilidad. Los problemas con el alcohol son progresivos –sin ayuda, empeoran. ¿Es cierto que puede estar 100% comprometido a controlar su vida si continúa consumiendo alcohol o drogas?

¿Por qué consumo las sustancias?

 Materiales de clase

Piense en las razones por las cuales consume alcohol u otras sustancias. Aunque su uso no cause muchos problemas en su vida, continúa sirviendo a algún propósito. Anote en la lista que sigue las razones diferentes por las que consume alcohol u otras sustancias. Las vamos a discutir en la próxima sesión del grupo.

_____ Para relajarme.

_____ Para sentirme más cómodo en las situaciones sociales.

_____ Porque me gusta el sabor.

_____ Porque mis amigos lo esperan de mí.

_____ Para divertirme.

_____ Para evitar a otras personas.

_____ Para sentirme más relajado al pensar en tener relaciones sexuales.

_____ Para evitar los sentimientos malos (la depresión, los nervios, la soledad, etcétera).

_____ Para evitar sentirme enojado.

_____ Como un pretexto para alborotarme.

_____ Como un pretexto para dejar explotar mi coraje.

_____ Para sentirme mejor como persona.

_____ Para dejar de pensar en mis preocupaciones.

_____ Para sentir un poco el efecto del alcohol.

_____ Para emborracharme.

_____ Para dormir.

Sesión 7
Los hijos

Materiales

Control semanal
Video *The Great Santini*, escena IV
"Cuando los hijos ven pelear a sus papás"
"Preguntas para los niños"
"Cuentos de niños"

Meta

Ayudar a los miembros del grupo a desarrollar una compresión mayor de los efectos de la violencia familiar en los niños, y lograr la empatía para con sus hijos.

Objetivos

1. Revisar el control semanal.
2. Discutir los efectos de la violencia familiar en los niños.
3. Poner el video *The Great Santini*: escena IV y discutirlo.
4. Revisar "Cuando los hijos ven pelear a sus papás".
5. Revisar y desempeñar papeles de "Preguntas para los niños".
6. Repasen la citas de la semana y discutan.
7. Explicar "Cuentos de niños" y asignar tarea.

Programa

1. Discutan los efectos en los niños de presenciar la violencia familiar. Empiecen por explicar que los pleitos abusivos –verbales y físicos– afectan no sólo a los adultos, sino también a los niños que los observan. Hagan hincapié en que los niños tienen un radar excelente para detectar esta conducta, aunque los padres estén "seguros" de que todo está sucediendo a puerta cerrada.
2. Pongan el video *The Great Santini*, escena IV (empieza a 1:28:29 y termina a 1:29:57) y discútanlo. Aunque el video está en inglés, hay muy pocas palabras en esta escena y se ve claramente el efecto en los

niños. Revisen la manera en que cada uno de los niños tiene su reacción específica a la violencia. Identifiquen el diálogo interior de
los niños y de los padres.

3. Revisen "Cuando los hijos ven pelear a sus papás". Pidan a los
miembros del grupo que identifiquen algunos de estos síntomas en
sus hijos. Pídanles también que recuerden experiencias de cuando
eran niños y observaron una conducta violenta entre sus padres.

4. Revisen "Preguntas para los niños". Escojan a un miembro del grupo para que desempeñe el papel de su hijo o hija que ha presenciado la violencia. Luego de hacer el papel de este niño(a), que conteste estas preguntas, que los facilitadores y los miembros del grupo le
harán detalladamente. Revisen el diálogo interior y las emociones.
Repitan el ejercicio con todos los miembros que tienen hijos, si hay
tiempo.

5. Discutan las citas de la semana, usando las preguntas formuladas. Si
quieren, lo pueden dejar de tarea y discutirlo en la próxima sesión.

6. Expliquen cómo se hace la tarea de "Cuentos de niños".

Tarea

1. Complete la tarea "Cuentos de niños" y tráigala a la próxima sesión
para que el grupo la revise.

2. Si no hicieron las citas de la semana en grupo, conteste las preguntas para su tarea.

Cuando los hijos ven pelear a sus papás

☞ Materiales de clase

Cuando los niños ven pelear a sus papás es común que demuestren síntomas como los que siguen, sin que ellos puedan siempre decir qué es lo que les está molestando:

- Trastornos del sueño: temor a dormirse, pesadillas, sueños de peligro.
- Dolores y molestias misteriosas: dolores de cabeza, dolores de estómago, problemas médicos como asma, artritis, úlceras.
- Temores: miedo a que lo (la) lastimen o maten, a ir a la escuela o a separarse de la madre, preocupaciones, dificultad en concentrarse o para poner atención.
- Problemas de conducta: abuso de drogas o alcohol, intentos de suicidio, conducta peligrosa, problemas para comer, orinarse en la cama, regresión a las etapas de desarrollo anteriores, actuar como personas perfectas, sobrerrendimiento, actuar como pequeños adultos.
- Problemas con los demás: pérdida de interés en otras personas, pleitos o conducta abusiva con los demás, estallidos de rabia, berrinches.
- Problemas emocionales: pérdida de interés en actividades, sentirse solitario.

La exposición de los niños a conflictos destructivos

📇 Materiales de clase

Los niños normalmente saben lo que ocurre cuando sus padres están peleándose. La investigación demuestra que los niños están muy conscientes de la violencia familiar en sus hogares. En una investigación reciente de 80 a 90% de niños reportaron haber presenciado (oyendo o viendo) las peleas de sus padres, aun cuando la gran mayoría de los padres insistieron en que sus niños no sabían qué pasaba.

La exposición a los pleitos hace que los niños sean más sensibles. Aunque se crea que los niños expuestos a los pleitos de sus padres se acostumbran, investigaciones actuales demuestran que de hecho se hacen aún más sensibles. Como se esperaría del trastorno de estrés postraumático (PTSD por sus siglas en inglés), los niños provenientes de hogares violentos se alteran más cuando son expuestos a los conflictos de los adultos, en vez de menos.

Algunos factores suelen empeorar las reacciones de los niños:

- Factores relacionados con el conflicto. Cuanto más intenso y feo sea el conflicto, tanto más severos serán los síntomas de los niños.
- Tema. ¿Se están peleando por mí? Si el niño percibe que el pleito es acerca de él o ella, los síntomas suelen ser peores.
- Resolución. ¿Son capaces los adultos de resolver el conflicto? Si el niño observa que los adultos son capaces de calmarse y de recobrarse de una manera madura, esto reducirá sus síntomas. Entonces hay menos confusión y menos causas de miedo.
- Involucramiento del niño. Cuanto más trate el niño de intervenir o de parar el conflicto, tanto más severos pueden ser los síntomas.
- Edad del niño. Cuanto más pequeño sea el niño, tanto más probable es que se echará la culpa o que creerá: ¡Este pleito es por mí!
- Género del niño. Es más común que los niños del género masculino se culpen.

Afecta sus relaciones futuras. Es de 10 a 12 veces más probable que los niños que presencian la violencia familiar cometan actos parecidos cuando sean adultos. Es mucho más probable que las niñas que la presencian se encuentren en relaciones abusivas y que las toleren.

La buena noticia es que no todos los niños son tan negativamente afectados por la observación del conflicto destructivo en el hogar. Cuanto mejor sea la relación entre el niño y el adulto y cuanto más sea la capacidad de hablar sinceramente acerca de los sentimientos que se tienen debido a lo que ha pasado, tanto más se ablandarán algunos de los efectos. Y luego, por razones que aún no se pueden explicar, algunos niños se adaptan naturalmente mejor a las situaciones malas.

Preguntas para los niños*

Materiales de clase

En este ejercicio, los miembros del grupo desempeñan por turno el papel de su hijo o hija que ha presenciado la violencia en su casa. Los otros miembros del grupo entrevistan a estos "niños" acerca de su experiencia.

1. ¿Por qué pelean tu mamá y tu papá?
2. ¿Qué pasa cuando tu mamá o tu papá se enoja o tus papás se pelean? ¿Puedes describir algunos de los pleitos que tuvieron tus papás y que tú observaste? ¿Qué viste y qué oíste durante el pleito? ¿Cómo fue para ti después (por ejemplo, viste que tu mamá estaba herida o que la casa estaba hecha un desastre)? ¿Cómo reaccionaste?
3. ¿Qué haces cuando tus papás se dan empujones o se golpean? ¿Te sales del cuarto o de la casa?
4. ¿Puedes describir algún pleito entre tus papás en el que tú estabas atrapado en medio o en el que trataste de detenerlos? ¿Qué pasó?
5. ¿Se pelean a veces por causa tuya? ¿Qué sentimiento te causan sus peleas (miedo, confusión, tristeza, enojo)?
6. ¿Hablas con alguien acerca de esto?
7. ¿Cómo estás manejando tus sentimientos desde que esto pasó? ¿Sientes a veces ganas de lastimarte a ti o a alguien más?
8. En una emergencia para ti o tus papás, ¿a quién llamarías? ¿A dónde podrías ir?

---

* Adaptado con permiso de la publicación del Family Violence Prevention Fund titulada *Domestic Violence: A National Curriculum for Family Violence Practitioners*, escrita por la trabajadora social Susan Schecter y la doctora Anne Ganley.

Recuerdos del abuso:
Citas de personas que eran violentas

Cita 1

Me daba coraje ver a mi padre golpear a mi mamá, pero luego yo estaba haciendo la misma cosa. Miraba que mi madre no le hacía nada, como para merecer eso, no, al contrario. ¿Cómo puede ser posible que llegara borracho arrojándole cosas, en lugar de que llegara borracho y a dormir, o lo que sea, algo razonable? Pero no, llegaba borracho, causando problemas, aventándole cosas, gritándole groserías… Yo miraba algo que… no había razón. *Rogelio*

Cita 2

El hombre era como si fuera el patrón… Mi papá era violento. Mis tíos también. Nosotros… era un rancho, éramos todos familia. Mis tíos eran los hermanos de mi papá. Casi todos los días miraba la violencia. Cuando no miraba a uno, miraba al otro. Golpeaban a la mujer y a los niños también. Para los niños usaban un cinto, o una soga o una cuarta también… Creo que muchos mexicanos usan la fuerza porque así se crían. Siempre han mirado eso. Creen que no hay otro modo de disciplinar a la mujer, ni de disciplinar a los hijos, ¿verdad? *Gregorio*

Cita 3

Una vez mi mamá estaba haciendo tortillas y mi papá vino del trabajo; ya era tarde. Ella nomás estaba sentada haciendo tortillas y no sé cuál fue el problema de ellos, pero yo miré que mi papá la agarró de aquí y la aventó contra la pared. Ésa fue la única vez que yo miré a mi papá golpear a mi mamá. Yo tenía como 10 años. Me sentí mal. Ahora entiendo, como cuando en mi caso hay violencia así, que yo esté peleando con mi esposa, ya me imagino yo cómo se sentía mi hija. Mal… Como niño, yo me sentí triste, impotente. Claro que no me iba a pelear con mi padre, porque yo no sabía qué problema tenían ahí. Y no

continúa ⟶

continuación →

podía tampoco estar al lado de mi padre, o al lado de mi madre en ese momento. Claro que era más obvio estar al lado de mi madre, porque era la agredida, pero en ese momento no lo alcanzaba a entender. Se confunde, pues, la persona. Es duro. *Leonardo*

1. ¿Han tenido experiencias como las de Rogelio, Gregorio y Leonardo? Descríbanlas.
2. ¿Cómo le afectó a usted como niño presenciar la violencia entre sus padres?
3. ¿Creen que las actitudes hacia la mujer están cambiando en su país, o siguen igual que como las describen aquí?

Cuentos de niños*

☞ Materiales de clase

1. Eres un muchacho de 14 años. Te gusta jugar al basquetbol más que cualquier otra cosa. Últimamente tu papá se ha estado emborrachando bastante. Llega a casa, golpea a tu mamá y rompe cosas cuando piensa que los niños están dormidos. Tu hermana ya empezó a consumir drogas y ha huido de la casa varias veces. Al inicio de las vacaciones escolares, tu mamá te dice que tú, tus hermanos y tu hermana van a mudarse a otro pueblo, al otro lado del estado, y que van a quedarse con tus tíos. Tu mamá te dice que ya no puede confiar en tu papá y que puede ser que los ataque a ustedes la próxima vez. Tú jamás has visto a tu papá golpear a tus hermanos y no te ha golpeado nunca a ti.

   • ¿Cómo te sentirías al escuchar los planes de tu mamá?
   • ¿Cómo te sentirías hacia tu mamá?
   • ¿Cómo te sentirías hacia tu papá?

2. Eres una niña de 10 años. Últimamente estás regándola en la escuela. Tu papá te regaña constantemente; no puedes hacer nada bien. Tú sabes que tu mamá ha estado gastando bastante dinero y tu papá se la pasa gritándole por eso. Una vez él le cerró la puerta de la casa con llave, tu mamá tuvo que quedarse afuera en la lluvia hasta que tú fuiste a escondidas a abrirle la puerta de atrás. Ella también le devuelve los gritos y le dice de groserías. A veces ella hasta le avienta cosas y puedes oír cuando éstas se rompen. Tú y tu mamá se han ido unas dos veces por algunos días, pero ella siempre regresa. Se te hace difícil dormir. Quieres que pare esto y le preguntas a tu mamá si te puedes ir a vivir con otra persona por un tiempo.

   • ¿Cómo te sentirías hacia tu mamá?
   • ¿Cómo te sentirías hacia tu papá?

---

* Adaptado con permiso de la publicación del Family Violence Prevention Fund titulada *Domestic Violence: A National Curriculum for Family Violence Practitioners*, escrita por la trabajadora social Susan Schecter, y la doctora Anne Ganley.

PARTE 4

AUTOADMINISTRACIÓN

Diálogo interior y el mal verbo

Materiales

Control semanal
"El mal verbo"
"Prueba del mal verbo"
"Ejemplos de diálogo interior que resulta en sentimientos negativos"

Metas

Presentar ante los miembros del grupo el concepto de hablarse a sí mismo (diálogo interior) y profundizar en el conocimiento de cómo una interpretación de hechos puede determinar sentimientos y reacciones.

Objetivos

1. Revisión del control semanal.
2. Revisión de las tareas.
3. Explicación del concepto de diálogo interior a través del modelo ACCIÓN.
4. Explicación y discusión de las categorías del "Mal verbo" (diálogo interior negativo).
5. Presentación de la "Prueba del mal verbo".
6. Revisión de "Ejemplos de diálogo interior que resulta en sentimientos negativos".

Programa

1. Presentar el modelo básico de hablarse a sí mismo (diálogo interior). Usar el modelo ACCIÓN (que se explica enseguida), subrayando que la forma en que interpretamos los hechos puede determinar cómo nos sentimos y reaccionamos a ellos (Robinson, 2003).

   La palabra acción significa algo que hacemos para lograr una diferencia en nuestra vida o en las vidas de nuestros familiares o comunidad. Tomando las siglas de la palabra acción, podemos identificar con más precisión cómo ejercer esta influencia con eficacia.

A: *Acontecimiento.* Es el evento inicial. Su esposa o pareja llega del trabajo y dice: "Odio mi trabajo".

C: *Creencia.* La constituyen nuestros pensamientos o actitudes ante el acontecimiento. En nuestro ejemplo son negativos, y tal vez usted se diga: "Está tratando de decirme que no quiere trabajar y que yo debería ganar más para que ella no tenga que hacerlo".

C: *Consecuencia.* La constituyen las emociones y los comportamientos que surgen como resultado de sus creencias negativas. En el ejemplo mencionado, si lo interpreta usted así, tal vez la critique o se defienda, se ponga de mal humor o se preocupe. Tal vez le diría: "Deja de quejarte. ¿Piensas que sólo tú tienes broncas?"

I: *Iniciativa para cambiar.* Consiste en el reconocimiento de que no hay que ser esclavo de nuestras creencias y reacciones de antes y en hacer algo distinto. Por ejemplo, se podría decir a sí mismo: "No tengo que enojarme. Voy a hacer algo nuevo. Se va a sorprender mi pareja".

O: *Otra creencia.* Es una nueva manera de pensar, en vez de las mismas cosas que le han causado problemas en el pasado. (Vea la lista en la p. 162, "Cómo autoconversar confiadamente".) Tal vez haya otra manera de interpretar lo que ella dijo. Tal vez sólo estaba cansada y necesitaba algo de apoyo, como todos. Tal vez no tenía la intención de criticarlo. Usted podría decirse: "Parece que tuvo un mal día. ¿Qué puedo hacer para ayudar?"

N: *Nueva consecuencia.* Es lo que pasa debido a su nueva manera de pensar: emociones y conductas más positivas para su relación. En nuestro ejemplo, si lo interpretó de esta nueva manera, tal vez pueda decir: "Vamos a platicarlo". O tal vez trate de alegrarla un poco, o de llevarse a los niños a otro cuarto para que ella esté sola un momento. Su respuesta se basaría en lo que usted pensó que ella necesitaba, en vez de defenderse de un aparente ataque. Y usted va a tener la satisfacción de haber pensado y actuado de una manera más madura, empática y cariñosa.

2. Expliquen ahora las siete categorías del "mal verbo". Enseñen los nombres de las categorías y repasen los diferentes ejemplos. Pidan que el grupo mencione otros ejemplos propios.

3. Presenten al grupo la "Prueba del mal verbo", para asegurarse de que entienden la idea. Traten de hacer un tipo de competencia con diferentes equipos que compitan para dar la respuesta correcta. Si un

equipo identifica la categoría correcta para una afirmación, denle un punto. Este equipo tendrá ahora la oportunidad de expresarla con otras palabras para que refleje un diálogo interior "productivo" o "realista", lo que vale otro punto.

4. Expliquen el ejemplo siguiente:

Hay una persona con la que hablamos más que con cualquiera otra y que tiene más influencia sobre nosotros que nadie. A veces discutimos con esa persona y a veces nos dejamos llevar por sus exigencias. Esa persona somos nosotros mismos. Las conversaciones con nosotros mismos a veces son ocultas y suceden rápidamente. Aunque se den a escondidas, pueden establecer la diferencia entre una vida feliz y una miserable.

Imagínese la situación siguiente: un compañero de trabajo lo saluda con un "hola" feliz todos los días. Esta mañana, sin embargo, frunce el ceño y balbucea "hola". Si usted se toma las cosas en forma personal, tal vez piense inmediatamente que está molesto con usted y se sienta lastimado, enojado o las dos cosas. Pero si supiera usted que se está recuperando de una enfermedad y aún no está bien, tal vez llegue a una conclusión diferente. Llegar a conclusiones apresuradas es una manera común de crear nuestra propia ira. Otro ejemplo: sin pruebas concretas, a Eduardo empezó a preocuparlo la idea de que su esposa lo iba a dejar. Cuando lo pensaba, su mente se volvía un remolino.

"¿Puedo vivir sin ella? No sé. Más vale que sea fuerte. Ella no me respetará si no lo soy. Tal vez nunca me amó –sólo me quería para tener hijos." Como puede usted imaginar, Eduardo terminó sintiéndose mal y amargado y no podía decírselo a nadie. Insistía en pedirle a ella muestras de su amor, pero este ruego constante empezó a alejarla.

5. Expliquen el "Diálogo interior que resulta en sentimientos negativos" y coméntenlo.

Tarea

1. Anote tres ejemplos de "mal verbo" para la semana próxima. Escriba qué se estaba diciendo, la categoría del "mal verbo" que era, y el nuevo diálogo interior que podría haber sido más realista y productivo.

Mal verbo*

☞ **Materiales de clase**

1. **Blanco o negro**. Es ver las cosas como "todo o nada". Tenga cuidado con palabras como "nunca", "siempre", "nada" y "todos".
   - "Los hombres de verdad no admiten sus errores."
   - "O estás conmigo o no estás."
   - "No puedes confiar en nadie mayor de 30 años."

2. **Minimización**. Consiste en quitar valor a los propios logros.
   - "Aunque al fin me hicieron supervisor, no es para tanto."
   - "Hice un buen trabajo, pero también lo hicieron muchas otras personas."
   - "Mi consejero hace buenos comentarios de mi progreso porque le pagan para hacerlo."

3. **Leyendo la mente**. Suponer lo que piensan otros sin verificarlo.
   - "Ya sé que mi jefe me odia –me miró muy feo."
   - "Ella me está evitando. Debe estar muy enojada."
   - "Mi novia no me llamó hoy. Yo creo que no le importo."

4. **La catástrofe**. Predecir que las cosas no saldrán bien para usted.
   - "Mi jefe no confiará más en mí."
   - "Ya sé que no voy a salir bien de aquí."
   - "¡Caramba! Él es tan bueno para eso. Yo sé que nunca podré hacerlo así de bien."

5. **Errores al asignar culpas**. Echar la culpa injustamente a sí mismo o a otros.
   - "Todo es culpa mía". "Todo es culpa de ellos."
   - "Es culpa mía que mi hijo sea tan tímido."
   - "Tú siempre me echas a perder todo."

6. **Autohumillación**. Hacer más grandes los defectos o errores propios (lo contrario de minimizar).
   - "Estoy sobrepasado de peso, así que debo de ser tonto y holgazán."
   - "No pasé la prueba. Debo de ser un tonto."
   - "Estoy en un grupo de terapia. Debo de ser una mala persona."
   - "No le gusto a ella. Debo de ser muy feo."

7. **Razonamiento emocional.** Concluir que si se siente usted de alguna manera respecto de sí mismo, entonces debe de ser cierto.

- "Como me siento mal conmigo mismo, entonces debo de ser malo."
- "Me siento rechazado, así que todos deben de rechazarme."
- "Como me siento culpable, debo de haber hecho algo malo."

Prueba del "mal verbo"*

Materiales de clase

1. "Me dijo mi consejero que lo estoy haciendo muy bien, pero ya sé que se los dice a todos."
2. "Desde que me lastimó Linda, ya sé que no se puede confiar en ninguna pelirroja."
3. "Nunca me va a salir nada bien."
4. "Es culpa tuya que nunca hagamos nada divertido."
5. "Mis padres se divorciaron: debe de haber tenido algo que ver conmigo."
6. "A veces no me salen bien las cosas, así que debo de ser tonto u holgazán."
7. "Me siento solo, así que creo que no le caigo bien a nadie."
8. "Mi supervisor no me respeta. A nadie en esta organización le importo un pito."

---

* Adaptado con permiso de Wexler, 1991b.

Diálogo interior para manejar el enojo

Materiales

Control semanal
"Cómo hablarse a sí mismo para manejar el enojo"
"La escalera del enojo"

Meta

Utilizar las habilidades del diálogo interior (hablarse a sí mismo) con miras a prepararse para las situaciones que producen enojo y afrontarlas con mejores resultados.

Objetivos

1. Revisar el control semanal.
2. Revisar la tarea.
3. Revisar los principios básicos del diálogo interior.
4. Introducir "Cómo hablarse a sí mismo para manejar el enojo".
5. Revisar el plan específico de "Cómo hablarse a sí mismo para manejar el enojo" de un miembro del grupo.
6. Desempeñar papeles para este plan.
7. Revisar "La sanación por medio de la compasión".
8. Explicar "La escalera del enojo" y asignar la tarea.

Programa

1. Revisen los principios básicos del diálogo interior. Destaquen una vez más cómo las interpretaciones de los acontecimientos cumplen un papel muy poderoso en la determinación de nuestras emociones y reacciones.
2. Introduzcan el modelo de cuatro pasos de "Cómo hablarse a sí mismo para manejar el enojo". Usen el folleto para proveer ejemplos de diálogo interior que se puedan usar para rebajar los niveles de estrés en cada una de las etapas. El cuarto paso puede ser tan importante como los otros tres, aunque suceda después del incidente. Asegú-

rense de que los hombres entiendan la importancia de usar un diálogo interior realista y apoyador durante esta etapa final también.

3. Pidan a un miembro del grupo que identifique una situación potencial de enojo, y luego que genere un diálogo interior para cada una de las cuatro etapas. Cuanto más únicas y personalizadas son las afirmaciones, es mejor.

4. Que este miembro del grupo desempeñe papeles para esta situación, practicando tanto el viejo diálogo interior como el nuevo. Enfóquense en las emociones distintas que resultan del nuevo diálogo interior.

5. Con objeto de prepararlos para la tarea de "La escalera del enojo", construyan algunas escaleras del enojo en el pizarrón con ejemplos dados por uno de los hombres. Las escaleras del enojo se construyen con escenas que están asociadas a la ansiedad y el enojo. Introduzcan este concepto diciendo a los miembros del grupo que es muy importante comprender los varios matices y niveles del enojo.

He aquí un ejemplo de una escalera del enojo:

5. Llega a saber que su esposa o pareja lo está engañando (travesaño más alto de la escalera).
4. Lo despiden del trabajo.
3. Su pareja le dice "huevón".
2. Lo critica uno de sus compañeros del trabajo.
1. Batalla para encontrar uno de sus zapatos y llega dos minutos tarde al trabajo (travesaño más bajo de la escalera).

Tarea

1. Usará la escalera del enojo para ayudarse a superar el estrés que se asocia con el enojo. Favor de anotar en el número 5 la situación que le ha hecho enojar o que le haría enojar hasta el máximo. Luego anote la situación que le ha hecho enojar o que le haría enojar mínimamente. Luego anote las situaciones de la 2 a la 4 que demuestran niveles de enojo progresivo.

5. _____

_____

4. _____

_____

3. _____

_____

2. _____

_____

1. _____

_____

2. Complete un plan específico de "Cómo hablarse a sí mismo para manejar el enojo" y tráigalo a la sesión de la próxima semana. Escoja una situación en que ya sabe que está en riesgo de enojarse. El plan debe incluir un ejemplo del diálogo interior para cada una de las distintas etapas.

3. Revise el material sobre "La sanación por medio de la compasión". Aplique este modelo a una situación de su vida en la semana siguiente, y anótelo para compartirlo con el grupo.

Cómo hablarse a sí mismo para manejar el enojo*

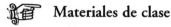 **Materiales de clase**

En su marca

Ésta podría ser una situación difícil, pero sí sé cómo tratarla. Puedo preparar un plan para manejarla. Despacio. Recuerda, quédate con el asunto a la mano y no tomes nada personalmente. No hay ninguna necesidad de llegar a discutir. Yo sé qué hacer.

Listo

Mientras esté calmado, tengo control de la situación. No tengo que probar nada. No tengo que hacer en este asunto más que lo necesario. Enojarme sería perder el tiempo. Tengo que enfocarme en lo que tengo que hacer. Voy a buscar lo positivo y no sacar conclusiones apresuradas.

¡Fuera!

Siento que mis músculos empiezan a tensarse. Relájate y ve muy despacio. Es hora de respirar muy hondo. Tomemos la cuestión punto por punto. El enojo que siento es una señal de lo que tengo que hacer. Es hora de resolver los problemas. Puede ser que ella quiera que me enoje, pero yo lo voy a tratar de una manera constructiva.

Evaluación

Aguas rocosas

Olvídate de la irritación. No lo tomes personalmente. Es probable que no sea tan grave.

Si pienso en eso me altero. Trata de quitártelo de encima. No dejes que interfiera con lo que tienes que cumplir. Recuerda la relajación. Es mucho mejor que el enojo.

Mar en calma

Manejé eso bastante bien. Eso sí fue algo bien hecho. Hubiera sido posible alterarme más de lo que valía la pena. Mi orgullo me puede meter en problemas, pero estoy manejándome cada vez mejor. Efectivamente, salí de esto sin enojarme.

---

* Adaptado con permiso de Novaco, 1979.

La sanación por medio de la compasión*

☞ Materiales de clase

1. **Sanación.** Cuando sienta que el enojo hacia su esposa o pareja se le esté subiendo, vuélvale la espalda a ella y vuélvase hacia sí mismo. Imagine las letras de la palabra *sanación* brillando enfrente de sus ojos con luces claras. Háblese a sí mismo: "Necesito sanar, no herir". O escoja sus propias palabras o frases. Echarle la culpa a alguien es ser impotente, pero la compasión tiene poder verdadero, y además tiene la capacidad de sanar. El enojo entumece el dolor de las heridas centrales, pero también impide su sanación.

2. **Explique.** Explíquese a sí mismo la herida central que el enojo está enmascarando: siente que usted no importa, que lo pasan por alto, se siente culpable, despreciado, rechazado, impotente, poco amable.

   - "Vi que ella estaba hablando con él y sentí que no contaba yo para nada. ¡No le importaba a ella lo que yo sentía!"
   - "Sentí que me pasaba por alto. Sentí que no le importaba."
   - "Me sentí acusado y de repente me miré como pendejo celoso."
   - "Me sentí rechazado."
   - "No podía hacer que ella ya no hablara con él, y me sentí poco amable."
   - "Me sentí impotente."
   - "Nadie me puede amar si me siento así, con este tipo de sentimientos."

   Mucha conducta abusiva es motivada por estas heridas centrales. Háblese y dígase: "Me siento poco amable". Déjese sentirlo por 20 segundos.

3. **Aplíquese la compasión.**

   a. Ofrézcase compasión a sí mismo
      - "Yo *sé* que soy amable."
      - "Puedo aprender de esta experiencia."
      - "Yo *sé* que tengo algo que ofrecer a los demás."
      - "Yo *sé* que soy una persona que importa."

---

* Adaptado con permiso de Stosny, 1995.

b. Ofrezca la compasión a su pareja: no me está rechazando por lo que soy ahora; me está rechazando por lo que le hice en el pasado.

- "Tengo que comprenderla."
- "Tengo que darle tiempo."

4. **Ámese a sí mismo por medio de la compasión.** Imagínese importante, valioso, con poder interno, digno de respeto, amable. "Yo sé que soy amable".

5. **Resuelva el problema.** Preséntele su verdadera posición sin culparla o atacarla. "Me importas mucho, pero tengo un problema con lo que me acabas de decir." Alternativamente, en algunos casos, no le diga nada en absoluto, y cuide sus sentimientos por su propia cuenta, interiormente, o procurando hablar con otra persona. Está así sanando su herida central por medio del amor y no del enojo.

Escalera del enojo*

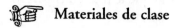 **Materiales de clase**

La escalera del enojo le ayudará a superar el estrés que se asocia con el enojo.

Favor de anotar abajo, junto al número 5, la situación que más le ha hecho enojar o que le haría enojar hasta al máximo. Luego, después del número 1, anote la situación que menos le ha hecho enojar o que le haría enojar el mínimo. Luego, anote las situaciones del 2 al 4, anotando niveles de enojo que se van aumentando.

Los facilitadores van a usar estas escenas que provocan el enojo en combinación con la relajación para ayudarle a superar el estrés y el enojo.

5. Extremadamente enojado, hasta el punto de estallar:

_____

_____

4.

_____

_____

3. Enojo moderado (mediano); estoy consciente de la tensión:

_____

_____

2.

_____

_____

1. Enojo liviano, irritación leve:

_____

_____

---

* Adaptado con permiso de Daniel G. Saunders.

Sesión 10
Autoestima

Materiales

Control semanal
Grabación: "La escalera del enojo"
"La casa de valor propio y empoderamiento"

Meta

Ofrecer a los miembros maneras de acrecentar su autoestima con la autoconciencia, la reestructuración cognitiva, o la modificación del estilo de vida.

Objetivos

1. Revisen el control semanal.
2. Toquen la grabación de la escalera del enojo.
3. Revisen la tarea.
4. Ejercicio de conducta: "¿Qué es lo peor que te puedes llamar a ti mismo?"
5. Comenten "La casa de valor propio y empoderamiento".
6. Pidan a los miembros del grupo que digan algo positivo de ellos mismos.
7. Asignen tarea.

Programa

1. Escriban en el pizarrón la escalera del enojo que se construyó en la sesión pasada. Digan a los miembros del grupo que después de la repetición del ejercicio de relajación, se les pedirá que imaginen una escena tensa. Díganles que usen la escena más baja en su escalera. Revisen las escenas bajas para asegurarse de que son apropiadamente bajas. Ahora, pongan la cinta *La escalera del enojo*.

    Instruyan a los miembros para que suban un peldaño en la escalera del enojo en la próxima sesión (a una escena más tensa), solamente si la escena tensa se volvió menos tensa durante las tres veces que fue representada aquí. Sólo las tres escenas más bajas serán usadas en el transcurso de tres sesiones. Pongan la grabación y pregúntenles si les ayudó a disminuir el enojo. Es posible que este ejercicio no sea útil para algunos participantes. Preséntenlo como otra herramienta que pueden utilizar si quieren.

2. ¿Cuál es el peor insulto que podría usted dirigirse a sí mismo? Muy a menudo las personas reaccionan intensamente a la crítica porque ya se están criticando fuertemente a sí mismas. Al tener conciencia de los peores insultos que nosotros nos decimos a nosotros mismos o tememos que otros nos digan, podemos disminuir el impacto de la crítica.

   Expliquen que al hablar de nuestros "puntos débiles" o de las maneras en que nos humillamos a nosotros mismos, podemos empezar a sentirnos mejor. Muchas veces aceptamos lo que se decía de nosotros de pequeños y lo creemos por completo. Hablar de ello nos da cierta distancia de eso. Ya no es probable que nos lastime tanto como en la infancia.

   Pidan a los miembros que compartan algunas de las maneras en que se autohumillan colgándose etiquetas, por ejemplo: "Soy un estúpido", "Estoy bien pendejo", "Soy muy huevón", entre otros. Adviértales que no revelen sino aquello que no les incomode revelar. Pregúntenles si saben en qué situaciones alguien pudo haberles llamado igual. Pregúntenles si están dispuestos a decir qué insultos temen que otros les dirijan.

3. Refuercen la importancia de una buena autoestima y hablen de cómo se puede acrecentar. Comenten sobre "La casa del valor propio y empoderamiento" dibujando la casa en el pizarrón, de un modo similar a "La casa del abuso" de la sesión 1. Pidan a los miembros que presenten información sobre las áreas de sus vidas que son importantes para ellos y que les dan experiencias de autovalía. Así como con "La casa del abuso", las ideas se deben repartir entre los diferentes cuartos de la casa. Aunque los nombres de los cuartos de la casa pueden variar según las necesidades particulares del grupo, se sugieren los siguientes:

   • El trabajo
   • La vida social
   • El descanso
   • La paternidad
   • La espiritualidad

- Relaciones de pareja
- Conocimientos o habilidades personales (atletismo, habilidad manual o intelectual, etc.)
- Integridad personal (ejemplos de "hacer el bien")

Empiecen entonces a hacer preguntas:

- ¿Cómo se siente vivir en esta casa?
- ¿Cómo se fortalecen los cuartos unos a otros?
- ¿Qué tiene que hacer para asegurarse de que estos cuartos están llenos?

Y la pregunta final:

- ¿Qué sostiene estos cuartos? ¿Qué es lo que está en el techo?

La respuesta es el valor propio y empoderamiento.

Una buena actividad en este momento sería que cada miembro del grupo diga algo positivo de sí mismo. Esto puede ayudar al proceso de cohesión del grupo, así como a construir autoestima.

Citas acerca de la autoestima

Cita 1

Lo que más me ha servido es cómo controlarme yo, cómo quererme a mí mismo... A veces no hay palabras para explicar algo. La computadora (en la mente) se va cambiando sola. Es una cosa que pasa, nomás. Cuando se pone uno firme, o sea solito, cambia al siguiente canal. Uno empieza a recibir las cosas positivas, a pensar positivo, a hacerse sus metas, todo eso. Entonces se dice uno: "Lo logré". Como le decía, me siento orgulloso de mí mismo, porque yo logré abstenerme tanto tiempo de tomar. Y no lo digo para que usted lo crea, sino porque yo lo estoy logrando. Con eso es suficiente. *Rogelio*

Cita 2

Para mí el chiste no es lo que aprende uno, sino si lo practica uno. Yo hablo mucho con mis hermanas, con mis hermanos, que se mire uno cómo hablar y que trate uno de pedir, y si se trata de esto, pues yo tengo mucha información y yo les explico, así, así, así... Como una persona que ha cursado este programa, yo me siento con mucha informa-

continúa ⟶

continuación ⟶

ción... Me siento orgulloso de mí mismo, de lo que estoy haciendo, de lo que me he propuesto, o sea de mis cambios, y de mi cambio de vida. Me siento orgulloso de mi persona. *Raúl*

Tarea

1. Haga una lista de: *a)* cinco características personales positivas y *b)* cinco logros personales.
2. Lea y comente las citas acerca de la autoestima. ¿Es parecido a su experiencia o no?

LA CASA DE VALOR PROPIO Y EMPODERAMIENTO

Materiales de clase

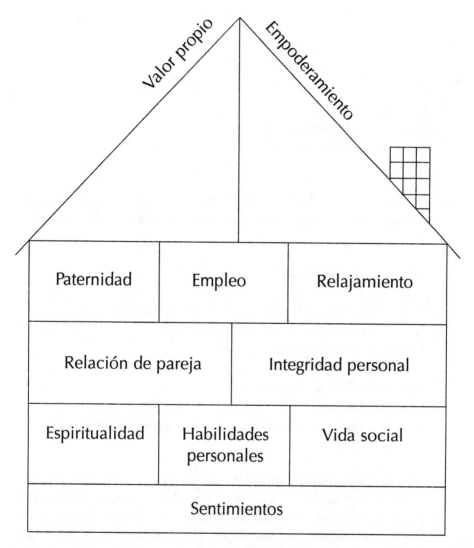

El folleto "La casa de valor propio y empoderamiento" fue diseñado por el personal del Programa de Asistencia Comunitaria (CAP) de la Fundación Amherst H. Wilder. Se utiliza con permiso. Es parte de un programa completo de abuso doméstico titulado *Fundamentos para vivir sin violencia: un manual detallado para facilitar los grupos de abuso doméstico para hombres*. Se puede obtener (en inglés) del Centro de Publicaciones Wilder al 1-800-274-6 024.

Sesión 11
Las emociones:
cómo cuidarlas y alimentarlas

Materiales

Control semanal
Grabación: "La escalera del enojo"
"La lista de sentimientos"

Meta

Ayudar a los miembros del grupo a identificar una gama amplia de emociones y a desarrollar nuevas maneras de manejar las emociones difíciles.

Objetivos

1. Revisar el control semanal.
2. Revisar la tarea.
3. Poner la grabación "La escalera del enojo" y discutir.
4. Discutir el machismo como papel masculino.
5. Introducir el concepto de emociones.
6. Anotar los sentimientos primarios en el pizarrón.
7. Revisar "La lista de sentimientos".
8. Explicar el concepto del "ciclo de sentimientos intolerables".
9. Asignar tarea y presentar ideas sobre "desprecios de los papás".

Programa

1. Anoten en el pizarrón ejemplos individuales de la escalera del enojo, en el segundo escalón de la escalera. Digan a los miembros del grupo que después del ejercicio de relajación de la grabación, se les va a pedir que imaginen una escena tensa. Revisen las escenas para asegurarse de que sean apropiadas. Luego pongan la grabación de La escalera del enojo.
2. Los hombres se separan de la gama total de las emociones a causa de su socialización de su papel masculino, y más aún si el papel de género que aprendieron es el del machismo. En general, los hombres encuentran dificultad en conocerse, mucho más en expresarse a los

demás. No es verdad, como creen muchas mujeres, que los hombres no tengan emociones. Lo que pasa es que los sentimientos más tiernos de herida y miedo se convierten rápidamente en ira y luego en agresión. Los hombres sí sienten, pero muchas veces no es obvio, ni para ellos mismos ni para los demás.

Expliquen que los hombres se defraudan con frecuencia porque no se conocen plenamente. La tendencia masculina a controlar las emociones tiernas y a actuar según el dictado de las emociones fuertes ayuda a explicar por qué los hombres, por lo general, se mueren siete años antes que las mujeres. Un temor común de los hombres es que si expresan su herida o miedo, la otra persona "lo usará en nuestra contra". En una relación íntima, normalmente lo que sucede es lo contrario.

Expliquen lo siguiente: los sentimientos son estados emocionales. Hay cuatro sentimientos primarios (principales): tristeza, alegría, miedo y enojo. Hay muchas personas que incluyen una quinta categoría: la vergüenza o la humillación. Así como los colores primarios tienen muchos matices y mezclas, hay muchos matices y mezclas de sentimientos. Los sentimientos son distintos de los pensamientos, opiniones y creencias. "Siento que me has despreciado" es una opinión u observación. "Me sentí lastimado cuando me dijiste eso" combina una afirmación de sentimiento con una observación. (Será importante que entiendan la distinción para las sesiones futuras; se pueden dar más ejemplos.)

3. Anoten los cinco sentimientos primarios en la parte superior del pizarrón. Pidan a los hombres que nombren sentimientos similares debajo de las emociones primarias. Señalen la gama de intensidad en los ejemplos que den. Destaquen la importancia de expresar los sentimientos en cuanto aparezcan –en un nivel bajo de intensidad.

4. Revisen "La lista de sentimientos". Pidan a un miembro del grupo que escoja una de las emociones de la lista –y luego que la dramatice. El resto del grupo debe adivinarla. Continúen con cada miembro, quien escogerá una emoción distinta de la lista. Esto debe ser divertido y ayudar a los miembros del grupo a aclarar los nombres de los sentimientos distintos.

5. Pregunten: ¿Cuáles eran los sentimientos que lo lastimaban cuando era niño? ¿Qué cosas positivas puede decirse cuando esté usted herido o tenga miedo?

6. Ahora presenten el material sobre "El ciclo de sentimientos intolerables" (Harway y Evans, 1996). Expliquen que en muchos casos es así como los hombres experimentan el aumento del enojo y la explosividad. Según este modelo, cuando un hombre experimenta los sentimientos inaguantables –como son las heridas, la vergüenza, la impotencia, el miedo, el sentido de culpa, la insuficiencia y la soledad– muchas veces se siente agobiado. Le han enseñado que estos sentimientos son malos y que son señales de debilidad. Por eso tiene que defenderse de estos sentimientos, aunque sus defensas no produzcan una solución adecuada:

- Negar la responsabilidad y culparla a ella: "¿Por qué me haces sentirme tan mal?"
- Controlar a todos y a todo en el medio ambiente: "Quiero que todos ustedes se salgan de sus cuartos en este momento y limpien la casa. Si no, ya verán lo que hago."
- Usar el alcohol o las drogas para apaciguar el dolor temporalmente.
- Buscar la excitación para distraerse de los malos sentimientos: "Me voy a acostar con alguien que sí sabe hacer gozar a un hombre."

Cuando estas defensas producen alivio, son reforzadas como opciones de conducta. Este ciclo existe en el interior de quien golpea. Aunque, por supuesto, hay algún suceso que normalmente es el detonador de la reacción, él (o ella) es el que tiene que aprender a tolerar una gama más amplia de afecto negativo sin actuar impulsivamente.

7. Cuando presente "Desprecios de los papás" como tarea para la próxima sesión, use de 5 a 10 minutos comentando ejemplos personales específicos de formas de avergonzar o humillar que ustedes o alguien en su familia ha vivido. Además, sugieran que otros miembros añadan sus propias experiencias aunque se salgan de la escala, tales como las experiencias de vergüenza que se viven cuando el padre los ha abandonado. Normalicen esta experiencia todo lo que puedan.

Tarea

1. Contestar la hoja "Desprecios de los papás" para discutirla en clase durante la próxima sesión.

La lista de sentimientos

☞ Materiales de clase

Abajo verá una lista de sentimientos muy comunes. Esta lista podría llenar páginas. La única manera en que la mayoría de nosotros (especialmente los hombres) aprendemos cómo nombrar a nuestros sentimientos distintos es por medio de estar con otras personas que nos digan lo que ven en nosotros.

Por ejemplo, cuando usted era bebé, no conocía los nombres de los distintos colores. Alguien le decía repetidamente que el cielo era azul y que las manzanas eran rojas. Después de mucha práctica, aprendió que el rojo tenía muchos matices distintos, que escarlata es diferente del color rosa y que el rojo oscuro no es exactamente igual que el color del vino tinto.

Lo mismo es cierto cuando se habla de los sentimientos. Muchos hombres se sienten enojados por dentro, pero los niveles y matices del enojo pueden fluctuar de irritado y frustrado hasta enfurecido y rabioso. Además, frecuentemente sentirse "encabronado" es lo que dice un hombre no sólo cuando está enojado, sino cuando en realidad se siente herido, amenazado o avergonzado.

- Emocionado
- Tierno
- Triste
- Solitario
- Agitado
- Frustrado
- Espantado
- Contento
- Deprimido
- Tímido
- Herido
- Celoso
- Cariñoso
- Entusiasmado
- Feliz

Trate de clasificar estos sentimientos en una de las cinco categorías mayores. Hay algunos que quizá no quepan perfectamente en una sola categoría.

Cuanto más distinga estos sentimientos, más poder tendrá sobre su propia experiencia y sus reacciones.

El autoconocimiento es poder.

CICLO DE SENTIMIENTOS INTOLERABLES*

Materiales de clase

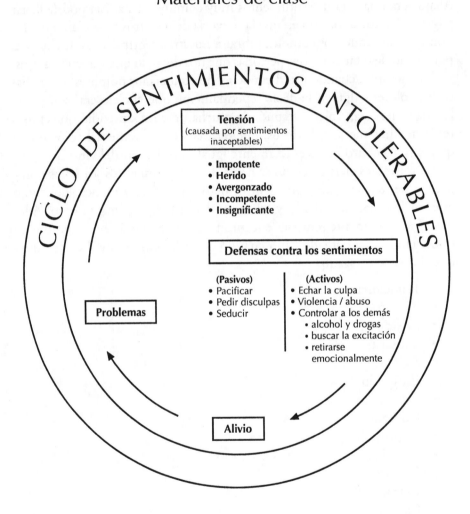

CICLO DE SENTIMIENTOS INTOLERABLES

Tensión
(causada por sentimientos inaceptables)

- **Impotente**
- **Herido**
- **Avergonzado**
- **Incompetente**
- **Insignificante**

Defensas contra los sentimientos

(Pasivos)
- Pacificar
- Pedir disculpas
- Seducir

(Activos)
- Echar la culpa
- Violencia / abuso
- Controlar a los demás
  - alcohol y drogas
  - buscar la excitación
  - retirarse emocionalmente

Problemas

Alivio

Adaptado de Harway Evans, 1996.

Los desprecios

Materiales

Control semanal
"Desprecios de los papás"

Meta

Ayudar a los hombres a entender que ciertos mensajes dichos por su familia de origen para avergonzarlos y despreciarlos ayudaron a formar su hipersensibilidad a la vergüenza.

Objetivos

1. Revisar el control semanal.
2. Discutir los resultados de las investigaciones sobre la vergüenza.
3. Revisar "Desprecios de los papás".
4. Utilizar esta información para entablar una discusión acerca de sus experiencias personales de la vergüenza y los desprecios.
5. Revisar patrones actuales del diálogo interior en sus relaciones que están basados en la vergüenza.
6. Explicar cómo llenar "La declaración de responsabilidad".

Programa

1. Antes de revisar la tarea "Desprecios de los papás", los facilitadores del grupo deben presentar algunas ideas básicas de la investigación de Dutton sobre la relación entre la vergüenza masculina y la violencia familiar (Dutton y Golant, 1995; Dutton, Van Ginkel y Strazomski, 1995).

    Esta investigación demostró que los recuerdos de los hombres violentos se caracterizaban por ser memorias de padres fríos y abusivos que los rechazaban. Análisis tras análisis, las escalas que medían el rechazo influyeron más en la conducta abusiva futura que las que medían sólo el abuso físico en la niñez. La investigación demostró que los hombres que agredían a la esposa habían experimentado una niñez caracterizada por la vergüenza, la humillación, la pena y los ataques globales en contra de su sentido de identidad personal. Sus padres los humillaban muchas veces en público, o los castigaban al azar.

Los siguientes son algunos ejemplos de comentarios vergonzantes típicos:

- "No sirves para nada."
- "Nunca llegarás a ser nadie."
- "Te hubiera abortado."
- "Es tu culpa que mi vida sea un desastre."

Las personas que han sido expuestas a la vergüenza harán cualquier cosa para evitarla en el futuro. Culpan de su propia conducta a los demás. El resultado es un hombre que necesita cariño, pero que no sabe pedirlo; que a veces se siente vulnerable pero no lo puede admitir, y que muchas veces se siente lastimado por algún pequeño indicio de falta de amor, pero sólo sabe criticar.

Cuando los niños han sido rechazados y avergonzados por sus padres, al ser mayores se hacen hipersensibles a las situaciones que pueden ser interpretadas como vergonzosas. Entonces experimentan la vergüenza más rápido y se sienten más obligados a hacer algo inmediatamente para terminar con ella. En estos casos es común que los hombres culpen a la esposa por hacerles sentir vergüenza o humillación, y vuelven su rabia contra su pareja para recobrar el propio sentido del yo. Si esto sucede repetidamente con más de una mujer, los hombres pueden llegar a echar la culpa no sólo a ella, sino también a "ellas".

2. Al presentar estas ideas, usen la palabra "desprecio" en vez de "vergüenza" o "humillación". Es probable que el uso de la palabra "vergüenza" lleve al estado defensivo y a la negación, y se puede utilizar la palabra "desprecio" para presentar las mismas ideas.

3. Después de esta discusión general, revisen el cuestionario "Los desprecios de los padres" de la tarea de la semana pasada. No van a calificar estas escalas. Sirven sólo para estimular la memoria y la discusión.

4. No dejen de indicar la conexión que existe entre las experiencias vergonzosas del pasado y el diálogo interior del presente, especialmente en las situaciones de la pareja. La fórmula básica a recordar es que los hombres que fueron avergonzados (particularmente si fue por el

papá) en su infancia son especialmente sensibles a las situaciones que pueden avergonzarlos como adultos. Es más probable que ellos crean que se está tratando de avergonzarlos. Y es probable que se sientan obligados a tomar alguna acción para borrar la fuente percibida de la vergüenza.

• ¿Puede identificar algunas maneras en que usted puede ser hipersensible a la crítica o a los desprecios a causa de sus experiencias de niño?

Tarea

1. Completar "Defensas contra la responsabilidad".

Los desprecios de los padres*

 Materiales de clase

Favor de anotar en los espacios abajo el número (entre 1 a 4) que mejor describe con cuánta frecuencia tuvo la experiencia con su mamá (madrastra o tutora) y su papá (padrastro o tutor) cuando era niño. Si tiene más de una figura materna o paterna, por favor trate de contestar qué persona tuvo la mayor influencia en su crianza.

1	2	3	4
Nunca ocurrió	A veces ocurrió	Ocurrió con frecuencia	Siempre ocurrió

	Padre	Madre
Creo que mi padre (madre) hubiera querido que yo fuera diferente.	_____	_____
Cuando era niño, me castigaban físicamente o me regañaban en presencia de los demás.	_____	_____
Mi padre (madre) hablaba de mí en frente de los demás y me sentía avergonzado.	_____	_____
Me trataban como la "oveja negra" o el chivo expiatorio de la familia.	_____	_____
Sentí que mi padre (madre) creía que era mi culpa cuando él (ella) se sentía infeliz.	_____	_____
Pienso que mi padre (madre) era de mal genio y me guardaba rencor.	_____	_____
Mis padres me castigaban aunque yo no hubiera hecho nada.	_____	_____
Mi padre (madre) me criticaba o me decía que no valía nada frente a los demás.	_____	_____
Mi padre (madre) me golpeó sin razón.	_____	_____
Mi padre (madre) me trató de tal forma que me sentía avergonzado.	_____	_____
Mi padre (madre) se enojaba conmigo sin decirme por qué.	_____	_____

---

* Adaptado con permiso de Dutton, Van Ginkel y Strazomski (1995) de la encuesta *Memories of my Upbringing* [Memorias de mi crianza].

Defensas contra la responsabilidad

 Materiales de clase

Casi todas las personas que se comportan en forma violenta con su pareja lo justifican en su propia mente. Aunque generalmente no creen que se deba ser violento con ningún miembro de la familia, en ciertas ocasiones "pueden hacer una excepción".

Entonces, después del incidente, encuentran una manera de justificarse, en vez de simplemente decir lo obvio: "La regué; me pasé del límite y no es culpa de nadie más que mía".

He aquí algunos ejemplos típicos.

Marque con un círculo las formas que usted ha usado y escriba las palabras específicas que se ha dicho a sí mismo y a otras personas.

☐ *No es para tanto*: "No fui violento; sólo le di una cachetada."

_____

☐ *Intención*: "No quería lastimarla; yo sólo quería hacerla entender."

_____

☐ *Autoexpresión*: "Me tocaba a mí hacerle saber lo que yo he estado pasando."

_____

☐ *Negación*: "No pasó nada; ella está mintiendo."

_____

☐ *Intoxicación*: "Estaba borracho. ¿Qué puedo decir?"

_____

☐ *Pérdida del control*: "Me aloqué. No sabía lo que hacía."

_____

☐ *Proyección de la culpa*: "Fue culpa suya; si no me hubiera empujado, fastidiado o no hubiera gastado tanto dinero..."

_____

☐ *Distorsión de roles*: "Tuve que pegarle por su bien. Se estaba volviendo loca."

_____

Responsabilidad

Materiales

Control semanal
"Defensas contra la responsabilidad"
"Declaración de responsabilidad"

Meta

Ayudar a los miembros del grupo a obtener una comprensión lo más clara posible de sus propias conductas destructivas y de la racionalización que han usado para justificarlas.

Objetivos

1. Revisen el control semanal.
2. Repasen el material sobre las "Defensas contra la responsabilidad".
3. Repasen la "Declaración de responsabilidad" en detalle con cada miembro.

Programa

1. Repasen las "Defensas contra la responsabilidad" y dediquen tiempo a comentar algunas respuestas individuales. Asegúrense de que cada miembro entienda claramente cada una de las defensas e identifique específicamente algunas de las suyas propias. Aunque es probable que vayan a utilizar esta declaración sólo cuando alguien llega a 10-12 semanas de estar en el grupo, traten de repasar el material sobre defensas una o dos veces durante el año, pues tiene mucha importancia para el desarrollo de los clientes.

2. Presenten la "Declaración de responsabilidad". Repasen cada línea con cuidado. Ayuden a los miembros a llenar sus propias formas mediante la discusión en grupo. En esta discusión estructurada, cada miembro deberá ser capaz de identificar las formas específicas en que se ha comportado de manera destructiva en su relación primaria. Esto está estructurado para que cualquiera pueda identificar in-

cidentes que se apegan a esta descripción. Esperamos crear un ambiente no defensivo en que los miembros puedan reconocer abiertamente sus conductas abusivas e identificar claramente las formas en las que, en su momento, las justificaron. Si ustedes tienen información previa sobre el historial de incidentes, ya sea de los informes de policía o documentos previos de sus miembros, ésta podría ser benéfica para "recordarles" ejemplos de conductas destructivas a su relación. Este repaso está diseñado para dar a los miembros tiempo de examinar su conducta y su autocomunicación en detalle, y para suscitar discusiones en el grupo sobre el proceso de racionalización. Hagan referencia al mandamiento 1 (Somos 100% responsables de nuestra conducta) en el curso de la discusión.

Declaración de responsabilidad

 Materiales de clase

Ser responsable significa reconocer y asumir la responsabilidad de nuestras acciones. Este material le ayudará a reconocer la conducta destructiva en sus relaciones. Aunque tal conducta no siempre se convierte en abuso físico, casi todos, en casi todas las relaciones íntimas muy emocionales, nos comportamos a veces en forma abusiva. Ésta es una oportunidad de evaluar los modos en que usted reconoce errores pasados y puede demostrar el deseo de cambiar. Al llenar esta forma, recuerde el mandamiento 1: "Somos 100% responsables de nuestras acciones". Usará lo que ha escrito en la discusión de grupo. No le pedimos que acepte una cosa que no hizo o que asuma la responsabilidad por algo que hizo otra persona.

- "He actuado de las siguientes maneras destructivas con mi pareja:" (marque con un círculo)

Abuso verbal	Humillaciones	Aislar a la pareja	Controlar a la pareja
Manipular a los niños	Acoso	Abuso económico	Intimidación
Amenazas	Vigilar el correo/teléfono	Ignorar	Crueldad mental
Avergonzar sexualmente	Abuso sexual	Sexo forzado	Humillación sexual
Exigencias sexuales	Abuso físico	Restricción física	Empujar
Abofetear	Patear	Golpear	Arrojar objetos
Destruir cosas	Asfixiar		
Uso de armas	Otros		

- "Acepto la responsabilidad de estas conductas. Mi comportamiento no lo causó mi pareja. Yo tenía otras alternativas."
- "He usado lo siguiente para justificar mi conducta destructiva en esta relación (alcohol, estrés, enojo, 'Ella me estaba fastidiando', etcétera):"

  1. _____

  2. _____

  3. _____

- "Reconozco que mi pareja tal vez se sienta desconfiada, intimidada o temerosa de mí por estos comportamientos."

¡Cambio!

Materiales

Control semanal
"Cuándo el diálogo interior es peligroso"
"Cómo autoconversar confiadamente"
"¡Cambio!"

Meta

Repasar e integrar todas las habilidades que se aprendieron en la sección de autoadministración.

Objetivos

1. Revisar el control semanal.
2. Revisar "Cuándo el diálogo interior es peligroso".
3. Revisar "Cómo autoconversar confiadamente".
4. Ensayar "¡Cambio!"(con una mitad de los miembros del grupo).

Programa

1. Revisen "Cuándo el diálogo interior es peligroso" y "Cómo auto-conversar confiadamente". El propósito de esto es reforzar los temas del diálogo interior y preparar a los hombres para el ejercicio "¡Cambio!"

2. Pidan a un voluntario que escoja una situación de estrés en la que le gustaría practicar sus nuevas habilidades. Si están usando la forma de grupo abierta, el cliente que lo hará será el que ha llegado a 12-13 sesiones en el programa y ha completado la Declaración de responsabilidad. Guíen a los hombres por los pasos de "¡Cambio!" Ésta es una oportunidad muy importante para averiguar qué tan capaces son los hombres de examinarse y de integrar nuevas ideas. Se deben dar instrucciones generales, por ejemplo: "Cuando estén desempeñando los papeles de esta situación, combinen todas las habilidades que han aprendido hasta ahora; utilicen las habilidades de

relajación, auméntense la autoestima, desafíen su diálogo interior negativo y piensen de una manera constructiva".

- Los primeros dos pasos de "¡Cambio!" sirven para reconocer la situación problemática e identificar el diálogo interior. El miembro voluntario describe los pensamientos que tenía antes, durante y después de la situación problemática.

- El paso siguiente, determinar el nuevo diálogo interior, se centra en lo que la persona quisiera desarrollar como diálogo interior constructivo. Los miembros del grupo deben ayudarle a generar un diálogo interior "contrario".

- En el modelamiento de la situación, los facilitadores muestran el proceso de cambio desde las afirmaciones autoderrotantes a las afirmaciones de automejoramiento. El miembro voluntario practicará esto durante el "¡Cambio!"

- Ahora empieza el rediseño de la situación. Se pide al miembro voluntario que se imagine de regreso a la situación problemática. Los facilitadores instruyen al miembro para que empiece a decir en voz alta el diálogo interior autoderrotante. Cuando los facilitadores den la orden, el grupo gritará al unísono: "¡Cambio!" y el miembro voluntario insertará el nuevo diálogo interior.
  Nota: esto debe ser divertido. ¡Y debe dar un golpe a los patrones típicos del diálogo interior del individuo!

- Siguen la autoevaluación y los comentarios del grupo. Los miembros del grupo deben ofrecer retroalimentación primero en los aspectos del rediseño del diálogo interior que se hicieron bien, y luego ofrecer sugerencias para mejorarlo.

3. Practiquen el ejercicio de "¡Cambio!" con una mitad de los miembros del grupo. Pídanles que escojan una situación inquietante del pasado –quizá "el incidente que le llevó a estar aquí". Todos los miembros del grupo deben realizar este ejercicio durante las próximas dos sesiones. Recuerden que están tratando de evaluar su capacidad de examinar su responsabilidad personal –y nuevas opciones– por su conducta abusiva.

Cuándo el diálogo interior es peligroso*

☞ Materiales de clase

- "Ella quiere estar con otro."
- "Está tratando de humillarme."
- "¡Otra vez!"
- "Las cosas nunca van como yo quiero."
- "Nadie me entiende."
- "Nadie logra hacer eso conmigo."
- "Si no soy duro, ella pensará que soy débil."
- "Tengo que enseñarle quién lleva los pantalones."
- "Si ella habla con otro hombre, es que quiere acostarse con él."
- "No hace nada sino quedarse en casa, cuidar a los hijos y hablar por teléfono."
- "Si otros hombres la miran, eso quiere decir que está coqueteando con ellos y eso me deshonra a mí."
- "Los hijos no me respetan por culpa suya."
- "Quiere que me vea como tonto."
- "Cuando quiere tiempo a solas, es porque no quiere estar conmigo."
- "Cuando no está ella y quiero que esté, eso quiere decir que no le importo."
- "Estoy harto de esta porquería."
- "Haga yo lo que haga, nunca será suficiente para ella."
- "Cuando ella no quiere tener relaciones, eso quiere decir que de veras no le importo o que me está engañando."
- "Los hijos le importan más que yo."
- "Sus amigas le importan más que yo."
- "Su familia le importa más que yo."

---

* Adaptado con permiso del doctor Michael Lindsey.

Cómo autoconversar confiadamente*

Materiales de clase

- "Estos pensamientos no sirven para nada."
- "Tengo confianza en ella."
- "Nunca me ha dado razón para no confiar en ella."
- "Puede ser que ella tenga razón."
- "Puedo ser asertivo."
- "Puedo tomar un tiempo fuera."
- "Le importo a ella, aunque no lo parezca en este momento."
- "Yo tengo el control de mis reacciones."
- "Ella no me puede alterar, a menos que yo me deje alterar."
- "El día es demasiado bonito para alterarme."
- "Necesito hacer algo por mí que sea relajante."
- "Está bien si ella está enojada. No tengo que resolverlo en este momento."
- "Yo puedo decir que no."
- "Puedo negociar con ella y ofrecerle un acuerdo."
- "Puedo pedirle lo que quiero."

---

* Adaptado con permiso del doctor Michael Lindsey.

¡Cambio!

☞ **Materiales de clase**

1. ¿Qué salió mal?

   a. ¿Quién estaba involucrado? ¿Cuándo pasó? ¿Dónde pasó? Describa exactamente lo que estaba pasando. Sea específico y objetivo.

   b. Repítalo como si fuera video. ¿Exactamente qué dijo y qué hizo?

   c. Otros miembros del grupo deben ayudar preguntándole cosas a fin de que sea muy claro "el video".

2. ¿Qué estaba diciéndome a mí mismo?

   a. ¿Cuál era su diálogo interior antes, durante y después de la situación?

   b. "Congele el cuadro" del video en puntos distintos para identificar su diálogo interior.

   c. Con la ayuda del grupo, analice su diálogo interior autoderrotante o contraproducente.

3. ¿Qué diálogo interior nuevo y más productivo hubiera podido usar?

   a. ¿Qué hubiera querido decirse a sí mismo en esta situación?

   b. Junto con el grupo, piensen en varias ideas para identificar un diálogo interior alternativo.

4. Háblese a sí mismo: "¡Cambio!"

   a. Regrese a la situación problemática.

   b. Practique el viejo diálogo interior en voz alta.

   c. Cuando el grupo grite "¡Cambio!", trate de usar el diálogo interior productivo.

5. ¿Qué piensa usted? ¿Qué piensa el grupo?

   a. ¿Usó usted algún diálogo interior autoderrotante que no corrigió?

   b. ¿Se desvió usted eficazmente del diálogo interior autoderrotante al más productivo?

Sesión 15
Integración de conocimientos

Materiales

Control semanal
"El diálogo interior de José"
"¡Cambio!" (de la sesión 14)

Meta

Ensayar e integrar los conocimientos aprendidos en la sección de autoadministración.

Objetivos

1. Revise el control semanal.
2. Repase "El diálogo interior de José".
3. Practique "¡Cambio!" (con la mitad de los miembros del grupo).

Programa

1. Repase el material llamado "El diálogo interior de José". Use la discusión provocada por este material para ofrecer más información sobre cómo el "mal rollo" puede generar acciones destructivas.
2. Pida que un voluntario escoja una situación que provoque estrés para practicar los nuevos conocimientos. Guíe a los miembros a través de los pasos de "Cambio" (como se presentan en la sesión 14).

El diálogo interior de José

☞ Materiales de clase

"Yo soy José. En julio pasado, mi esposa y yo tuvimos una discusión por problemas de dinero. Parece que siempre estamos uno sobre el otro por las cuentas que hay que pagar. Ella no me muestra ningún respeto. En fin, ella estaba fastidiando con que no teníamos dinero y siempre estamos sin un quinto. Siguió alegando y gritando hasta que no pude más, así que le dije que mejor se callara. Siguió gritando, así que la agarré y le dije que se callara o ya iba a ver. Al día siguiente recibí una orden de la corte y el juez dijo que yo tenía que ver a un consejero y venir a estas reuniones, así que aquí estoy. A veces me aloco cuando ella me hace enojar, pero no me pongo realmente violento. O sea, yo no creo ser un golpeador o algo así. Le he dado algunas bofetadas a veces cuando he estado tomando, pero sólo cuando he tomado".

He aquí la forma en que José mantiene su diálogo y lógica interiores.

- "Ella estaba discutiendo y gritando."
- "Así que yo tenía que decirle que se callara."
- "Ella sigue fastidiándome."
- "Así que yo tenía que agarrarla y amenazarla."

La historia de José nos dice mucho de su diálogo interior. He aquí algunas formas de diálogo interior que probablemente lo lleven a estas actitudes y conductas:

- "Tengo derecho a hacerla callar cuando dice cosas que no quiero oír."
- "Si le digo que no haga algo y ella lo sigue haciendo, puedo usar la fuerza para que deje de hacer lo que le dije."
- "Si le he dicho que haga algo una o dos veces o más y no lo hace, me está forzando a pegarle."
- "Si le pego, en parte es culpa de ella."
- "No tenía otra alternativa que fuera aceptable para mí."

¿Qué piensa usted? ¿Reconoce algo de este diálogo interior en usted? ¿Se da cuenta de cómo este diálogo prepara el terreno para la conducta agresiva y abusiva?

PARTE 5

DERECHOS HUMANOS Y MASCULINIDAD

Trampas de la masculinidad I

Materiales

Control semanal
"Las trampas de la masculinidad"

Meta

Aumentar la conciencia de cómo el diálogo interior sobre "ser un hombre" puede resultar destructivo y llevar a un comportamiento violento.

Objetivos

1. Revisen el control semanal y la tarea.
2. Comenten el concepto del diálogo interior y las trampas de la masculinidad.
3. Presenten ejemplos de trampas de la masculinidad.
4. Repasen "Las trampas de la masculinidad" y sométanlas a discusión de grupo.
5. Comenten formas acerca de cómo se alienta o prepara a los hombres a ser violentos.
6. Asignen tareas.

Programa

1. Explicar que los hombres participan de cierto tipo de diálogo interno en función de los papeles "masculinos" que la sociedad les ha asignado. Los papeles primarios, llamados "trampas de la masculinidad", son creencias: a) nosotros tenemos que mandar, b) debemos ganar siempre, y c) debemos permanecer siempre serenos y no mostrar nuestros sentimientos.
2. Revisar los materiales de clase "Las trampas de la masculinidad". Animar la plática usando las siguientes preguntas:

   • ¿Cómo se le incitó a ser competitivo, "macho" y agresivo?
   • ¿Cómo se le animó a ser "macho"?

- ¿Cuándo sabe que es usted un hombre de verdad?
- ¿Qué diferencias de educación recibieron los niños y las niñas en su familia?

Tarea

Al revisar el diálogo interior que representan las trampas de la masculinidad, escriba sus respuestas a las siguientes preguntas:

1. ¿Cuáles de estas creencias reconoce usted en sí mismo?
2. ¿Querría usted que su hijo creciera con estas creencias? ¿Por qué sí o no?
3. ¿Cómo sufren los hombres cuando se sienten obligados a mantener estas creencias?
4. ¿Ha tenido familiares o amigos que piensan así? ¿Cómo han influido en usted?
5. ¿Qué le quiere decir al grupo acerca de las experiencias del machismo en su vida?

Trampas de la masculinidad*

 Materiales de clase

¿Qué aprendió sobre la masculinidad?

- ¿Cómo se le animó a ser competitivo, "macho" y agresivo?
- ¿Qué han opinado en el pasado sobre la pornografía violenta?
- ¿Cómo se le animó a ser "macho"?
- ¿Cuándo sabe que es usted un hombre de verdad?
- ¿Qué diferencias de educación recibieron los niños y las niñas en su familia?

Creencias que mantienen las trampas de la masculinidad

"No debo mostrar mis sentimientos. Siempre hay que ser macho."

- "Nunca hay que mostrar debilidad."
- "Nunca hay que hacer nada que parezca 'femenino'."
- "Siempre hay que mandar y tener el control."

"Siempre tengo que salir ganando."

- "Ganar siempre lo es todo."
- "Siempre debo sobresalir en todo."
- "Nunca hay que 'sacarle' a un pleito."
- "Siempre hay que ganar las discusiones."
- "Hay que sobresalir criticando las fallas ajenas."
- "Los hombres de verdad resuelven sus problemas por la fuerza."

"Las cosas que tengo y mis éxitos son la medida de lo que valgo y de quien soy."

- "Mi valía se ve en el cheque de mi sueldo."
- "Mi carro, mi ropa y mi casa son prueba de qué tipo de hombre soy yo."

---

* Adaptado con permiso de Daniel G. Saunders.

Trampas de la masculinidad II

Materiales

Control semanal
"Los hombres tienen que…"
"Mis derechos como hombre"
Citas de la semana

Meta

Aumentar la conciencia de cómo el diálogo interior acerca de "ser hombre" puede ser destructivo, y ayudar a desarrollar nuevas opciones.

Objetivos

1. Revisar el control semanal.
2. Revisar la tarea.
3. Guiar a los miembros del grupo por el ejercicio escrito "Los hombres tienen que…"
4. Discutir sus respuestas.
5. Revisar "Mis derechos como hombre".
6. Discutir las citas acerca del machismo.

Programa

1. Denles tiempo de llenar la hoja "Los hombres tienen que…" y luego discutan sus respuestas.
2. Revisen "Mis derechos como hombre". Discutan maneras en que puede sentirse uno amenazado cuando se trate de abandonar el diálogo interior del machismo.
3. Repasen las citas del día sobre el machismo e investiguen si están de acuerdo o no con sus experiencias como hombres.

Los hombres tienen que...

 **Materiales de clase**

1. Los hombres tienen que ser...

_____

_____

_____

_____

2. Los hombres tienen que hacer...

_____

_____

_____

_____

3. Los hombres tienen que tener...

_____

_____

_____

_____

4. Los hombres no tienen que...

_____

_____

_____

_____

Mis derechos como hombre*

☞ Materiales de clase

1. Como hombre, tengo el derecho a manifestar mis emociones y expresar mis temores.
2. Como hombre, tengo el derecho a cambiar y el derecho a escoger en qué dirección voy a hacerlo.
3. Como hombre, puedo pedir ayuda cuando crea que la necesite, y ofrecer ayuda cuando crea que la necesiten los demás.
4. Como hombre, tengo el derecho a pedir lo que quiero y la sabiduría de reconocer que no siempre lo puedo obtener.
5. Como hombre, tengo el derecho a decir a los demás cuándo no puedo cumplir con lo que esperan de mí.
6. Como hombre, tengo el derecho a considerar nuevas maneras de pensar, actuar y relacionarme con los demás.
7. Como hombre, no estoy obligado a cumplir con los estereotipos que me dicen cómo "tengo que" ser.
8. Como hombre, tengo el derecho a reconocer mis frustraciones, decepciones y ansiedades.
9. Como hombre, puedo optar por ser responsable por mis acciones y no dejar que la conducta ajena me presione a tomar decisiones que no quisiera.
10. Como hombre, tengo el derecho a demostrar mi fuerza, optando por no golpear a la persona que me hace enojar.

---

* Adaptado con permiso de Wachter y Boyd, 1982.

El machismo

Cita 1

De mi padre aprendí que hay que pegarle a la mujer para enseñarle que uno es hombre, que uno manda en la casa. Y que hay que tener más mujeres, después de la esposa... No hay una convivencia con la pareja. El machismo, nomás, la orden que uno da, nomás. Tráeme eso, dame lo otro, hazme de comer. Nunca atiende a los niños. Mi padre dice: "Mira el vecino que llevó el maíz a moler al molino. ¡Qué tonto! Parece que no tiene mujer". Pero creo yo: qué tonto él, que piensa así. Porque el otro sí quiere a su esposa. *Rogelio*

Cita 2

En aquellos años el hombre creía, hasta yo lo creía en aquellos tiempos, que la mujer era como un objeto, como algo de la propiedad de uno. Yo me casaba con aquella mujer y esa mujer tenía que hacer lo que yo le decía. Y si no me obedecía, yo tenía el derecho a pegarle y nadie podía hacer nada. Porque no sabía uno, no se daba cuenta... Pero gracias a Dios ahora sé, ya sé que la mujer es una compañera, no un objeto que sea de uno, ¿verdad? *Gregorio*

Cita 3

Mi papá dijo que él era el que mandaba. Como él era el que daba el dinero y pagaba donde vivíamos, con su privilegio, él era el rey, el que mandaba allí, y mi mamá... haz esto, traeme eso, hazme esto de comer... Sí, era con esta mentalidad que yo era el que mandaba en mi casa. *Juan*

---

1. ¿Qué opina de la idea de que el hombre debe mandar en casa?
2. ¿De joven recibió usted alguna orientación de cómo llevar una relación?

3. ¿Qué le parece el comentario de Rogelio acerca del hombre que ayuda a su esposa?

4. ¿Cree que la idea de que la esposa tiene que obedecer al esposo existe todavía en la mente de la gente? ¿Qué opina usted de ella?

5. ¿Cuál es la diferencia, en su opinión, entre la mujer como objeto y la mujer como compañera?

Derechos humanos

Materiales

Control semanal
"¿Qué es la violencia familiar?" de la Comisión Nacional de los Derechos Humanos de México

Meta

Estar consciente de los derechos humanos según el punto de vista actual de un país latinoamericano. Darse cuenta de que la violencia familiar ya no es tratada como un acontecimiento privado en la ley de muchos países. Aprender a identificar una vez más los rasgos de la violencia familiar.

Objetivos

1. Revisar el control semanal.
2. Revisar la tarea sobre el machismo y discutirla a fondo.
3. Revisar "¿Qué es la violencia familiar?"

Programa

1. Discutan a fondo las respuestas generadas por las citas acerca del machismo de la semana pasada. Enfóquense en las opiniones diversas y utilícenlas como palanca para la discusión sobre los derechos humanos y el respeto.
2. Tomen turnos leyendo el material de la Comisión Nacional de los Derechos Humanos de México, y discútanlo en detalle para que cada hombre tenga la oportunidad de revisar sus ideas y de darse cuenta de cuánto ha ido cambiando la mentalidad en su país de origen (si es mexicano). Mientras los estén poniendo al tanto de los derechos humanos, no se asombren si encuentran resistencia de parte de un gran número de participantes. Esto es normal, ya que se les exige un cambio profundo de punto de vista; este tema puede amenazar la identidad central de muchos clientes. Pueden ver esta sesión como una siembra de semillas que darán fruto a su tiempo.

3. Es probable que no terminen esta discusión en una sesión. Si hay mucho interés, pueden distribuir el material a través de dos sesiones o más, si hay tiempo. Este material es de suma importancia.

4. Asignen la tarea y avisen a los participantes que se discutirá a fondo en el próximo grupo. Anímenlos a discutir este material con su pareja, sus familiares y sus compañeros de trabajo durante la semana.

Tarea

1. Termine de leer cualquier párrafo que no llegaron a discutir durante la clase.

2. Comente con un mínimo de tres frases escritas lo que usted opina del último párrafo, que empieza "La violencia es un círculo vicioso..."

Los derechos humanos y la violencia intrafamiliar

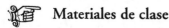 **Materiales de clase**

¿Qué dice la Comisión Nacional de Derechos Humanos de México?*

1. ¿Qué es la violencia intrafamiliar y cómo contrarrestarla?

La violencia, como fenómeno social, está indisolublemente ligada a la falta de respeto a los derechos humanos, ya sea que provenga de particulares o de los órganos de poder del Estado.

"Todos los seres humanos nacemos libres e iguales en dignidad".

Este principio ha sido aceptado por los Estados en la Declaración Universal de los Derechos Humanos. Por lo tanto, aunque las personas tenemos diferencias a causa de factores como la edad y el sexo, ninguno de nosotros es inferior, ni siquiera cuando debido a esas diferencias sea el más débil o vulnerable.

2. ¿Qué es la igualdad en la familia?

Es la obligación de todos los miembros de una familia a tratarse con respeto.

Es cierto que quienes integran una familia son distintos entre sí ya que pueden tener mayor o menor fuerza física, ser adultos o menores de edad, pertenecer a sexos diferentes y desempeñar trabajos muy diversos, unos en la escuela, otros en el hogar y algunos más en un empleo. Una diferencia importante es que los padres tienen autoridad sobre los hijos.

Pero que los miembros de una familia sean distintos entre sí no quiere decir que unos sean superiores a otros, porque todas las personas son iguales en dignidad. Vivir de acuerdo con esa dignidad es, entre otras cosas, estar en paz, es decir, vivir sin miedo, sentirse en confianza para expresarse, saber que se cuenta con alguien que da cuidados y afecto. Por eso, nadie dentro de la familia puede tratar de manera indigna a los demás.

3. ¿Cómo reconocer la violencia intrafamiliar?

Cuando alguno de los miembros de la familia, abusando de su fuerza, su autoridad o de cualquier otro poder que tenga, violenta la tranquilidad de uno o varios de los miembros de la familia, comete violencia intrafamiliar.

---

* © La Comisión Nacional de Derechos Humanos, México, 2002, cndh.org.mx/ Citado con el permiso de la Comisión.

4. La tranquilidad de las personas puede ser violentada mediante:

- Agresiones físicas, como golpes, cortadas, tocamientos lascivos y actos sexuales forzados.
- Agresiones verbales, como insultos, ofensas, descalificaciones, humillaciones y amenazas.
- Abandono, que consiste en no dar los cuidados que requiere cada miembro de la familia por su condición, o en no dar afecto.
- Cualquier otra conducta que cause daño físico o emocional.

    Esas agresiones, abandono u otras conductas dañinas pueden ser graves y, por lo tanto, fáciles de identificar; también se presentan como leves y aparentemente poco dañinas, pero constantes y por eso infaliblemente destructoras de la persona.

5. Éstas son las manifestaciones más frecuentes de la violencia intrafamiliar en nuestro medio:

- La mujer es golpeada, violada, insultada, amenazada, ignorada o menospreciada por parte de su compañero, o se golpean, insultan, amenazan, ignoran o menosprecian uno al otro.
- Los niños, los ancianos o los discapacitados son golpeados, insultados, amenazados o humillados.
- Otros familiares golpean, insultan, amenazan o humillan a la mujer, los niños, los ancianos o los discapacitados.
- Alguno de los miembros de la familia obliga a otro u otros a tener prácticas sexuales que no desea.

6. ¿Qué consecuencias tiene la violencia intrafamiliar?

    Las personas que sufren violencia, frecuentemente ven disminuida su autoestima, su capacidad para relacionarse con los demás y su creatividad.

    Particularmente, los niños sufren, se vuelven tristes y agresivos, no pueden asumir responsabilidades dentro de la familia o en la escuela, dejan de asearse, estudiar y ser respetuosos, y se refugian en amistades que asumen conductas viciosas y reprobadas por la ley, como el alcoholismo, la drogadicción y la delincuencia. Además, se van convirtiendo en los futuros agresores de sus hijos.

    Los agresores se sienten culpables, aunque no siempre estén conscientes de ello.

7. ¿Cómo es una familia libre de violencia?

De acuerdo con las leyes mexicanas y los tratados internacionales suscritos por nuestro país, toda persona tiene derecho, como integrante de su familia, a:

- Que le respeten su integridad física, esto es, que no le sean producidas lesiones de ningún tipo, por leves que parezcan, sus creencias y costumbres, sus propiedades, su intimidad y tiempos de trabajo, de diversión y de esparcimiento, la buena imagen que tiene de sí misma y la que de ella tienen los demás.

- Que se le escuche y trate con el mismo respeto que a cualquier otro miembro de la familia, atendiendo a las necesidades especiales que implique su condición (de mujer, niño, anciano o discapacitado).

- Que se le permita decidir libremente sobre su sexualidad y, por tanto, no se le obligue a llevar a cabo prácticas sexuales que no desee.

- Que se le permita realizar las actividades que elija para incrementar su educación y lograr su superación personal.

- Que se le permita dedicarse al trabajo lícito que prefiera.

- Que se le permita manifestar sus ideas, opiniones y gustos en público o en privado, en forma oral o escrita, sin que se le humille, ridiculice o calle violentamente.

- Que se le permita dirigirse a las autoridades cuando considere necesaria su intervención en algún asunto.

- Que se le permita tener ideas políticas propias y afiliarse al partido de su preferencia.

- Que se le permita elegir libremente sus amistades y convivir con ellas y con sus familiares.

- Las mujeres y los hombres tienen el deber de relacionarse sin violencia y de compartir las decisiones que se refieran al grupo familiar; unas y otros tienen igual derecho a decidir sobre el número y el momento de tener a sus hijos y la forma de educarlos.

- Las mujeres y sus bebés tienen derecho a ser tratados con el cuidado especial que requieran durante el embarazo.

- Una familia en la que todos sus miembros pueden disfrutar de sus derechos, sin que ello provoque una reacción agresiva de otro u otros, es una familia libre de violencia.

8. ¿Cómo buscar una vida familiar libre de violencia?

Cuando alguna persona sienta que vive, en su familia, relaciones de violencia, debe solicitar ayuda.

Buscar ayuda no denota falta de cariño hacia el agresor o deslealtad con la familia. Además, ser víctima de la violencia no es motivo de vergüenza. Es indispensable que los más débiles de la familia (mujeres, niños, ancianos, discapacitados), quienes son las víctimas más frecuentes, acudan a las autoridades correspondientes cuando estén siendo maltratados.

La violencia es un círculo vicioso que produce infelicidad no sólo a las víctimas, sino también a los agresores. Es importante que éstos sepan que pueden dejar de ser violentos si solicitan ayuda especializada y, con ello, mejorar la calidad de vida de su familia.

Derechos de la mujer

Materiales

Control semanal
"Los derechos de la mujer" de la Comisión Nacional de los Derechos
Humanos de México
Citas de la semana

Meta

Estar consciente de los derechos de la mujer según el punto de vista actual
de un país latinoamericano. Darse cuenta de que el concepto de la igualdad de género se acepta cada vez más en todo el mundo. Darse cuenta de
los cambios que se están dando y de cómo esto afecta a los miembros del
grupo y a sus familiares.

Objetivos

1. Revisar el control semanal.
2. Revisar la tarea.
3. Revisar "Los derechos de la mujer".
4. Revisar las citas sobre los derechos de la mujer.
5. Asignar la tarea.

Programa

1. Discutan a fondo las respuestas que, en la última sesión, los miembros del grupo dieron a la tarea acerca del círculo vicioso de la violencia.
2. Establezcan un turno para leer el material de la Comisión Nacional
   de los Derechos Humanos de México sobre los derechos de la mujer. Céntrese en los conceptos del respeto y de la igualdad. Asegúrense de definir estas dos palabras para los miembros del grupo.
   Denles oportunidad de expresarse negativamente si así lo quieren,
   para iniciar una conversación más a fondo sobre el material. Utilicen los aportes de los miembros más avanzados del grupo para sub-

rayar estos conceptos, que para muchos hombres serán difíciles de entender.

3. Revisen las citas sobre el papel de la mujer. Denles oportunidad de contestar por lo menos las primeras dos preguntas durante la sesión, para que se genere una discusión sobre la idea de que la mujer puede trabajar fuera del hogar (o no), y del sufrimiento que la discriminación por parte de los hombres y de la sociedad les ha causado a muchas mujeres en todo el mundo.

4. Asignen la tarea de responder al resto de las preguntas y avisen a los participantes que se discutirá a fondo en el próximo grupo. Anímenlos a discutir este material con su pareja, sus familiares y sus compañeros del trabajo durante la semana.

Tarea

1. Revise las lecturas que se leyeron en la sesión de hoy.
2. Conteste las preguntas en "Comentarios sobre el papel de la mujer".

Los derechos de la mujer*

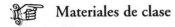 **Materiales de clase**

¿Qué dice la Comisión Nacional de Derechos Humanos de México acerca de los derechos de la mujer?*

La Comisión Nacional de Derechos Humanos tiene como uno de sus objetivos difundir mensajes orientados a modificar los patrones culturales que reproducen conductas de violencia y maltrato.

Las mujeres y los hombres somos diferentes y tenemos capacidades y necesidades distintas. Pero *ser diferente no quiere decir ser inferior*, ni siquiera cuando, a causa de la diferencia, se es más débil o vulnerable.

Cuando una persona daña a otra aprovechándose de que, debido a una diferencia, tiene el poder o un privilegio determinado, comete un abuso y puede estar incurriendo en un delito.

En nuestra sociedad predomina una cultura discriminatoria de lo femenino, y con frecuencia los hombres –esposos, hijos, jefes– abusan del poder que les da su fuerza o su autoridad y causan daños patrimoniales, psicológicos o físicos a las mujeres y a los niños que conviven con ellos.

También con frecuencia las autoridades no atienden debidamente a las mujeres que acuden a denunciar un delito o a demandar un derecho, a pesar de que nuestra Constitución dice expresamente que *las mujeres y los hombres somos iguales ante la ley, la cual ha de proteger a la familia.*

*Definiciones***

> **Respeto:** consideración que se guarda a alguien o a algo; atención que se tiene en el trato.
>
> **Igualdad:** cualidad de igual; principio jurídico que admite la capacidad de todos los ciudadanos para disfrutar de los mismos derechos.

---

* © La Comisión Nacional de Derechos Humanos, México, 2002, cndh.org.mx, citado con permiso de la Comisión.

** *Grijalbo Diccionario enciclopédico*, Ediciones Grijalbo, Barcelona, 1994.

> *Las mujeres merecen el respeto de sus parejas, de sus hijos y de los demás miembros de la familia y de la sociedad.*
>
> *En la familia, las mujeres han de ser respetadas, cuidadas y tomadas en cuenta de la misma manera que los hombres.*

Esto quiere decir que tienen derecho a:

- Tomar libremente decisiones que afectan su vida sobre, por ejemplo, su trabajo, el número y espaciamiento de sus hijos, sus estudios y el uso de su tiempo libre.
- Tratar en paz los asuntos que interesen a ambos miembros de la pareja para procurar que las decisiones relativas a ellos sean tomadas de común acuerdo.
- Compartir por igual, con su pareja, las responsabilidades familiares, como las que se refieren a la crianza de los hijos, a los gastos y los cuidados que éstos necesitan.
- Expresar sus opiniones y necesidades físicas, emocionales, intelectuales y sexuales, para que sean consideradas igualmente importantes y sean satisfechas de la misma forma que las de su pareja.
- Ser respetadas física, sexual y psicológicamente: no ser humilladas, ridiculizadas o menospreciadas en público ni en la intimidad.

> *Las mujeres deben defenderse de las agresiones y defender de ellas a sus hijos. Han de denunciar esas agresiones ante las autoridades y exigir a éstas protección y justicia.*

Comentarios sobre el papel de la mujer

Cita 1

¿Qué es lo que se esperaba de la mujer en mi casa? La casa, el hogar... Atender a los hijos... la casa... Siempre tener lista la comida de los abuelitos, o la mujer a su esposo. Primero su esposo y sus hijos, su hogar. Hasta ahorita, siempre lo vi, nunca hubo una mujer que trabajara, que dijera: "Yo voy a trabajar, yo voy a hacer esto". Mi padre y mis tíos siempre fueron, siento yo, suficientemente hombres para salir adelante, para ayudarle, darle todo lo que necesitaba a su esposa. *Blas*

Cita 2

Allá (en mi pueblo) no hacen nada para proteger a la mujer. Usted sabe que en México la mujer está muy tapada, no sabe que puede hablar a la policía ni nada... A la mujer de México, nomás cocinar, limpiar su casa y lavar la ropa, cuidar a los niños. Es todo. Nunca ve que "¡Ay, la llevó a cenar el marido ya! ¡Ay, que...!" No... Puro la mujer en la casa. El marido borracho... se va a trabajar nada más porque lo arriman. Él manda en su casa, va a hacer lo que quiera, nada más. *Ramón*

---

1. ¿Está de acuerdo con la opinión de Blas acerca de la mujer que trabaja fuera del hogar?
2. ¿Qué opina de la experiencia de Ramón?
3. ¿Cómo se esperaba que se portara su mamá en su casa cuando usted era niño?
4. Siendo niño, ¿estaba usted de acuerdo en la manera como su mamá era tratada en su casa?
5. ¿Cómo cree que el papel de la mujer en su país ha cambiado durante el curso de su vida?
6. ¿Qué opina de los cambios entre los géneros (hombres y mujeres) que se están viendo en la sociedad latinoamericana?

Sesión 20
La discriminación

Materiales

> Control semanal
> Citas de la semana
> "¿Qué derechos tienen los inmigrantes?"
> "¿Qué tipo de dificultades sufren los que emigran a Estados Unidos?"
> "¿Y nosotros? ¿Discriminamos a alguien?"

Meta

Desahogarse en el grupo de las penas y angustias que hayan sufrido como inmigrantes discriminados en Estados Unidos. Explorar con los miembros del grupo si esto les ha causado más conflictos internos y en la relación con su pareja. Vincular su experiencia de la discriminación con la discriminación hacia las mujeres.

Objetivos

1. Revisar el control semanal.
2. Revisar la tarea.
3. Repasar las citas de la semana.
4. Repasar "¿Qué derechos tienen los inmigrantes?"
5. Repasar y discutir "¿Qué tipo de dificultades sufren los que emigran a Estados Unidos?"
6. Repasar y discutir "¿Y nosotros? ¿Discriminamos a alguien?"
7. Asignar la tarea.

Programa

1. Revisar las definiciones, las citas acerca de la discriminación y el material "¿Qué derechos tienen los inmigrantes?", y discútanlas brevemente. Se entrará más a fondo en el tema con el material que sigue.
2. Repasen la hoja "¿Qué tipo de dificultades sufren los que emigran a Estados Unidos?" Hagan hincapié en que no todos tienen estas experiencias, aunque es probable que todos se sientan amenazados por

lo mismo. Pueden abordar el tema de cómo la discriminación afecta o puede afectar a sus parejas y especialmente a sus hijos. Dejen que se desahoguen en esta sesión y traten ustedes, los facilitadores, de moderar su tendencia como ciudadanos estadounidenses (si lo son) a adoptar una actitud defensiva. Aunque es difícil tolerar los comentarios negativos de personas de otro país y escuchar sus historias dolorosas acerca de la discriminación en "el país de la libertad", es necesario hacerlo para entender su punto de vista y promover la empatía y para lograr el impacto deseado en la próxima etapa de esta sesión. El material citado es un ejemplo entre muchos que se podrían usar y sirve sólo para estimular la discusión. Es más importante escuchar sus ejemplos que terminar toda esta hoja.

3. Su actitud de tolerancia en la discusión que acaban de tener les ayudará cuando empiecen a discutir el material "¿Y nosotros? ¿Discriminamos a alguien?" Primero expliquen qué grupos experimentan la discriminación en esta nación. Pueden añadir otros grupos que ellos mencionen. Sin embargo, esta sesión no es la adecuada para hacer una digresión larga respecto del tema de la discriminación religiosa, étnica o sexual. Este curso no pretende cubrir tantos temas, salvo de pasada. El objetivo más importante en la discusión de este material es la comparación de su experiencia de la discriminación con la experiencia de la discriminación de las mujeres en general y de las mujeres latinas en específico, quienes experimentan, además de la discriminación de género, la discriminación étnica. Se espera que la asimilación del material sobre los derechos humanos sea la base que posibilite no sólo la discusión sobre la tolerancia en general, sino además el reconocimiento por parte de los miembros del grupo de que también ellos han practicado la discriminación en el pasado, quizá sin darse cuenta de ello. La admisión (breve) por parte de los terapeutas de problemas que ellos hayan experimentado con la discriminación en su vida, al dar o al recibirla, podrá abrir el camino a la discusión con los participantes.

Tarea

1. Conteste las preguntas en el material "¿Y nosotros? ¿Discriminamos a alguien?"

Citas sobre la discriminación

Cita 1

Aquí viene uno buscando trabajo, buscando mejor futuro para los hijos, para la familia, y tiene que aguantar cosas. Uno es más impulsivo cuando es más joven. No puede uno dejar que le digan nada, porque "Eh, ¿qué te pasa? ¿Quieres problemas?" Todo eso pasa porque todavía nada más es uno, pero ya la familia, ya piensa uno que hasta un cierto punto tiene que aguantarse. En mi caso personal, uno puede quejarse con personal, con el mánager, pero no lo hace, porque uno no es soplón, segundo porque no hacen caso, y tercero porque se gana uno enemistades. Entonces dice uno: "Bueno, me quedo callado, y si me sigue molestando la gente entonces tengo que abrir la boca". Pero mientras, se deja uno que entra de allá para acá y de acá para allá. Pero a veces cuando me dice alguien algo, a veces me pongo a pensar: "¿Será cierto? ¿Es verdad eso?" Pero no es más que un momento, después ya uno dice: "Ay... no tienen ningún poder". *Lucio*

Cita 2

Hablamos una vez de la discriminación contra las mujeres en el grupo. Me acuerdo de que ésa era una de las cosas que yo me puse a pensar y me dije: "Pero ¿por qué hacemos eso con ellas? No tiene sentido. Ellas tienen los mismos sentimientos que cualquiera de nosotros los hombres. Y yo traté después de esa tarde de darle más apoyo a ella, más respeto porque... así como yo lo siento, ella misma lo siente. *Blas*

¿Qué derechos tienen los inmigrantes?

Materiales de clase

Definiciones*

Discriminación. Maltratar o negar los derechos a una persona o a un grupo de personas sobre la base de su raza, grupo étnico, edad, género, clase social, religión, orientación sexual, creencia política, incapacidad física, etcétera.

Grupo étnico. La cultura, religión, nación o tribu de las que viene una persona o un grupo de personas.

Género. Se refiere al sexo, es decir, si una persona es hombre o mujer.

> El respeto al derecho ajeno es la paz.
>
> *Benito Juárez (1806-1872), presidente de México.*

Derechos de los inmigrantes

> Los inmigrantes, como todos los demás, tienen el derecho a no ser discriminados por su origen nacional, raza, sexo, edad, grupo étnico o incapacidad física. Los trabajadores inmigrantes con permiso de trabajo también tienen el derecho a no ser discriminados por su estatus migratorio.
>
> *Washington Lawyer's Committee for Civil Rights and Urban Affairs.* **

> La dignidad personal constituye el fundamento de la igualdad de todos los hombres entre sí. De aquí que sean absolutamente inaceptables las más variadas formas de discriminación que, por desgracia, continúan dividiendo y humillando a la familia humana: desde las raciales y económicas a las sociales y culturales, desde las políticas a las geográficas, etcétera. Toda discriminación constituye una injusticia completamente intolerable, no tanto por las tensiones y conflictos que puede acarrear a la sociedad, cuanto por el deshonor que se inflige a la dignidad de la persona; y no sólo a la dignidad de quien es víctima de la injusticia, sino todavía más a la de quien comete la injusticia.
>
> *Los fieles laicos*, papa Juan Pablo II, 1988. ***

---

* *Diccionario enciclopédico*, Ediciones Grijalbo.
** www.washlaw.org/projects/Immigrants
*** www.vatican.va

¿Qué tipo de dificultades sufren los que emigran a Estados Unidos?*

 Materiales de clase

El reportaje del National Network for Immigrant and Refugee Rights (Red Nacional para los Derechos de los Inmigrantes y los Refugiados) hace constar que los inmigrantes en Estados Unidos afrontan una marea creciente de discriminación racial a causa del color de su piel, de su acento o de su nacionalidad. Además, los que son percibidos como inmigrantes, incluyendo las personas de color nacidas en Estados Unidos, están sujetos al doble golpe del racismo y la xenofobia (temor del extranjero).

Basándose en el testimonio recogido de inmigrantes en 20 ciudades por todo Estados Unidos, el reportaje describió que:

- Los inmigrantes siguen siendo el blanco del prejuicio racial por parte de los oficiales de la ley, como la policía.
- Los inmigrantes de color son frecuentemente las víctimas de los crímenes del odio.
- El racismo pone en peligro la vida y la salud de los inmigrantes.
- Los inmigrantes y los que son percibidos como inmigrantes a causa de su raza o grupo étnico siguen sufriendo la discriminación en el empleo.
- El estado de alta alerta del ejército y de la patrulla fronteriza en el sur de Estados Unidos ha resultado en un aumento de los abusos a los derechos humanos de los emigrantes y de la gente de color en el suroeste y en otras regiones de ese país.
- Los inmigrantes y refugiados sufren inequidad de trato por parte de los sistemas legales y criminales, y las normas de evidencia y castigo no son iguales a las de los ciudadanos.
- Los inmigrantes y refugiados forman la población con mayor crecimiento en las cárceles de Estados Unidos.

> Por lo tanto, se debe reconocer el derecho de todas las personas al desarrollo social y económico y a una comunidad sana y estable. Se reconoce que las sociedades incluyen varias culturas, razas y religiones, y se deben respetar los derechos humanos y la dignidad de todos.

---

* www.nnirr.org.projects/border

¿Y nosotros? ¿Discriminamos a alguien?*

☞ Materiales de clase

En todos los países y todas las comunidades del mundo se da el fenómeno del prejuicio y del racismo, y a veces se expresa en la discriminación en contra de las personas de otros grupos, de las personas que son diferentes de uno.

Sería raro encontrarse con una persona que no tuviera ningún prejuicio, que fuera tolerante con todas las personas y las tratara con el mismo respeto y dignidad. Ahora se está haciendo un esfuerzo por enseñar a los niños y jóvenes la importancia de tolerar y hasta de celebrar las diferencias entre las personas que nos rodean y de todo el mundo.

Pero, desafortunadamente, muchas personas son criadas en un hogar donde se escuchan con frecuencia insultos y comentarios despectivos en contra de algún grupo o grupos de gente. Ya sabemos que los ejemplos de los familiares de uno tienen más importancia para un niño que lo que le enseñan en la escuela.

¿Se dio usted cuenta, cuando era niño o joven, que en su casa se hacían comentarios despreciativos acerca de otras personas? Vea estos ejemplos:

- Razas diferentes
- Los indígenas (indios)
- Personas discapacitadas
- Otras religiones
- Homosexuales
- Las mujeres
- Los hombres
- Los ricos, los pobres, etcétera

Hoy discutimos mucho acerca de la discriminación y de cómo se siente uno cuando es el afectado por el prejuicio y la ignorancia de otro ser humano...

¿Cómo se ha sentido usted en estas situaciones de discriminación?

¿Cómo se sentiría si esto le pasara a uno de sus hijos o a su esposa?

¿Cómo cree que se sienta una mujer cuando la discriminan sólo porque es del sexo femenino?

¿Cree usted que se detendrá la próxima vez que esté por discriminar a su esposa porque es mujer?

¿Cómo se sentiría si algún otro hombre discriminara a su hija sólo porque es mujer?

---

* © Christauria Welland, Psy. D., 2002.

¿Qué cambia cuando se hacen inmigrantes en Estados Unidos?

Materiales

> Control semanal
> Citas de la semana
> "¿Qué cambia cuando se hacen inmigrantes en Estados Unidos?"

Meta

Estar consciente de los cambios que muchos inmigrantes afrontan cuando emigran de su país de origen a Estados Unidos, especialmente en sus relaciones íntimas. Buscar juntos la manera de comprender las dificultades que puedan tener, y de solucionarlas con sus propios cambios de actitud y sus nuevas habilidades.

Objetivos

1. Revisar el control semanal.
2. Revisar la tarea.
3. Repasar las citas de la semana.
4. Repasar y discutir "¿Qué cambia cuando se hacen inmigrantes en Estados Unidos?"
5. Asignar la tarea.

Programa

1. Discutan a fondo las respuestas que los miembros del grupo dieron a la tarea acerca de la discriminación, y hagan hincapié en sus respuestas acerca de la discriminación en contra de las mujeres en su vida. Esta discusión servirá como puente al tema de hoy, que son los cambios en los papeles de género cuando vienen a Estados Unidos para trabajar, vivir y convivir con la familia.

2. Repasen las citas de la semana, que servirán como introducción al tema de la aculturación y de los cambios en los papeles de género que se dan frecuentemente cuando una pareja se instala en Estados Unidos, o en cualquier país donde los papeles de género han cambiado más rápidamente que en el país de origen. Aquí también se

introduce el tema de las relaciones entre el inmigrante de primera generación (el que emigra de su país a Estados Unidos) y una mujer que quizá es del mismo grupo étnico pero que se crió y se educó en Estados Unidos. Esta combinación puede provocar a los inmigrantes muchas dificultades que no esperaban, porque todavía no se han dado cuenta de la diferencia entre los papeles de género.

3. Repasen las definiciones de las palabras clave de esta sesión, para que todos entiendan de qué se trata la discusión.

4. Revisen "¿Qué cambia cuando se hacen inmigrantes en Estados Unidos?" No se sorprendan si se suscita un asombroso acaloramiento en esta discusión. Muchos hombres se sienten muy amenazados por los cambios en los papeles de género y por los cambios en su misma pareja (Casas *et al.*, 1994). Si son machistas, puede ser que se sientan atacados en su misma identidad y, por lo tanto, pueden experimentar una fuerte desorganización de su sentido del yo. La pareja, que antes era un autoobjeto indispensable, ahora se está separando de ellos y de su dependencia total de ellos. Pueden sentir que ya no tienen ningún valor y que el sentido de su vida ha desaparecido. Hay que darles permiso de expresar lo que sienten, evitando que insulten a las mujeres o que generalicen de un ejemplo a todas. Como en las sesiones pasadas, utilicen los aportes de los miembros más avanzados del grupo para apoyar a sus compañeros y compartir sus experiencias, tanto las difíciles como las exitosas.

5. Que hagan la primera parte de la tarea con el grupo, para que tengan el apoyo y el conocimiento de los miembros más avanzados.

6. Que hagan el resto de la tarea en casa. Pueden invitarlos a discutir calmadamente el tema con su pareja si están juntos y llevándose mejor. Esto les puede ayudar mucho a descubrir un poco su vulnerabilidad a su pareja y a entenderla. Prevengan a los participantes de que este tema se presta mucho a la conversación negativa con los compañeros de trabajo, familiares masculinos, etcétera.

Tarea

1. Piense en los ejemplos de las citas y describa alguna situación parecida que le haya pasado en su matrimonio o relación. Esté preparado para compartirla con el grupo.

---

2. ¿Qué cambios tendrían que producirse en usted para acomodarse mejor a su nueva situación como inmigrante? Anote por lo menos tres cambios.

_____

_____

_____

3. ¿Cómo se siente al reconocer que para estar bien en su nuevo país y en su familia tendrá que cambiar por lo menos un poco su forma de ser? Nombre las emociones que siente.
Me siento:

_____

_____

_____

Citas sobre la inmigración:

Cita 1

La mujer de México ahora viene a Estados Unidos y se vuelve liberalista; como que se siente motivada nomás porque vino aquí. Llega la mujer aquí y empieza: "¡Aquí no estamos en México! Aquí yo voy a hacer esto…" Y el marido, como trae su costumbre de que "yo mando", de que "yo soy el jefe", entonces aquí vienen los problemas. Ella le quiere quitar el control aquí. Dice: "Aquí yo puedo" y "¡Vas a ver!" Y entonces el marido se enoja y empiezan las discusiones. *Hilario*

Cita 2

No creo que todas las mujeres mexicanas cambien. Pero en la clase yo he oído a muchas personas que dicen: "Desde que yo inmigré, mi mujer cambió totalmente. No era la mujer que yo conocí cuando vivíamos en México. Nomás agarró sus papeles y "me vale madre". Hablan mucho de eso, sobre los cambios de una mujer. Dicen: "Mi mujer cuando vivía en Tijuana era muy buena, pero nomás agarró sus papeles y cambió totalmente… su modo de ser, su modo de pensar. Antes me hacía caso en todo, no tenía problemas. Ahora que vive aquí no sé qué hacer". *Ignacio*

Definiciones*

👉 Materiales de clase

Emigración/migración. Es el acto de abandonar su lugar normal de residencia, con consecuencias importantes y una cierta duración. Normalmente ocurre por razones socioeconómicas.

Migrante. Se llama así a la persona que deja su lugar de origen, especialmente por razones económicas, para instalarse en otro. Puede ser dentro o fuera de su país y con duración temporal o permanente.

Inmigración. Acción de llegar a un país o zona ajena para vivir en él, especialmente por razones económicas.

Inmigrante. Se llama así a la persona que inmigra o ha inmigrado.

Papel de género. Es lo que enseñan la cultura, la sociedad y la familia acerca de lo que se espera de los hombres y de las mujeres según su género (sexo). Puede incluir: tipo de trabajo, tareas en la casa y la familia, maneras de educar a los hijos, expectativas sexuales, cómo expresar los sentimientos, etcétera. Abarca muchos puntos de vista y conductas esperadas no sólo de los demás, sino también de uno mismo.

Aculturación. Es el proceso de acomodarse a la cultura a la que se ha inmigrado, aceptando las costumbres, creencias y conductas que le hacen más fácil la vida en el nuevo país.

Asimilación. Es el hecho de hacer propios la nueva cultura y el nuevo idioma, excluyendo, olvidando o hasta despreciando la cultura de origen, es decir, la de sus padres o antepasados.

Marginalización. Aferrarse a la cultura de origen, excluyendo cualquier interacción con la cultura a la que se ha inmigrado. Se trata de un rechazo de la nueva cultura.

Biculturalismo. Sentirse cómodo y tener las habilidades necesarias para convivir y tener éxito en dos culturas, por ejemplo: la mexicana y la estadounidense. Se supone que las personas biculturales hablan bien el inglés y el español, y entienden las creencias, valores y conductas sociales de ambas culturas.

---

* Del *Diccionario Grijalbo* y Christauria Welland. Se usó el modelo transcultural del doctor John Berry, para algunas de estas definiciones.

¿Qué cambia cuando se hacen inmigrantes en Estados Unidos?

☞ Materiales de clase

La mayoría de inmigrantes a Estados Unidos encuentran que, a fin de cuentas, la realidad de la inmigración ha sido positiva para ellos y para sus familias. Han podido ofrecer un nivel de vida más alto y una educación mejor a sus hijos, lo que muchas veces les ha dado como padres la fuerza para enfrentarse con experiencias muy dolorosas, como encontrarse en un país y una cultura tan diferentes de los que antes conocían. Lo que funcionaba muy bien allá no funciona tan bien aquí.

Muchos de los que llegan a Estados Unidos con poco dinero y sin tener trabajo tienen que afrontar numerosos problemas, tales como:

- Estar separado de la esposa e hijos por meses o a veces por años.
- Tener un trabajo duro por poco pago.
- Vivir en barrios poco deseables donde hay crimen, pandillas y droga.
- Vivir y trabajar sin tener tiempo u oportunidad para estudiar inglés.
- Vivir indocumentados sin poder regularizarse por falta de programas.
- Vivir lejos de la familia extensa y a veces sentirse sin apoyo social.

Además, puede haber problemas cuando la mujer del inmigrante se acomoda a la cultura de Estados Unidos más rápido o más lento que él. Quizá ella encuentre trabajo sin dificultad, mientras que él no logra un trabajo fijo. A veces la mujer tiene más tiempo para estudiar inglés y aprende más que el hombre. O quizá ella haga amistades en la comunidad con más facilidad y se sienta más cómoda y apoyada, mientras que él va y viene del trabajo sin encontrar oportunidades sociales. O puede ser todo lo contrario. Lo importante es que no es como antes, y usted como inmigrante lucha por encontrar su lugar en la familia y en la sociedad.

Luego, según lo que usted aprendió, los hijos deben siempre respetar a su padre, pero ahora ellos tienen que actuar de traductor de usted cuando tiene que atender algún asunto, y a veces son muy irrespetuosos de su autoridad. ¡Está todo al revés! No es sorprendente que el inmigrante se sienta amenazado por todos estos cambios. Y muchas veces no sabe ni se da permiso de expresar sus preocupaciones a su pareja o a sus compañeros. Se siente solo y confundido y a veces se da cuenta de que su esposa quizá está actuando diferente; quiere o exige más libertad, quiere salir a trabajar, quiere salir con sus amigas, le contesta o le reta cuando usted toma alguna decisión para la familia.

No hace caso de lo que le pide y parece no importarle que usted sea el hombre de la casa.

¿Ahora qué? ¿Va a ser usted capaz de aceptar que está en una situación nueva y, por lo tanto, deberá acostumbrarse a la idea de cambiar un poco sus actitudes? Hay un hecho que no se puede discutir: ya no está en su barrio o en su pueblo; tendrá que decidir hasta qué punto quiere aceptar la cultura estadounidense, aferrarse a la cultura de su país o una mezcla de las dos. Y no olvidemos que sus hijos, si los tiene, están creciendo aquí y no puede evitar que crezcan influidos por la cultura de Estados Unidos.

¡Ha sido y va a ser difícil, pero sí se puede!

Los celos
y las malas interpretaciones

Materiales

Control semanal
"Los celos: domando al monstruo de los ojos verdes"
"Malas interpretaciones"

Meta

Ayudar a los miembros del grupo a entender las diferentes formas en que los celos pueden provocar conductas violentas.

Objetivos

1. Revisen el control semanal.
2. Presenten el concepto del diálogo interior y los celos.
3. Repasen el material llamado "Celos".
4. Escriban un resumen de las cuatro lecciones al fin del material de clase.
5. Comenten las experiencias sobre los celos.
6. Repasen "Malas interpretaciones".

Programa

1. Uno de los rasgos más fuertes y frecuentes de los hombres que golpean es el de los celos. A veces los celos están fundados en la realidad, y en ocasiones son una total fantasía que proviene de la inseguridad del hombre o de su consumo de alcohol o drogas. Los conocimientos adquiridos hasta ahora se pueden aplicar para conservar los celos en un nivel manejable. Debemos enseñar que los celos provienen de normas culturales.

2. Expliquen los puntos que se presentan en la primera parte de los materiales "Los celos: domando al monstruo del ojo verde".

   Los celos son una de esas emociones que nos pueden hacer nudos en el estómago rapidito. Un poco de celos es natural, especialmente cuando te-

memos perder a alguien cercano. Los celos se vuelven un problema cuan-do pasamos demasiado tiempo preocupados por la posibilidad de perder a alguien amado, cuando dejamos que los celos crezcan y tratamos de controlar a otros por medio de la agresión, o cuando sofocamos una re-lación al imponer restricciones a nuestra pareja.

3. Lea las historias de los materiales de clase. Escriba un resumen de las cuatro lecciones al final de los materiales en la pizarra.

Preguntas para discusión:

- ¿Ha tenido pensamientos o sentimientos similares a los persona-jes de las historias?
- ¿Qué ha encontrado que le sirva para reducir los celos?
- ¿Qué tipo de diálogo interior puede usted usar para combatir los celos?
- ¿Cómo podría, con respeto, pedir a su pareja que se comprometa a efectuar cambios que reduzcan los celos?

3. Repasen "Malas interpretaciones". Comente la amplia gama de au-tocomunicación posible en respuesta a las imágenes y cómo, inevi-tablemente, le siguen diferentes conductas y resultados.

Tarea

1. Anote tres experiencias de celos que tenga en la próxima semana. És-tas pueden incluir lo que sea, desde algo serio (como ver a su pareja coquetear con otro hombre) hasta algo menos serio (como ver que sus superiores alaban a alguien más). Si no notó nada esa semana, recuerde algo que sucedió en alguna semana anterior.

Los celos: domando el monstruo de los ojos verdes

☞ Materiales de clase

Los celos son una de esas emociones que rapidito pueden hacernos nudos en el estómago. Un poco de celos es natural, especialmente cuando tememos perder a alguien cercano. Los celos pueden ser un problema:

- Cuando empleamos demasiada energía preocupándonos ante la posibilidad de perder a algún ser querido.
- Cuando permitimos que los celos crezcan y tratamos de controlar a alguien mediante la agresión.
- Cuando sofocamos una relación al imponer demasiadas restricciones a nuestra pareja.

Pedro se alteraba mucho cuando iba a una fiesta con su esposa Susana. Parece que ella se sentía atraída hacia otros hombres y ellos aparentemente se sentían atraídos por ella. En su yo interno, él tenía miedo a que ella encontrara a otro hombre más excitante y atractivo que él. Temía perder su amor. Pero lo que normalmente sucedía era una pelea después de la fiesta, un pleito no sobre los celos, sino por otras razones.

Los celos de José eran más fuertes que los de Pedro. Él interrogaba a su novia cuando llegaba a casa, preguntando dónde había estado, con quién y los detalles de sus actividades. A veces se hacía pedazos preguntándose si ella tendría una aventura. Sentía la urgencia de seguirla a todas partes y le exigía que se quedara en casa. Parecía que cuanto más la interrogaba, menos le creía.

Fue hasta después que escuchó a sus amigos referirse a su deseo de tener una aventura cuando José se dio cuenta de qué estaba pasando. Sospechaba de su novia cuando él tenía fantasías sexuales con otras mujeres. Ahora, cuando se sentía celoso, se preguntaba: "¿Estoy pensando que ella tiene estas fantasías porque yo me siento culpable de las mías?"

Para muchos hombres, manifestar los propios celos a su pareja no es algo bueno –admitir celos es admitir debilidad. Sin embargo, si se consideran los celos como algo natural, como una emoción aceptable que puede ser compartida con su pareja, ambos, usted y su pareja, podrán tener el privilegio de conocerse mejor.

Carlos descubrió que la mejor manera de domar al "monstruo" era decir a su esposa cuándo se sentía celoso. Sentía alivio cuando podía hablar de ello. En lugar de ridiculizarlo, su esposa parecía respetarlo más. Ambos se dijeron qué tipo de comportamiento podían tolerar y cuál no –aventuras, coqueteos, etcétera. Pudieron entonces elaborar algunos acuerdos que especificaban los límites de la relación.

Lo que Pedro, José y Carlos aprendieron sobre cómo domar los celos fue lo siguiente:

1. Algo de celos es normal y lo mejor es hablar de ello en vez de esconderlo.
2. Los hombres pueden decidir si el comportamiento y el atractivo de sus parejas es algo positivo o negativo. Si lo ven como algo negativo, es más posible que se alteren y desperdicien energía.
3. Ayuda mucho preguntarse: "¿Vienen mis celos de mis sentimientos de culpa por mis fantasías y comportamiento?"
4. Los hombres tienen el derecho a llegar a un acuerdo sobre los límites específicos de la conducta de su pareja. Las mujeres tienen el mismo derecho.

Malas interpretaciones*

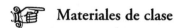 **Materiales de clase**

Muchos hombres que no han recurrido a la violencia piensan diferente acerca de sus parejas que los que sí lo han hecho.

La principal diferencia tiene que ver con lo que se llama *intención negativa*. Un hombre que ha usado la violencia tiene más posibilidades de pensar que la conducta de su esposa o pareja tiene la intención de lastimarlo o humillarlo. No puede simplemente atribuir su conducta al hecho de que ella es diferente de él, que no lo hizo con intención o inclusive que lo hizo por falta de sensibilidad. Es más probable que piense así:

- "Estaba tratando de hacerme enojar."
- "Estaba tratando de lastimar mis sentimientos."
- "Estaba tratando de humillarme."
- "Estaba tratando de conseguir algo beneficioso para ella."
- "Estaba tratando de empezar un pleito."

Y, claro, cuando un hombre percibe a su pareja de esta manera, es mucho más probable que se sienta justificado para responder de manera abusiva o agresiva.

Otros hombres tal vez piensen así:

- "Quisiera que pasara más tiempo conmigo; hablaré con ella."
- "A veces se le olvida que no soy muy sociable. Le hablaré de lo que yo necesito la próxima vez que salgamos."
- "Me alegra que se esté divirtiendo. Es una mujer muy atractiva."

Comente su diálogo interior *sobre las intenciones de su esposa* o pareja en las siguientes circunstancias:

1. Están ustedes en una reunión y usted nota que su esposa ha estado hablando y riendo con el mismo hombre atractivo por dos horas. Él parece coquetear con ella.

2. Usted quiere hacer el amor y se lo dice a su pareja. Ella no parece muy interesada, pero accede. Usted comienza las cosas con algunos avances románticos. Después de un rato, usted nota que ella no responde; no parece estar muy "excitada" o interesada en lo que usted hace.

Cómo domar los celos

 Materiales de clase

Cita 1

La semana pasada estuvimos en la corte y me encontré con la pareja de ella y nos saludamos bien... "¿Cómo está usted?"..., así. Él es puertorriqueño. Nos saludamos bien, como si nada. Como adultos, ¿no? Antes del programa, estoy seguro de que habría reaccionado de otra forma, a golpes, o algo así. Pero ahora sé que no soy dueño de ella, que no somos pareja, que no somos dueños uno del otro y que ella puede estar con quien quiera y hacer lo que quiera. *Ceferino*

Cita 2

Antes, si salía, le decía: "Ahora, ¿adónde vas?" Ahora se va quién sabe dónde y regresa y no le digo nada. Antes yo era muy celoso. Como mi papá; y mi mamá no salía de la casa, nomás lavar y planchar y tenía la comida puesta, y a la calle no salía, ni a trabajar ni nada. Pero ella (mi esposa) andaba en la calle con sus hermanas, y yo le decía: "¿Adónde vas?" Así, ya nos empezábamos a enojar, y pues ahora me digo: "¿Para qué? Si ella ya está grande, ya sabe lo que hace". Pero primero yo me decía: "¿Adónde irá, ¿con quién irá? ¿Qué va a hacer?" Pero ahora digo: "Ella está grande, si ella va hacer una cosa de que... por decir, tiene alguien por allá, y lo va a mirar, ¿verdad? Porque si va por allí..." Antes me enojaba así. Ahora, digo, no pienso nada. Ya está grande. Si quiere andar con alguien, que ande... Pero le tengo confianza. *Ramón*

Cita 3

Me bajé del coche. Tenía celos, sentía coraje. Entonces me metí al departamento y ahí estaba el señor, acostado en la cama. Ella estaba planchando y él estaba acostado en la cama. Entonces, pues, fue más el coraje. Como que era mi cama; yo había comprado esa cama, yo había

continúa →

continuación →

comprado las cobijas, yo había comprado todo... pues, ¿qué está haciendo esta persona aquí metida? Yo me sentía con derecho, porque no estábamos divorciados. *Juan*

1. ¿Le han pasado cosas semejantes en su relación como a Ceferino, Ramón y Juan? ¿Qué hizo para domar sus celos?
2. ¿Qué opina de la frase "Yo no soy dueño de ella"?
3. ¿Qué tienen que ver los celos con el machismo?
4. ¿Cómo reaccionaría su pareja si usted no tuviera celos?
5. ¿Qué le parece la idea de que "ya está grande, que haga lo que quiera"?

Sesión 23
Sexo

Materiales

Control semanal
Citas sobre la fuerza sexual
"Abuso sexual: psicológico y físico"
"Cuestionario sobre el significado del sexo"
"Trampas de la masculinidad: el sexo"

Meta

Ayudar a los miembros del grupo a entender las formas en que las expectativas y exigencias sexuales pueden ser destructivas en una relación íntima.

Objetivos

1. Revisar el control semanal.
2. Presentar la definición de abuso y agresión sexual.
3. Repasar "Citas sobre la fuerza sexual".
4. Repasar "El abuso sexual: psicológico y físico".
5. Revisar el "Cuestionario sobre el significado del sexo".
6. Repasar "Trampas de la masculinidad: el sexo".
7. Discutir "Derechos de la mujer".

Programa

1. Hay mucho material en esta sesión; para los que tienen tiempo, se puede dividir en dos sesiones. Es probable que los clientes estén muy interesados en el tema, y las discusiones pueden durar mucho tiempo.
2. Este material es particularmente complicado para discusiones de grupo. Muchos miembros que pueden haberse vuelto menos defensivos en cuanto a acciones generales de abuso psicológico y físico pueden aún mantener una posición mucho más defensiva con respecto a los ejemplos descritos aquí como abuso sexual.
3. Algo de esto se debe al desconocimiento del porqué algunas conductas son consideradas abusivas. En primer lugar, es importante definir simplemente el abuso sexual: todo contacto o conducta sexual

no deseados es una forma de abuso sexual. Si éste incluye coito, entonces es una violación. Si incluye el uso de la fuerza, entonces es agresión sexual. No importa si el que lo realiza está borracho, drogado o presionado por los amigos. Aun así es una violación o agresión sexual. Y no importa si las dos partes se conocían, han tenido contacto sexual antes o aun si están casados. De todas formas se considera violación o agresión sexual.

4. Con estas definiciones en mente, repasen las "Citas sobre la fuerza sexual" en el matrimonio, y los materiales "Abuso sexual: psicológico y físico". Discutan la variedad de formas en que las conductas sexuales pueden ser un abuso de poder en una relación. Obviamente, no todos los ejemplos en esta lista son delitos, pero representan una continuidad de conductas sexualmente abusivas.

5. Al guiar esta discusión, muestren sensibilidad a la vergüenza o incomodidad que algunos miembros del grupo podrían expresar. Algunos tal vez hagan chistes o rían juntos al hacer comentarios degradantes hacia la mujer. Aunque es importante establecer un tono diferente en este grupo, tengan cuidado de no confrontarlo de manera demasiado fuerte –a menos que todo lo demás falle. Los conflictos de poder o fuerza pueden destruir la discusión de grupo. Pongan el ejemplo al mantener ustedes un tono serio. Si uno de los facilitadores es mujer, es probable que algunos miembros del grupo se sientan incómodos con la discusión. Es por eso que está incluida la cita de Ceferino acerca de la importancia del tema. Con calma, recuerden a los miembros la importancia de discutir estos temas de manera que no se degrade o generalice. Si pueden describir ejemplos de estas conductas en "otros", ésta tal vez sea una manera aceptable de generar una discusión y una reflexión valiosas.

6. Repasen el "Cuestionario sobre significados del sexo" y "Trampas de la masculinidad: el sexo". Es especialmente importante centrarse en el tema del machismo y, si se sienten libres, decir lo que creen en esta discusión. Mencionen discusiones previas sobre celos y malas interpretaciones; recuerden a los miembros, a través de ejemplos, qué tan importante es su diálogo interior cuando se topen con alguna forma de frustración sexual.

7. Repasen "Derechos de la mujer sobre la sexualidad", de la Comisión Nacional de Derechos Humanos de México. Esto servirá para reforzar la información que se ha divulgado y demuestra el cambio de actitud y de las leyes actuales en Latinoamérica.

Comentarios acerca del abuso sexual en el matrimonio

 Materiales de clase

Definición del abuso sexual:

Todo contacto o conducta sexual no deseados es una forma de abuso sexual.

Cita 1

Yo pienso que muchas personas abusamos de eso, muchos pensamos: "Yo estoy casado, tú eres mía, y no se piden explicaciones. Simplemente uno es así, pero nunca ha recibido tal vez una información que en realidad, lo que eso... como que la mujer, pues, es violada. Porque en realidad, como dice uno: "Es mi mujer, yo la mantengo, yo tengo el derecho". Pero le enseñan allí que una mujer no es un juego, no es un muñeco, es una persona igual que tú. *Ignacio*

Cita 2

Nunca hemos hablado acerca del sexo. Pero el abuso sexual es una realidad en el matrimonio, porque muchas personas, incluso yo, lo hice. Yo la forzaba, aunque no quería. Yo pienso que hace falta hablar de eso. *Ceferino*

Abuso sexual: psicológico y físico

 Materiales de clase

El abuso sexual es uno de los cuartos de "La casa del abuso", del cual es especialmente difícil hablar. A veces es difícil saber qué está sucediendo. A continuación mostramos algunos ejemplos de diferentes formas de conductas sexuales abusivas, psicológicas y físicas. Si le es posible, trate de ser honesto consigo mismo sobre cuál de estas conductas podría usted haber seguido en su relación.

Humillaciones

- Hacer chistes sobre mujeres en presencia de su pareja.
- Mirar a otras mujeres en su presencia.
- Hacer chistes sexuales humillantes.
- Comparar el cuerpo de ella con el de otras mujeres o con fotos de revistas.
- Criticar su actuación sexual.
- Culparla si usted no se siente satisfecho sexualmente.
- Usar "etiquetas" sexuales: llamarla "piruja" o "frígida".

Juegos mentales

- Decirle que acceder a hacer el sexo es la única forma en que puede probar que ha sido fiel o que aún lo ama.
- Revelar detalles íntimos de ella a otras personas.
- Negarle el sexo y el afecto solamente para ganar control.
- Enredarse en aventuras sexuales.

Presión

- Querer hacer el amor constantemente.
- Esperar tener relaciones cuando usted quiera.
- Exigir sexo por medio de amenazas.
- Hacerla que se desnude o hable del sexo en formas que son humillantes para ella.
- Convencerla de ver sexo o pornografía cuando esto es ofensivo para ella.
- Convencerla de que toque a otros cuando esto sea ofensivo.

Fuerza

- Forzarla a que lo toque.
- Forzarla a hacer el amor cuando está dormida.
- Tocarla de maneras que la incomoden.
- Forzarla a hacer el amor de manera incómoda.
- Forzarla a hacer el amor después de haber sido golpeada.
- Hacer el sexo con el propósito de lastimar (uso de objetos/armas).

Aventuras (infidelidad de parte de usted)

- ¿De qué manera es esto un abuso de su pareja?

Trampas de la masculinidad: el sexo

 Materiales de clase

Trampas de masculinidad	El panorama completo
"Merezco hacer el amor cuando quiero."	"El sexo involucra la necesidad de dos, no sólo de uno."
"Si mi pareja no se deja, quiere decir que me quiere lastimar."	"Puede haber muchas razones por las que no está de humor para hacer el amor."
"A los hombres de verdad les toca todo el tiempo."	"Muchos hombres fanfarronean –los hombres de verdad respetan las necesidades e individualidad de la persona que aman."
"Tuve un día pesado. Merezco un premio."	"No puedo esperar que ella esté dispuesta exactamente cuando yo la necesito."

Cuestionario de significados del sexo

🖅 Materiales de clase

Califique la importancia de las varias funciones del sexo en su vida, poniendo un círculo en el número que mejor describa el modo como usted se siente al respecto de cada punto.

Función del sexo en su vida		No es importante				Muy importante		
1.	La reproducción	1	2	3	4	5	6	7
2.	El orgasmo para mí	1	2	3	4	5	6	7
3.	El orgasmo para mi pareja	1	2	3	4	5	6	7
4.	Reafirmar mi masculinidad	1	2	3	4	5	6	7
5.	Reafirmar a mi pareja su femineidad	1	2	3	4	5	6	7
6.	Reafirmar mi heterosexualidad	1	2	3	4	5	6	7
7.	Reafirmar a mi pareja su heterosexualidad	1	2	3	4	5	6	7
8.	Reafirmar que sexualmente estoy bien	1	2	3	4	5	6	7
9.	Reafirmar a mi pareja que está bien sexualmente	1	2	3	4	5	6	7
10.	Expresión de amor de mi parte	1	2	3	4	5	6	7
11.	Expresión de amor hacia mí	1	2	3	4	5	6	7
12.	Una manera de soltar tensión	1	2	3	4	5	6	7
13.	Una manera de presumir mi cuerpo	1	2	3	4	5	6	7
14.	Para probar mi habilidad sexual	1	2	3	4	5	6	7
15.	Como recreación	1	2	3	4	5	6	7
16.	Responsabilidad de pareja	1	2	3	4	5	6	7
17.	Compañía	1	2	3	4	5	6	7
18.	Sentimientos cálidos/afecto	1	2	3	4	5	6	7
19.	Para atrapar a la pareja	1	2	3	4	5	6	7
20.	Una manera de divertirse	1	2	3	4	5	6	7
21.	Como reconciliación	1	2	3	4	5	6	7
22.	Para ejercitar poder y control	1	2	3	4	5	6	7
23.	Para combatir el aburrimiento	1	2	3	4	5	6	7
24.	Porque no lo he hecho por un tiempo	1	2	3	4	5	6	7
25.	Para reducir el estrés	1	2	3	4	5	6	7

Los derechos de la mujer

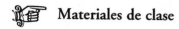 **Materiales de clase**

¿Qué dice la Comisión Nacional de Derechos Humanos de México acerca de los derechos sexuales de la mujer?

> *La Comisión Nacional de Derechos Humanos tiene como uno de sus objetivos difundir mensajes orientados a modificar los patrones culturales que reproducen conductas de violencia y maltrato.*

La expresión de la sexualidad de las mujeres no debe ser objeto de burla, castigo o imposición. Cuando una mujer es obligada, *por quien sea y en donde sea*, a tener una relación sexual, es víctima de un ataque sexual que está penado por la ley.

Las mujeres tienen derecho a:

- Exigir respeto a su vida sexual, es decir, a que se considere cuándo desean tener relaciones sexuales y cuándo no.
- Negarse a tener prácticas sexuales que las desagraden o lastimen.
- Denunciar todo ataque sexual del que sean objeto y a ser atendidas inmediata, respetuosa y diligentemente por los funcionarios de las agencias del Ministerio Público, como los agentes, los médicos, los trabajadores sociales, los policías y los peritos.
- Esperar que se les brinden servicios de justicia gratuitos y completos que incluyan tratamiento contra enfermedades venéreas y terapia tendiente a curar el trauma físico y emocional producido por la agresión.
- Exigir que los funcionarios de la administración de justicia no prejuzguen su declaración.
- Recibir orientación respecto de cómo exigir a su victimario la reparación del daño.

PARTE 6

EDUCACIÓN COMO PADRES

Los padres

Materiales

Control semanal
"Escuchando a los hijos"
"Consejos para padres e hijos"
"Escogiendo el enfoque correcto"

Meta

Ayudar a los miembros del grupo a identificar sus propias actitudes y enfoques con respecto a sus hijos y a desarrollar nuevos conocimientos en comunicación y en lo relativo a cómo resolver problemas.

Objetivos

1. Revisar el control semanal.
2. Repasar "Escuchando a los hijos".
3. Repasar "Consejos para padres e hijos".
4. Asignar la tarea.

Programa

1. Presentar el tema de la paternidad. Pregunten a sus miembros el nombre, edad y sexo de cada uno de sus hijos y escríbalos en el pizarrón.
2. Repasen el tema "Escuchando a los hijos". Usen el material de clase para estimular la discusión sobre el diálogo interior y las necesidades y sentimientos que los hijos tienen. Enséñenles que es importante escuchar activamente a los hijos, como en los ejemplos de "Abriendo la comunicación". Desempeñen papeles de diferentes respuestas "cerradas" y "abiertas" y examinen las reacciones internas de los hijos en el diálogo.
3. Repasen "Consejos para padres e hijos". Examinen cada una de estas ideas. Cuando se discutan las ideas con respecto a los hijos, hagan una pequeña dramatización en la que los miembros hagan el papel de los hijos cuando se tenga la discusión.

4. Es muy probable que esta sección suscite alguna controversia cuando los miembros presenten sus puntos de vista con respecto a la disciplina, castigo, nalgadas, a cuando los muchachos responden groseramente, etc. Es importante ser respetuosos de sus puntos de vista mientras se presentan modelos nuevos para manejar los problemas.

Como una parte de la revisión del diálogo interior, ayuden a los miembros a examinar las razones por las que reaccionan con sus hijos de ciertas maneras. Discutan la diferencia en motivación entre querer castigar por una mala acción, y ofrecer consecuencias con la corrección como meta. ¿Cuál de los siguientes diálogos interiores se aplicaría?

- "Quiero que se entienda quién manda."
- "Quiero abrir la comunicación entre mi hijo(a) y yo."
- "Es hora de expresar mis sentimientos."
- "No debo permitir a nadie tratarme así."
- "Quiero mostrar un comportamiento positivo como modelo para mis hijos."
- "Quiero que resolvamos nuestros problemas juntos."
- "Tengo miedo a perder a este pequeño(a)."

Tarea

1. Experimente algunas de las cosas de que hablamos ahora con sus hijos y esté preparado para compartir algún resultado con el grupo.

Escuchando a los hijos*

 Materiales de clase

Si quiere usted abrir la comunicación con sus hijos, necesita leer entre líneas lo que ellos quieren decir. Su respuesta necesita abrir los canales, no cerrarlos.

El chico dice:	Cerrando la comunicación	Abriendo la comunicación
¡No vuelvo a jugar con ella nunca!	¿Por qué no lo olvidas? Tal vez ella no lo hizo a propósito.	Parece que estás muy enojada con ella.
¡No puedo hacerlo!	Vamos, no hables así. Apenas acabas de empezar.	Parece que te es muy difícil.
Quisiera ir con mi hermano. Él siempre va dondequiera.	Ya hablamos de esto antes. Deja de quejarte.	Esto te parece injusto.
¡Mira mi nuevo modelo a escala!	¡Qué bonito! Ahora, por favor, ¡vete!	¡Te ves orgulloso de tu trabajo!
No quiero ir a la escuela. Memo es muy cruel conmigo.	Todo mundo va a la escuela.	Tienes miedo a que Memo se burle de ti.
¡Eres el peor papá del mundo!	¡Nunca me hables así!	Estás enojado conmigo.

Para cada comentario dé un ejemplo de cerrar o abrir la comunicación.

1. No me gustan las verduras y no me las voy a comer.
2. Nuestro maestro es muy gruñón.
3. Todavía no quiero ir a dormir. Es muy temprano.
4. No voy a ponerme el impermeable. Nadie en mi salón usa un pinche impermeable.

* Usado con el permiso de la editorial, de p. 55 del *Parent's Handbook de Systematic Training for Effective Parenting* (STEP), de Don Dinkmeyer y Gary McKay, ©1989 American Guidance Service, Inc., 4201 Woodland Rd., Circle Pines, MN 55014-1796. Todos los derechos reservados.

Consejos para padres e hijos

👉 Materiales de clase

En una reciente encuesta de comunicación entre preadolescentes (del quinto al octavo grado escolar) realizada por la compañía Phillips Consumer Communication, los investigadores descubrieron la siguiente información.

- La mayoría de los padres (58%) y casi tres cuartas partes de los hijos (73%) dicen que pasan menos de una hora al día en conversación; casi la mitad de los hijos (46%) y una cuarta parte (27%) de los padres dice que pasan menos de media hora al día conversando entre ellos.
- Casi todos los padres subestiman la madurez de sus hijos y tienen un concepto distorsionado de lo que es importante para ellos. Los padres dicen que lo importante para los hijos es: (1) diversión, (2) amigos y (3) apariencia personal. Los hijos dicen que lo importante es: (1) su futuro, (2) su escuela y (3) la familia.
- Sólo uno entre cinco chicos (20%) dice que es muy fácil hablar con sus padres de algo importante; más de una cuarta parte (26%) dice que es "algo difícil" o "muy difícil" hablar de tales temas; más o menos la mitad (53%) dice que es "un tanto fácil".
- La mayoría de los chicos (57%) dice que los padres no siempre les dan la oportunidad de explicarse. La mayoría de los padres (51%) dice lo mismo: que los chicos no dan oportunidad de explicarse.
- Los chicos están más interesados en el sexo opuesto de lo que los padres creen —casi dos terceras partes (62%) creen que el sexo opuesto es algo importante, mientras sólo la mitad de los padres (52%) piensa que los chicos están interesados en novios o novias.

Consejos para los chicos

Escucha para ser escuchado. Acepta el punto de vista de tus padres en un tema, y es más probable que ellos escuchen el tuyo. Al final, esto puede ayudarles a entenderse mejor y a pensar en soluciones creativas y acuerdos mutuos.

Planea por adelantado. Piensa en lo que tus padres van a objetar y en cómo les vas a responder. Trata de inventar soluciones diferentes a un problema que tengas en vez de una sola solución y preséntaselas a tus padres. Los vas a impresionar.

Sé cortés. Es simple, pero cierto. Si chillas y gritas, les recordarás a tus padres cuando eras pequeño y tal vez te traten de esa manera; si eres cortés, tal vez pongan más atención a tus opiniones. La cortesía es la regla.

Simplemente dilo. Toda comunicación implica algún riesgo. Aunque sea difícil, a veces lo mejor que puedes hacer con un problema es armarte de valor y hablar de ello.

Pon atención a tu lenguaje corporal. A veces la expresión de la cara y tu postura dicen más a la gente que te escucha que las palabras que usas. Piensa en lo que dices y cómo lo dices.

Consejos para los padres

Dense un tiempo. En el mundo complejo de hoy es más importante que nunca darse un tiempo para hablar. Eso no significa hacer una junta formal. A veces la mejor plática se lleva a cabo mientras conduces el auto o pasan el rato en la cocina.

Escuche las pequeñeces. Los chicos le hablarán si saben que les va a escuchar, ya sea que hablen de cosas serias, como sexo y drogas, o de pequeñeces, como lo que pasó en la escuela. Si sus hijos saben que los está escuchando, será más probable que confíen en usted para hablarle de todo en su vida.

Escuche entre líneas. Debido a que los chicos tienen dificultad para hablar con los padres sobre lo que realmente les parece importante, los padres tienen que prestar atención especial a lo que los chicos están tratando de decir. Ayuda mucho poner especial atención a las emociones –no sólo a la emoción, sino también a la intensidad de la emoción.

Pida sus opiniones. Pocas cosas satisfacen más a los chicos (o a cualquier otra persona) que alguien les pregunte su opinión. No es necesario preguntar siempre sobre temas importantes solamente.

No interrumpa. Los chicos dicen que, cuando hablan, los padres no les dan la oportunidad de expresarse. Es una buena idea dar a sus chicos algo de tiempo extra para que expliquen mejor sus opiniones o deseos, aunque usted crea que sabe lo que van a decir.

Sesión 25
¿Qué tipo de papá quiero ser yo? I

Materiales

Control semanal
"12 características de padres eficaces"
"La disciplina"
Citas del día

Meta

Proveer actitudes y habilidades específicas a los clientes que les puedan ayudar a ser padres más eficaces y confiados. Compartir sus experiencias infantiles con el grupo.

Objetivos

1. Revisen el control semanal.
2. Repasen la tarea.
3. Repasen "12 características de padres eficaces".
4. Repasen "La disciplina".
5. Repasen las citas del día.

Programa

1. Discutan la tarea con los participantes, invitándoles a decir cómo este método es diferente o similar a lo que ellos experimentaron de niños.
2. Repasen "12 características de padres eficaces" y pidan a cada uno que escoja la característica que les parece más importante como papás hoy día. Anímenlos a explicar al grupo por qué piensan así. Discutan la idea de la autoestima con el grupo. ¿Piensan ellos que sus papás supieron ayudarlos en este aspecto? Si no, ¿por qué no? Ésta es una buena oportunidad para repasar el concepto de la transmisión intergeneracional de la conducta y de reconocer que no se puede dar lo que uno no tiene. La meta es motivarlos para que sean ellos

papás más cariñosos, expresivos y eficaces, sin ser violentos o abusivos como lo fueron algunos de sus papás.

También sería muy buena oportunidad para discutir la cuestión del egoísmo en los niños; éste es natural, pero si no se corrige con el pasar de los años, podrán estar criando un monstruo de narcisismo. Sin usar esta palabra, discutan con los participantes si han conocido o conocen alguna familia en la que el hombrecito de la casa es tratado como príncipe y cómo esto lo puede afectar en el futuro. ¿Quién va a querer o poder vivir con un adulto que nunca ha aprendido a pensar en nadie más que en sí mismo?

3. Repasen "La disciplina". Este material les da una oportunidad de escuchar sus preocupaciones acerca de la disciplina y de enfatizar una vez más la importancia de alternativas al castigo físico de los niños. Se sugiere explicar a los clientes que este material les va a dar opciones concretas que pueden utilizar, compartir con su pareja y empezar a practicar desde ahora, a fin de poder recibir consejos de sus compañeros acerca de cómo están aprendiendo a ser padres eficaces en el grupo.

4. Lean las citas del día. Discútanlas con el grupo.

Tarea

1. Lea la lista de "12 características" y decida cuál de ellas le parece la más importante para usted como papá. Escriba una frase con la que describa por qué la escogió.

2. Anote dos ocasiones en su niñez en las que consideró que su papá ejerció bien su autoridad con usted.

a.

b.

Anote dos ocasiones en su niñez en las que su papá lo lastimó con lo que él quizá creía era una medida disciplinaria correcta.

a.

b.

Características clave para padres eficaces*

Materiales de clase

Hay 12 características clave que definen a los padres eficaces. Son las siguientes:

1. Mostrar amor, afecto e interés.
2. Ayudar a los niños a crear su autoestima.
3. Tener respeto por los niños.
4. Aceptar a los niños y demostrarles aprobación.
5. Tener un buen entendimiento de las técnicas disciplinarias.
6. Proveer perspectivas claras y razonables.
7. Fijar límites estrictos y firmes.
8. Ponerse de acuerdo respecto a la disciplina todas las personas que estén al cuidado de los hijos.
9. Imponer límites.
10. Ser consistente en el manejo de los niños.
11. Permitir el desacuerdo y la expresión de sentimientos dentro de los límites.
12. Poder dejar ir a nuestros hijos.

La herramienta más importante de un niño para enfrentar con éxito los problemas, asuntos y crisis que surgen día a día en la vida es la autoestima.

La autoestima y la autoimagen son factores clave en cómo su hijo aprende, logra, se lleva bien con sus semejantes y quiere a otros. Comentarios críticos y negativos dirigidos a niños y adolescentes corroen la autoestima y socavan la confianza que tienen en ellos mismos. Estas observaciones también enfocan la atención paternal en la mala e inapropiada conducta de los jóvenes. Tales tácticas paternales llevan a los niños a sentirse más desanimados y menos competentes, y su comportamiento inapropiado e indeseable puede incrementarse.

---

* *Eight Weeks to a Well-Behaved Child, A Failsafe Program for Toddlers through Teens* [Ocho semanas para tener un niño bien portado. Un programa a prueba de fallas para niños desde pequeños hasta adolescentes]. © James Windell, 1994. Citado con el permiso del autor.

La disciplina*

 Materiales de clase

¿Qué es la disciplina?

- Es todas las cosas que hace uno como padre para guiar, dirigir, moldear y enseñar a sus hijos.
- Incluye todas las maneras de enseñar a su hijo lo correcto e incorrecto, guiándolo a través de la vida.

Hoy en día sabemos muy bien cuáles son los factores de riesgo que producen inadaptación y conducta desordenada en los niños.

Estos factores de riesgo son:

- Padres severos.
- Padres contradictorios.
- Falta de vigilancia y guía de los niños por parte de los padres.
- Poca participación positiva de los padres en la vida de sus hijos.
- Padres atraídos a un comportamiento antisocial.
- Padres en conflicto matrimonial.

Muchas personas piensan que la forma antigua de educar a los hijos es la más efectiva; pero hay muy pocas maneras tradicionales de criar a los niños que sean apropiadas para los padres de familia tomando en cuenta las necesidades de hoy en día.

> Frecuentemente los padres confunden firmeza con severidad, y muchos se preguntan qué disciplina se supone deben utilizar si no pueden o no deben seguir usando castigos o disciplina física.

Niños que son criados con severidad e inconsistencia y cuyos padres fallan al guiarlos, o niños que no están positivamente involucrados con sus padres, corren el riesgo de volverse inadaptados y de tener problemas de comportamiento.

Este material enseña a los padres cómo tratar a sus hijos de una manera más cariñosa, humana y eficaz.

---

* *Eight Weeks to a Well-Behaved Child, A Failsafe Program for Toddlers through Teens* [Ocho semanas para tener un niño bien portado. Un programa a prueba de fallas para niños desde pequeños hasta adolescentes]. © James Windell, 1994. Citado con el permiso del autor.

Memorias del papá, esfuerzos para ser el papá que uno quiere

Cita 1

En el principio del grupo me sentía muy tenso, muy nervioso. Ansioso, sin saber qué, en las primeras clases así pasa, sin poder hablar, tiene uno miedo de hablar. Y cuando uno platica sus experiencias, lo que le pasaba de niño, uno hasta tiene ganas de llorar. Eso me pasó a mí, cuando hablaba de lo que hacía mi papá, quería llorar, pero ya no le platiqué nada a la maestra... En el grupo, vi a otros hombres llorar. La mera verdad, si yo fuera, antes de que me salieran las lágrimas, pues yo me saldría. En ese ambiente se ve muy feo allí. Puros hombres... Cuando uno platica todas esas cosas se le viene eso a la mente... Si mi papá me hizo eso a mí, yo nunca voy a hacer eso a mis hijos. *Ramón*

Cita 2

Me gustó el tema de cómo convivir con la familia, los hijos más que nada. Me cuesta mucho convivir o educar a mis hijos. No sé si porque a lo mejor no tuve yo ese amor del padre, jugar y hacer caballito y todo eso... Me cuesta mucho estar con ellos, enseñarles una cosa y todo eso. No sé cómo darme más tiempo para estar con ellos. *Rogelio*

Preguntas para la discusión

1. ¿Qué piensa usted del comentario de Ramón que se ve feo llorar en el grupo con otros hombres?
2. ¿Siente usted a veces mucha tristeza por la manera en que su padre o su madre lo trató de niño?
3. ¿Su papá jugaba con usted cuando era niño?
4. Si tuvo una infancia difícil, ¿se anima a ser un padre diferente del que tuvo?

Sesión 26
¿Qué tipo de papá quiero ser yo? II

Materiales

Control semanal
"Características positivas que puede buscar en sus hijos"
"Aprendiendo a alabar y a brindar atención a sus hijos"

Meta

Proveer actitudes y habilidades específicas a los clientes que les ayuden a centrarse más en lo positivo que poseen sus hijos. Discutir los cambios que se observan en los participantes del grupo en lo que se refiere a su auto-concepto como padres.

Objetivos

1. Revisen el control semanal.
2. Repasen la tarea.
3. Repasen "Características positivas que puede buscar en sus hijos".
4. Repasen "Aprendiendo a alabar y a brindar atención a sus hijos".
5. Repasen las citas del día.

Programa

1. Discutir la tarea con los miembros del grupo; o compartir sus experiencias de niño con el grupo. Asegúrense de enfatizar tanto sus experiencias positivas como las negativas.
2. Repasar "Características positivas que puede buscar en sus hijos". Lean el material y luego animen a los participantes a que desempeñen papeles, tomando el papel del padre y del hijo, con el "hijo" compartiendo con el grupo cómo se sintió cuando escuchó la alabanza de su "papá". La meta de este ejercicio tener la experiencia de sentirse bien cuando alaben o sean alabados. Se vale recordarles que estos comentarios positivos son una extensión del diálogo interior constructivo que aprendieron en la última sección.
3. Repasar "Aprendiendo a alabar y brindar atención a sus hijos". Discutan cada punto con ejemplos de la vida de ustedes o de ellos y eva-

lúen si los entendieron desempeñando papeles de nuevo. Dos o tres escenas elegidas por ellos serán suficientes.

4. Leer las citas del día. Discútanlas en el grupo, haciendo hincapié en el orgullo que se percibe en las voces de estos padres que antes fueron duros, o por lo menos distanciados, con sus hijos. Recuerden que es una meta que ellos pueden alcanzar antes de que termine el curso.

Tarea

1. Si está con su pareja, invítela a identificar las características positivas que ella nota en sus hijos. Comparen notas y conversen acerca de su papel como papás, si se puede. ¡No debe convertirse en una discusión o en acusaciones mutuas! Si no está con su pareja, trate de hacer este ejercicio con algún otro familiar o persona que conozca bien a sus hijos.

2. Practique alabando a su(s) hijo(s) durante esta semana. Anote tres ocasiones en que lo hizo y cuál fue su reacción.

Yo dije:

Su reacción:

Yo dije:

Su reacción:

Yo dije:

Su reacción:

3. Escriba dos frases que describan qué tipo de padre le gustaría llegar a ser durante el tiempo que esté en el grupo.

Características positivas que puede buscar en sus hijos*

☞ **Materiales de clase**

Queremos comunicarnos más con nuestros hijos, pero ¿qué les vamos a decir? A veces casi no nos decían cosas positivas a nosotros de niños, así que nos falta la experiencia. Siguen algunos ejemplos de maneras de describir a nuestros hijos, y cualidades que podemos notar en ellos que nos agradan y nos hacen sentirnos orgullosos.

*Rasgos y características
de la personalidad*

Persistencia
Tenacidad
Amabilidad
Buen humor
Optimismo
Honestidad
Curiosidad

*Hábitos en la escuela
y el trabajo*

Dedicación
Organización
Persistencia
Minuciosidad
Creatividad

Intereses y pasatiempos

Intereses diversos
Uso productivo
del tiempo individual

Competitividad sana
Pasatiempo constructivo
Cualidades atléticas

Relación con su prójimo

Juega bien con sus amigos
Está dispuesto a compartir
Es considerado
Se hace de amigos fácilmente
Es cortés
Es compasivo

*Comportamiento
en la casa y con la familia*

Es obediente
Concluye los quehaceres
Es respetuoso
Mantiene hábitos ordenados

---

* *Eight Weeks to a Well-Behaved Child, A Failsafe Program for Toddlers through Teens* [Ocho semanas para tener un niño bien portado. Un programa a prueba de fallas para niños desde pequeños hasta adolescentes]. © James Windell, 1994. Citado con el permiso del autor.

Aprendiendo a alabar y a brindar atención a sus hijos*

Materiales de clase

Usted puede propiciar el comportamiento apropiado y deseado de los niños, poniéndoles atención y apoyándolos en sus actividades. Usted puede poner atención al comportamiento, describiéndolo en voz alta delante de su hijo. Añadiendo palabras halagadoras, usted puede cambiar esa atención en alabanza. Éstas son las normas para usar elogios (alabanzas):

1. Hacer elogios durante o inmediatamente después de un comportamiento o actividad que a usted le gustaría que su hijo repitiera.
2. Haga elogios solamente cuando los niños estén portándose bien –no cuando estén comportándose mal.
3. Haga los elogios detalladamente.
4. Alabe los diferentes aspectos del comportamiento de su hijo como usted pueda. Trate de felicitar a su hijo cuando demuestre una actitud de cooperación, obediencia, inteligencia y juicio, habilidades sociales, expresividad y disposición para ayudar.
5. Alabe y honre tanto los esfuerzos como las realizaciones.
6. Acompañe con afecto físico sus elogios cuando sea posible y apropiado.
7. Siéntase libre de elogiar a su hijo por escrito.
8. Asegúrese de que no haya una insinuación de crítica en sus palabras de alabanza.
9. Elogie de una manera sincera y genuina.

---

* *Eight Weeks to a Well-Behaved Child, A Failsafe Program for Toddlers through Teens* [Ocho semanas para tener un niño bien portado. Un programa a prueba de fallas para niños desde pequeños hasta adolescentes]. © James Windell, 1994. Citado con el permiso del autor.

Sesión 27
¿Qué tipo de papá quiero ser yo? III

Materiales

Control semanal
"Recompensas y privilegios..."
"Cómo usar la alabanza..."
"Cómo aumentar la obediencia"

Meta

Proveer actitudes y habilidades específicas en los clientes que les ayuden a fijar límites a sus hijos y conseguir que sean más obedientes. Reforzar la importancia de las expectativas.

Objetivos

1. Revisar el control semanal.
2. Repasar la tarea.
3. Repasar "Recompensas y privilegios..."
4. Repasar "Cómo usar la alabanza..."
5. Repasar "Cómo aumentar la obediencia."

Programa

1. Discutir la tarea con los participantes, invitándoles a compartir brevemente si pudieron conversar con su pareja acerca de las características positivas de los hijos. Repasen brevemente las otras dos preguntas.
2. Repasar "Recompensas y privilegios...". Inviten a los que son papás a compartir sus experiencias positivas con este tipo de disciplina con los demás. Anímenlos a conversar también acerca de situaciones en las que esto no les funcionó y vean si pueden descubrir por qué, siguiendo el método que se enseña aquí.
3. Repasar "Cómo usar la alabanza..." con el grupo. Pidan a los participantes que den sus ejemplos de alabanza recordatoria, y que piensen en dos o tres ejemplos en los que se podrían combinar recompensas y privilegios con alabanza recordatoria.

4. Repasar "Cómo aumentar la obediencia". Después de revisar los 5 pasos, desempeñen papeles con varios participantes para asegurarse de que lo entendieron.

5. Asignen la tarea.

Tarea

1. Practique dando recompensas y privilegios a su(s) hijo(s) durante esta semana. Anote dos ocasiones en que lo hizo y cuál fue su reacción.

   Yo dije:

   Su reacción:

   Yo dije:

   Su reacción:

2. Practique dirigiendo alabanzas recordatorias a su(s) hijo(s) durante esta semana. Anote dos ocasiones en que lo hizo y cuál fue su reacción.

   Yo dije:

   Su reacción:

   Yo dije:

   Su reacción:

3. Si se puede, estudie los 5 pasos para aumentar la obediencia con su pareja. Si no es posible, estúdielos con otra persona. Luego practíquelos con sus hijos y reporte al grupo cómo le fue.

Recompensas y privilegios para niños y adolescentes*

👉 Materiales de clase

Muchos de nosotros tratamos de obtener recompensas mientras evitamos el dolor o resultados negativos. Cuando el comportamiento de un niño es seguido por un refuerzo, ese comportamiento resulta fortalecido y es probable que ocurra de nuevo. A través de refuerzos, niños y adolescentes aprenden a hacer cosas que llevan a consecuencias positivas.

Por lo tanto, es importante para los padres saber cómo usar recompensas y consecuencias positivas como parte de su repertorio de habilidades de disciplina.

Los refuerzos son muy importantes para ayudar a establecer nuevos comportamientos o modelos de disciplina con sus hijos.

Éstas son tres reglas importantes para el uso de recompensas y privilegios:

> *1. Sea claro respecto de lo que espera y del comportamiento que usted quiere fortalecer.*
> *2. Escoja una recompensa, privilegio, oportunidad o actividad que su hijo considera altamente deseable.*
> *3. Dé la recompensa solamente después de que su hijo se la haya ganado por medio de un comportamiento bueno y apropiado.*

Éstos son otros puntos que debe tener en mente cuando otorgue recompensas y privilegios:

- Dé recompensas y privilegios inmediatamente después de un comportamiento deseado. No los conceda para evitar una mala conducta.
- Use descripción verbal y elogios, acompañados de recompensa o privilegio.
- De vez en cuando sea espontáneo al dar recompensas o privilegios; a veces diga a su hijo anticipadamente cómo él o ella podría ganarse una recompensa especial.
- Sea específico al decidir el comportamiento exacto que usted desea reafirmar.

---

* *Eight Weeks to a Well-Behaved Child. A Failsafe Program for Toddlers through Teens* [Ocho semanas para tener un niño bien portado. Un programa a prueba de fallas para niños desde pequeños hasta adolescentes]. © James Windell, 1994. Citado con el permiso del autor.

- Sea realista al establecer las condiciones para que su hijo pueda obtener la recompensa o el privilegio.

He aquí algunos ejemplos de recompensas y privilegios que los padres pueden usar para sus niños y adolescentes:

- Estrellas
- Un viaje al campo de juegos
- Paletas de hielo
- Leerles un libro
- Dejarles seleccionar un video de renta para la familia
- Usar el automóvil familiar
- Fruta seca
- Un viaje a la biblioteca para seleccionar libros
- Una hora con sus amigos
- Un viaje al centro comercial
- Ir a la nevería
- Una tarde en el zoológico
- Acostarse media hora más tarde
- Jugar afuera hasta más tarde
- Tiempo extra para ver televisión
- *Puntos que pueden ser intercambiados por recompensas*
- Patinaje
- Invitar a un amigo a que se quede a dormir

Cómo usar la alabanza recordatoria y aumentar la obediencia con las expectativas*

Materiales de clase

La alabanza recordatoria es una manera de elogiar a los niños y adolescentes recordándoles lo que no están (y no deberían estar) haciendo.

1. La alabanza recordatoria, como otras formas de reforzamiento, debe usarse durante o inmediatamente después de una conducta deseada. Se requiere que use frases como "y no", "en lugar de", "en vez de" o "sin".
2. La alabanza recordatoria debe usarse solamente cuando los niños *no* se estén portando mal. Ellos deben estar haciendo algo positivo mientras evitan un problema de comportamiento previo.
3. La asociación de palabras en la alabanza recordatoria es esencial para su éxito y para que el niño sepa que usted está notando su mejoría.

Éstos son tres ejemplos de alabanza recordatoria:

- "Me pediste ayuda sin quejas o exigencias."
- "Gracias por estar tranquilo cuando entraste a la casa en vez de patalear."
- "¡Estupendo! Ahorraste algo de tu paga en lugar de gastarlo todo. Estoy orgulloso de ti."

La alabanza recordatoria puede ser combinada con recompensas y privilegios.

Cómo aumentar la obediencia

Los 5 pasos del método para aumentar la obediencia son una manera de dejar saber a los pequeños qué espera usted de ellos, comunicándoles las consecuencias del cumplimiento o incumplimiento de sus expectativas, mientras comprueba su propia habilidad para llevarlas a cabo con las consecuencias establecidas.

---

* *Eight Weeks to a Well-Behaved Child, A Failsafe Program for Toddlers through Teens* [Ocho semanas para tener un niño bien portado. Un programa a prueba de fallas para niños desde pequeños hasta adolescentes]. © James Windell, 1994. Citado con el permiso del autor.

Los 5 pasos:

1. Identificar el problema.
2. Establecer sus expectativas.
3. Pedir a su hijo que repita sus expectativas.
4. Comunicar a su hijo las consecuencias del cumplimiento y del incumplimiento de éstas.
5. Llevar a cabo.

¿Necesita pedir perdón a sus hijos?*

¿Les ha dicho a sus hijos que los quiere? Es trágico que muchos niños (y adultos que todavía se sienten como niños) no crean que sus padres los quieren.

Los niños y jóvenes necesitan escuchar las palabras "Te quiero" y sentirse amados. Una manera de hacer que se sientan amados es decirles "Te perdono" cuando se han portado mal. Otra manera es pedir perdón cuando usted como padre ha hecho algo mal. Y no debemos esperar decirlo sólo cuando se trata de algo grave. Cuando los padres piden perdón, dejan a sus hijos afrontar el enojo y la amargura que sentían.

---

* © 2001 Robert D. Enright, *Forgiveness is a Choice*, American Psychological Association. Citado con permiso. Traducción de Christauria Welland.

PARTE 7

HABILIDADES RELACIONALES

Sesión 28
La conducta asertiva

Materiales

Control semanal
"La conducta asertiva"
"¿Qué es la conducta asertiva?"
"Cómo mantener un registro"

Meta

Enseñar a los hombres a ser más asertivos por medio de la conciencia propia y de la reestructuración cognitiva.

Objetivos

1. Revisar el control semanal.
2. Revisar "La conducta asertiva".
3. Discutir los cuatro tipos de conducta.
4. Discutir "¿Qué es la conducta asertiva?"
5. Modelar y desempeñar papeles sobre la conducta asertiva.
6. Asignar la tarea.

Programa

1. Revisar "La conducta asertiva" y "¿Qué es la conducta asertiva?", para darles una educación básica sobre la asertividad y para ayudarles a ser más conscientes de su propio grado de asertividad. Cuando discutan los cuatro tipos de conducta en el primer folleto, animen a los hombres a dar ejemplos. Los facilitadores deben ofrecer otros ejemplos y luego modelar y desempeñar papeles sobre las conductas asertivas diferentes. Animen a los hombres a que piensen en los beneficios de la asertividad para ellos en lo personal y para su relación.

   Recuerde a los miembros del grupo que éstas son herramientas, no reglas. A veces tiene más sentido ser pasivo y hay situaciones (como en una situación de defensa propia) en la que tiene más sentido ser agresivo. Estas herramientas fueron diseñadas principalmente para las relaciones que nos importan, relaciones que queremos mantener de una manera respetuosa tanto como sea posible.

Tarea

1. Use el material "Cómo mantener un registro" para describir una situación que le haya molestado y cómo la hubiera tratado de una manera diferente.

La conducta asertiva

☞ Materiales de clase

Asertiva. Esta conducta implica el conocimiento de lo que siente y quiere usted. También supone la expresión sincera y directa de sus sentimientos, sin violar los derechos ajenos. En todo momento acepta la responsabilidad por sus sentimientos y acciones.

"Me molestó cuando llegaste tarde de hacer las compras, porque yo tenía que salir de prisa para llegar al trabajo."

Agresiva. Este tipo de conducta implica atacar a otra persona, ser dominante, provocador o quizá hasta violento. Las consecuencias pueden ser destructivas tanto para los demás como para usted.

"¿Qué diablos tienes? ¡Sólo piensas en ti todo el santo tiempo!"

Pasiva. La persona se retira, se pone nerviosa y evita la confrontación. Las personas pasivas dejan que los demás piensen por ellos, tomen decisiones por ellos y les digan qué hacer.

Él se siente resentido pero no lo expresa y no lo resuelve. Siente que es inútil, o que no merece un trato mejor, o que nadie lo escuchará jamás de todas maneras. Normalmente llega a sentirse deprimido y puede creer que su esposa o pareja está tratando de aprovecharse de él a propósito. Pero no hace nada para cambiar la situación.

Pasiva-agresiva. Con esta conducta, la persona no es directa en sus relaciones con los demás, ni acepta lo que está pasando —pero se desquita indirectamente. Este tipo de conducta produce confusión. La otra persona siente el ataque, pero no sabe exactamente cómo ni por qué. Y la persona que la atacó puede actuar como si no hubiera hecho nada —dando a entender que la otra persona es "demasiado sensible".

El hombre trata a su novia de una manera fría y luego finge que nada está mal cuando ella le pregunta qué pasa.

O un hombre que siente que su esposa no lo valora "olvida" darle un recado telefónico. O hace algún comentario "en broma" acerca de cuánto pesa ella.

¿Qué es la conducta asertiva?*

🖰☞ Materiales de clase

- Pedir lo que quiere sin exigirlo.
- Expresar los sentimientos.
- Dar cumplidos y expresar sus percepciones sinceramente, y aceptarlas también cuando los demás lo hagan.
- No estar de acuerdo, pero sin ser agresivo.
- Hacer preguntas y obtener información de los demás.
- Usar "mensajes del yo" y afirmaciones de "yo siento", sin juzgar o culpar a los demás.
- Mirar a los ojos durante la conversación (a menos que sea una situación en la que esto sea inapropiado).

Ejemplos:

1. "¿Qué piensas de cómo traté lo de la tarea de los niños hace rato?"
2. "Siento pena cuando bromeas sobre mi peso enfrente de mis amigos".
3. "Mamá, sé que quieres que te llamemos más seguido, pero creo que no has advertido lo ocupados que estamos los dos".
4. "Luz, acabo de ver el reporte de tus calificaciones y estoy preocupado. ¿Por qué no nos sentamos a discutirlo juntos?"
5. "Sara, me gustaría mejor hablar de esto más tarde, cuando los dos estemos más calmados".
6. Mire a la otra persona a los ojos y dígale: "Me importas muchísimo. Vamos a resolver esto".

---

* Adaptado con permiso de Geffner y Mantooth, 1995. No se puede reproducir sin su permiso.

Cómo mantener un registro

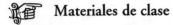 **Materiales de clase**

Mantenga un registro de una situación que le molestó durante la semana. Anote la información abajo. Mientras lo piensa, anote lo que hubiera sido *la mejor respuesta* en esta situación.

Situación y fecha	
Señales físicas (mías)	
Lo que me dije a mí mismo	
Cómo me sentí	
Mi conducta	
La mejor respuesta	

Expresando sentimientos
y pidiendo cambios

Materiales

Control semanal
"Peticiones y cómo rehusarse"
"Mensajes del yo" o "Cómo pedir cambios"
"Cómo mantener un registro"

Meta

Enseñar a los miembros técnicas específicas para expresar sus sentimientos y solicitar a otras personas que cambien.

Objetivos

1. Revisar el control semanal.
2. Revisar las tareas.
3. Revisar y practicar "Peticiones y cómo rehusarse".
4. Revisar y practicar "Los mensajes del "yo" o "Cómo pedir cambios".
5. Asignar tarea.

Programa

1. Expliquen el concepto de peticiones asertivas de los materiales de clase. Aclaren que estas peticiones se presentan como preguntas, no como declaraciones o exigencias. Comenten los dos tipos de peticiones asertivas.
2. Muestren, desempeñando papeles, las peticiones para cada una de estas situaciones y discútanlas con el grupo.
3. Expliquen el concepto de cómo rehusarse en forma asertiva de los materiales "Peticiones y cómo rehusarse".
4. Demuestren con ejemplos y papeles un rechazo asertivo para cada situación y discutan con el grupo.

Tarea

1. Llene "¿Qué puede usted pedir?" Practique los conocimientos diferentes que aprendió hoy en la sesión. Explique por escrito por qué algunas peticiones fueron más difíciles que otras.
2. Describa una situación que lo alteró durante la semana en los materiales llamados "Cómo mantener un registro". Mientras lo piensa, anote qué le hubiera gustado haber hecho en esta situación.

Peticiones y cómo rehusarse

☞ Materiales de clase

Peticiones asertivas. Éstas se presentan como preguntas y no como declaraciones o exigencias. Hay dos tipos de peticiones asertivas.

- Petición de conducta de parte de otra persona. Esta petición se usa cuando a usted le gustaría que alguien empezara a hacer algo que a usted le gusta, o que deje de hacer algo que no le gusta.
- Petición de una respuesta verbal de parte de otra persona. Ésta se usa cuando a usted le gustaría recibir información de alguien. Es especialmente útil cuando usted siente que alguien lo está presionando y usted desea una clarificación.

Trate de usar peticiones asertivas en las siguientes situaciones:

- Pida dinero prestado a algún amigo.
- En una sala de espera, pida a alguien que deje de fumar porque esto le molesta a su niño.
- Pida al abogado que contrató (y de quien usted no ha sabido en un mes) que acelere su caso.
- Pida a su maestro o supervisor una carta de recomendación.

Cómo decir "no" en forma asertiva. Se hace en forma clara y respetuosa. He aquí unos ejemplos.

- Diga claramente "no".
- Ofrezca una razón para el "no" (no siempre es necesario).
- Sugiera otra manera en que la persona pueda satisfacer sus necesidades.
- Piense en ofrecer alguna ayuda, pero en otra ocasión y bajo otras circunstancias.

Ensaye cómo decir "no" en forma asertiva en las siguientes situaciones:

- "Perdone, ¿podría prestarme su carro hoy?"
- "Me da mucho gusto encontrarlo. Necesito conseguir $100 prestados."
- "Yo quiero hablar de esto ahora mismo."
- "Vamos a ir a tomar unas copas después del trabajo. ¡Antes te gustaba ir de parranda! Ven con nosotros, una copa no va a hacerte daño."

Mensajes del "yo", o cómo pedir cambios

👉 Materiales de clase

Un método que se usa cuando usted trata de comunicar un sentimiento, intención o significado es el mensaje del "yo". Estos mensajes son específicos, sin juicios y se concentran en usted. En contraste, los mensajes del "tú" son hostiles, culpan y se concentran en la otra persona. Cambiar los mensajes del "tú" en "yo" puede ayudarle a comunicarse porque la otra persona no se sentirá atacada.

Para construir un mensaje del "yo".

1. Describa la conducta que le está afectando (sólo describa, no culpe).
2. Explique sus sentimientos sobre cómo le afecta la conducta. (Tal vez quiera seguir los pasos 3 y 4.)
3. Especifique la nueva conducta que usted querría que usara la otra persona.
4. Ofrezca una consecuencia positiva a cambio.

Construya mensajes del "yo" usando estas frases:

1. Cuando tú… (explique la conducta).
2. Yo me siento… (describa sus sentimientos) porque… (explique con más detalle).

Nota: usar la palabra *porque* con una explicación puede ayudar a dar a la otra persona más información para que pueda entenderlo a usted.

Tal vez quiera seguir los pasos 3 y 4.

3. Yo quisiera… (describa lo que usted querría como cambio).
4. Y si tú haces eso, yo haría…. (explique cómo se beneficiará la otra persona).

Las diferentes partes de un mensaje del "yo" no tienen que darse en un orden exacto. Lo importante es conservar el enfoque en usted y no culpar a otros.

- Cuando haces largas llamadas telefónicas a la hora de la comida, me molesto porque pienso que no quieres hablar conmigo.

Quisiera que le dijeras a quien sea que llame que le llamarás después, porque estamos comiendo.

Si lo haces, yo no te molestaré tanto por estar en el teléfono más tarde.

- Cuando no llegas a casa o llamas, me preocupa que algo te haya pasado.

Realmente me gustaría que me llamaras si vas a llegar tarde.
Si lo haces, prometo no estar de mal humor cuando llegues a casa.

- Cuando estoy muy ocupado en el trabajo y me regañas, me altero tanto que termino cometiendo más errores.

Desearía que te relajaras un poco cuando sabes que estoy ocupado.
Si puedes hacer esto, sería mucho más fácil trabajar conmigo.

Cómo mantener un registro

 Materiales de clase

Mantenga un registro de una situación que le molestó durante la semana. Anote la información abajo. Mientras lo piensa, anote lo que hubiera sido *la mejor respuesta* en esta situación.

Situación y fecha	
Señales físicas (mías)	
Lo que me dije a mí mismo	
Cómo me sentí	
Mi conducta	
La mejor respuesta	

Cómo manejar la crítica

Materiales

Control semanal
"Cómo manejar la crítica"
"Cambiando la comunicación crítica"

Meta

Enseñar a los miembros del grupo maneras específicas y diferentes para manejar la crítica de manera eficaz.

Objetivos

1. Revisar el control semanal.
2. Revisar la tarea.
3. Revisar el material "Cómo manejar la crítica".
4. Modelar respuestas asertivas a la crítica.
5. Guiar a los miembros del grupo, por medio de un desempeño de papeles, sobre el manejo de la crítica.
6. Revisar "Cambiando la comunicación crítica".
7. Asignar la tarea.

Programa

1. Es normal que los esposos se critiquen –constructiva o destructivamente. Para la mayoría de la gente es difícil manejar la crítica y en la mayoría de los casos se ponen a la defensiva. Una buena parte de la comunicación efectiva reside tanto en aprender a hacer crítica constructiva como en recibirla. Por lo tanto, el objetivo de esta sesión es enseñar habilidades en el manejo de la recepción de la crítica.

    Revisen el material "Cómo manejar la crítica" con los miembros del grupo. Pueden tratar las maneras no constructivas de manejar la crítica graciosamente. Usen ejemplos y el desempeño de papeles cuando estén enseñando las maneras constructivas de manejar la crítica.

2. Pongan atención particular en las actitudes de los hombres hacia el enojo de las mujeres. Discutan cómo los hombres puedan trivializar el enojo de las mujeres:

- "Está reglando".
- "¡Te ves tan linda cuando te enojas!"
- Reírse de ella cuando está molesta.

3. Revisen el material del Rincón del niño "Cambiando la comunicación crítica". Los participantes lo ensayarán como tarea.

Tarea

1. Escriba dos ejemplos de situaciones en que usted pensó que su esposa o pareja le estaba criticando. Escriba cómo se sintió y si cree que la crítica fue constructiva o destructiva. Describa exactamente cómo lo manejó: lo que se dijo a sí mismo, sus sentimientos y su respuesta. Reflexione en cómo lo hubiera manejado mejor.

Crítica:

Lo que se dijo a sí mismo:

Sentimientos:

Su respuesta:

¿Mejor respuesta?:

2. Practique maneras alternativas de comunicarse con sus hijos, usando "Cambiando la comunicación crítica" como ejemplo. Anote dos ocasiones en que lo usó y cómo respondió su hijo.

Cómo manejar la crítica

 Materiales de clase

Respuestas destructivas

A todos nos critican a veces. Cómo se maneja la crítica tiene importancia especial en las relaciones íntimas. No es infrecuente reaccionar de una manera defensiva. Éstas son algunas respuestas a la crítica:

1. Evitar la crítica y al criticón. Ignorarlo, cambiar el tema, bromear, rehusar discutirlo, estar demasiado ocupado, retirarse emocional o físicamente.

   • Cuando alguien le critica, no responda verbalmente, sólo échele una mirada que le diga: "¡Vete al diablo!" y salga de allí.
   • Cuando le hable la otra persona, mire hacia el piso, fije la vista en el espacio o mírela fijamente. Evite mirarla a los ojos.
   • "No quiero hablar de esto. ¡Tema cerrado!"
   • Imagine que llega tarde al trabajo y el patrón lo confronta. Podría cambiar el tema hablando de cómo tiene usted que arreglar su carro para que sea más confiable.

   Practique "la evitación". Su esposa le dice: "¡No haces casi nada para ayudarme con el quehacer!" ¿Qué hace?

2. Niegue el comentario crítico. Niegue los hechos, discuta, presente evidencia, no tome responsabilidad por nada en absoluto.

   • Discuta los hechos. Pelee por todos los detalles menores. Por ejemplo: "No, no dije que tu mamá es un sapo. Solamente dije que está siempre croando".
   • Niegue que se le hayan pasado las copas: "Yo no estaba borracho en la fiesta."
   • "No sé de qué estás hablando. No te entiendo."

   Practique "la negación". Su esposa o pareja ha preparado la cena para los dos. Después de que usted llega una hora tarde de su juego de futbol, ella le dice: "No sé por qué me canso haciendo cosas para ti. ¿Por qué no llegaste cuando me dijiste?" ¿Qué hace?

3. Dé pretextos. Explique su conducta detalladamente, arrepiéntase mucho, tenga una coartada o un pretexto, o discuta la importancia de su conducta.

- Llega tarde para recoger a su novia o su esposa. Entra en detalles acerca de cómo se perdieron las llaves, tenía que buscarlas y el bebé está siempre perdiendo todo. Pronto su novia va a querer mejor que no hubiera dicho nada.
- De nuevo llega tarde y su novia está molesta. Haga afirmaciones como: "Bueno, sólo fue una película. Piensa en todas las cosas importantes que tengo que hacer todos los días".
- "Bien, estaba muy cerca de ella durante la fiesta. No quiere decir que me importe. Tú sabes que sólo te quiero a ti".

Practique "los pretextos". Está recibiendo llamadas de una novia pasada y no está haciendo nada para desanimarla. Su esposa le dice: "¡Es obvio que te importa ella mucho más que yo! "¡Dile que deje de hablar a esta casa!" ¿Qué hace?

4. Devuelva golpe por golpe. Ataque, desquítese, la mejor defensa es un buen ataque, batalle con fuego contra el fuego. Esto puede ser agresivo o pasivo-agresivo.

- Imagine que un familiar le dice algo sobre cómo ha engordado usted. Ataque su peso de él o de ella, el quehacer que hace, su escritura, etcétera.
- Puede hasta desquitarse siendo descuidado con sus muebles y dejando caer su bebida, o llegando tarde cuando para ella es muy importante llegar a tiempo adonde van.
- "¿Por qué quieres siempre hablar de estas cosas en un mal momento? ¿No sabes cuánto estrés tengo que aguantar?"
- "¿Por qué eres siempre tan pendeja?"
- Agarre a su esposa, tape su boca con su mano y amenácela con golpearla si no se calla.

Practique "devolver golpe por golpe". Maneje a casa después de tomar mucha cerveza.

Su esposa le dice: "¡Qué cosa tan estúpida! ¿No te importamos tus hijos y yo?"¿Qué hace?

Respuestas constructivas

Como puede ver, todas estas formas de manejar la crítica son capaces de dañar severamente la buena comunicación y destruir las relaciones. Las discusiones graves pueden resultar porque alguien ha sido ignorado, cuestionado o atacado. Ya que las respuestas comunes a la crítica son tan destructivas de la comunicación y de las relaciones, intente éstas a cambio:

1. Pida detalles. La crítica suele ser vaga y expresada en generalidades. Por ejemplo: "Eres flojo" o "No me gusta para nada cómo te estás portando". Cuando pida detalles, logre comprender exactamente lo que quiere decir la otra persona.

- "¿Puedes darme más detalles, por favor?"
- "¿Puedes ser más específica para que yo pueda entender?"
- Sugiera algunas quejas posibles y pregunte si éstas pueden ser el problema. "¿Estás molesta porque no te puse mucha atención en la fiesta?"
- Su esposa o pareja le dice: "Eres un maleducado". Responda: "Sí, es cierto. A veces soy maleducado. Lo sé. Pero ¿qué hice en ese momento que te pareció maleducado?"

2. Esté de acuerdo con la parte correcta de la crítica. Un segundo paso en el manejo eficaz de la crítica es mostrarse de acuerdo con la parte de la crítica que es cierta.

- Imagine que fueron al cine; a usted le gustó la película, pero su novia le critica porque le gustó. En vez de ponerse a la defensiva, dígale: "Sí, me gustan esas películas de aventuras. Parece que nuestros gustos para las películas son distintos".
- Esté de acuerdo en principio. "Sí, sería mejor para mi salud si dejara de fumar, pero escojo no hacerlo."

3. Si ella tiene razón, ¡pídale disculpas! Ésta es la cosa más madura y adulta que pueda hacer en esta circunstancia. No hay vergüenza en el reconocimiento de nuestras equivocaciones, ya que está acompañado por el esfuerzo sincero para corregirlas.

Lineamientos generales para el manejo de la crítica

1. Aprenda a considerar la crítica como una oportunidad de aprender y desarrollarse.
2. Evite ponerse a la defensiva.
3. Escúchela activamente.
4. Esté consciente del lenguaje no verbal.
5. Verifique las señales físicas y emocionales.
6. Actúe, no reaccione.

Practique "respuestas constructivas" a las mismas cuatro situaciones:

1. Su esposa le dice: "De veras me hace falta ayuda con el quehacer de la casa". ¿Qué hace?

2. Su esposa o pareja ha preparado la cena para los dos. Después de que usted llega una hora tarde de su juego de futbol, ella le dice: "No sé por qué me canso haciendo cosas para ti. ¿Por qué no llegaste cuando me dijiste?" ¿Qué hace?

3. Está recibiendo llamadas de una novia pasada y no está haciendo nada para desanimarla. Su esposa le dice: "¡Es obvio que te importa ella mucho más que yo! ¡Dile que deje de hablar a esta casa!" ¿Qué hace?

4. Maneja a casa después de tomar mucha cerveza. Su esposa le dice: "¡Qué cosa tan estúpida! ¿No te importamos tus hijos y yo?" ¿Qué hace?

---

* Adaptado de Geffner y Mantooth, 1995. No se puede reproducir sin permiso.

Rincón del niño

Cambiando comunicación crítica por comentarios favorables*

En esta página vamos a ensayar cómo ir cambiando su estilo de comunicación con su hijo para que él (ella) se sienta valorado(a) en vez de criticado. Aunque usted y su pareja tienen la responsabilidad de corregir a sus hijos, esto no quiere decir que es necesario o productivo insultarlos o lastimarlos. Recuerde cómo se sentía (o siente) usted cuando alguien le hablaba (o habla) de esta forma. La comunicación crítica muchas veces se aprende en familia y es frecuentemente un tipo de abuso verbal.

- *Comentario crítico*: "¡Eres tan estúpido! ¿Qué no puedes hacer nada bien?"
- *Comentario favorable*: "Parece que estas teniendo dificultad para recordar lo que estudiaste para el examen".
- *Comentario crítico*: "¡Pon atención! No me extraña que no sepas nada; nunca escuchas".
- *Comentario favorable*: "Es difícil para ti poner atención en este momento. Vamos a tomar un descanso y luego tratamos otra vez".
- *Comentario crítico*: "¡Cállate! No sabes lo que dices, como siempre".
- *Comentario favorable*: "¿Podemos ver esto otra vez? Creo que no entiendo lo que tratas de decir".
- *Comentario crítico*: "No sé por qué eres tan flojo. No estás haciendo ningún esfuerzo. ¿Cómo esperas llegar a lograr algo si no lo intentas?"
- *Comentario favorable*: "De acuerdo" con la conversación que tuvimos con tu maestra, parece que te falta motivación... ¿Tú qué opinas? ¿Qué crees que podamos hacer para mejorar?"

---

* *Eight Weeks to a Well-Behaved Child. A Failsafe Program for Toddlers through Teens* [Ocho semanas para tener un niño bien portado. Un programa a prueba de fallas para niños desde pequeños hasta adolescentes], © James Windell, 1994. Citado con el permiso del autor.

Expresando sus sentimientos y escuchando en forma activa

Materiales

Control semanal
"Expresando sus sentimientos"
"Escuchando en forma activa"

Meta

Aprender cómo expresar los sentimientos y escuchar los sentimientos de otros.

Objetivos

1. Revisar el control semanal.
2. Revisar la tarea.
3. Revisar "Expresando sus sentimientos". Desempeñar papeles y discusión de grupo.
4. Revisar "Escuchando en forma activa".
5. Modelar y desempeñar papeles sobre los ejemplos de cómo escuchar activamente.
6. Rincón del niño: "Cómo desalentar al comportamiento...".
7. Asignar la tarea.

Programa

1. Comentar las formas en que los miembros del grupo pueden haber sido expuestos a diferentes estilos de comunicación emocional. Recuerden la investigación de Dutton (vea Dutton, D., S. Golant, 1995) sobre los ofensores de violencia familiar y sus relaciones afectivas con sus padres: llenos de episodios de vergüenza y distancia emocional.
2. Repasar los materiales llamados "Expresando sus sentimientos". Practiquen las diferentes situaciones desempeñando papeles. Repasen las formas asertivas y no asertivas de expresar sentimientos en es-

tas situaciones. Discutir las diferentes formas en que decidimos si una situación vale o no vale una respuesta.

3. Repasar los materiales llamados "Escuchando en forma activa". Expliquen los conceptos básicos, modelen y desempeñen papeles sobre escuchar activamente en las diferentes situaciones.

4. Leer el material sobre "Cómo desalentar el comportamiento..." y asignar la tarea de practicarlo esta semana.

Tarea

1. Escriba tres ejemplos de sus respuestas sobre "Cómo escuchar en forma activa" durante la próxima semana.

    Situación:

    Usted dijo:

    Situación:

    Usted dijo:

    Situación:

    Usted dijo:

2. Repase el material sobre "Cómo desalentar el comportamiento..." y trate de practicarlo esta semana. Esté preparado para discutirlo con el grupo.

Expresando sus sentimientos

 Materiales de clase

En cada situación siguiente:

- Identifique sus sentimientos.
- Exprese cómo podría expresar sus sentimientos. Recuerde usar oraciones con "yo".
- Recuerde que no tiene que responder siempre. Si decidiera no decir nada en alguna de estas situaciones, describa sus sentimientos.

Su novia iba a ir a comer con usted, y usted la ha estado esperando por una hora. Cuando finalmente llega, ella le dice que tenía unos mandados que hacer antes de venir.

Un amigo suyo hace un comentario "en broma" sobre que la esposa de usted "se está poniendo gordita".

Su esposa le hace a usted bromas delante de sus amigos diciendo que usted no sirve para arreglar cosas en su casa.

Se le hizo tarde y, al llegar a su casa, su pareja le exige una explicación; pero en cuanto usted empieza a explicarle, ella le interrumpe gritando que es usted un desconsiderado.

Cómo escuchar en forma activa

☞ Materiales de clase

"Escuchar activamente" es una técnica de comunicación que alienta a la otra persona a seguir hablando y le da a usted la posibilidad de entender lo que la otra persona está diciendo. Es una forma de verificarlo. Se llama Escuchar activamente porque usted no sólo escucha, sino además le deja saber a la otra persona que realmente la ha escuchado.

A. Resumir al escuchar activamente:

- "Parece que te sientes... (sentimientos) sobre... (situación)"
- "Entonces debes sentirte... (sentimientos)"
- "Parece que lo que estás diciendo es que..."

B. Escuchar activamente implica también clarificar:

- Clarificar supone hacer preguntas para obtener más información.
- Clarificar ayuda a escuchar detalles más específicos sobre la situación y los sentimientos.
- Clarificar también permite a la otra persona saber que usted está interesado en lo que ella dice.
  - ◆ "Bueno, dime qué pasó que te alteró tanto".
  - ◆ "¿Cómo te sentiste cuando eso pasó?"

C. Escuchar activamente con frecuencia lleva a personalizar:

- Personalizar significa ofrecer un ejemplo personal del mismo sentimiento o de la misma situación.
  - ◆ "Creo que sé lo que quieres decir. Yo también he estado en situaciones similares".
  - ◆ "Yo sentí lo mismo cuando perdí mi trabajo. Creo que todos lo sentimos".
- Personalizar ayuda a la otra persona a sentirse menos sola y hace suponer que alguien más ha vivido esto y se ha recobrado de ello.
- Personalizar puede causar daño si usted habla demasiado de sí mismo y aparta su atención de la persona que la necesita.
  - ◆ "¿Crees que te fue mal? ¡Pues escucha lo que me pasó a mí!"

D. Escuchar en forma activa no significa animar en exceso, defenderse a sí mismo, juzgar a la persona o repetir exactamente lo que se dijo:

- Lo que me toca hacer a mí por aquí es solamente el trabajo sucio.
  "Oh, vamos, hace calor hoy". "Simplemente estás de mal humor, no te preocupes".

- ¡No se puede confiar en nadie por aquí!
  "Vamos, vamos. Está bien. Todo va a salir bien. ¡Yo lo voy a arreglar por ti!"

- Me siento muy preocupado de que mi familia se va a enojar porque me salí de la escuela.
  "No deberías sentirte así".

- Trato y trato de hablar contigo sobre cómo manejar a los niños y nunca me haces caso.
  "¡Yo mando aquí!" "¡No más discusión!"

- ¡Este lugar está realmente asqueroso!

- "Parece que estuvieras pensando que este lugar está muy asqueroso".

Algunos puntos clave para escuchar bien en forma activa:

- Buen contacto en la mirada.
- Inclínese levemente hacia adelante.
- Refuerce asintiendo con la cabeza y resumiendo lo que dice la otra persona.
- Clarifique haciendo preguntas.
- Evite distracciones.
- Trate de entender realmente lo que se dijo.

Rincón del niño

Cómo desalentar el comportamiento retirando la atención

 Materiales de clase

Ejemplos:

- "Tienes control de ti mismo sin que te castigue. Eso me gusta."
- "Dejaste de pegarle a tu hermana sin que te hablara. Bien hecho."

Ignorar el comportamiento es una técnica de disciplina muy valiosa para corregir una mala conducta. Su uso es apropiado para un mal comportamiento menor, irritante, detestable, molesto o dirigido a obtener su atención.

> Recuerde que es muy difícil al principio para muchos padres ignorar la mala conducta, pero con la práctica se vuelve más fácil.

Tan pronto como la conducta indeseable empiece, ignórela, no responda de manera alguna. Tan pronto como la conducta no deseada termine, deje de ignorarla y responda con elogios y atención, recompensas y privilegios, alabanza recordatoria, o comunicación y conversación normales.

Si el comportamiento de un niño es muy molesto, irritante o incómodo, considere el uso de alguna forma de relajación u otras estrategias para inducir la tranquilidad, que le ayudarán a mantenerse tranquilo y a evitar ceder y responder al mal comportamiento.

---

* *Eight Weeks to a Well-Behaved Child. A Failsafe Program for Toddlers through Teens* [Ocho semanas para tener un niño bien portado. Un programa a prueba de fallas para niños desde pequeños hasta adolescentes], © James Windell, 1994. Citado con el permiso del autor.

Capacitación en la empatía: lo que siente mi pareja

Materiales

Control semanal

Meta

Ayudar a los miembros del grupo a adquirir una comprensión lo más clara posible de lo que la otra persona experimenta durante un pleito o una situación de maltrato.

Objetivos

1. Revisar el control semanal.
2. Revisar la tarea.
3. Introducir el concepto y la importancia de la empatía.
4. Guiar a los miembros del grupo por el ejercicio "Capacitación en la empatía".
5. Revisar con un miembro del grupo lo que aprendió de este ejercicio.
6. Hacer lo mismo con otros miembros del grupo.

Programa

1. A muchos de los hombres en nuestros grupos les falta la empatía. Es posible que su conducta fuera muy diferente si estuvieran sinceramente conscientes del efecto de la misma en las personas que los rodean. Pueden considerar algo como lo siguiente a manera de introducción a esta sesión: Están aquí porque, en algún momento de su pasado, cometieron abuso. Es posible que no estuvieran conscientes de cómo su conducta afectaba a su esposa o pareja, o de cómo hubiera sido estar en la posición de ella. Queremos ayudarlos a adquirir más conocimientos de eso, para que cuando suceda algo parecido de nuevo, estén mejor informados. Si hubieran sabido entonces lo que saben ahora (o lo que están aprendiendo ahora), quizá hubieran optado por otras acciones.

2. Las instrucciones son sencillas. Un miembro del grupo describe una situación de conflicto interpersonal. Luego se le asigna el papel de su pareja. Digan a los miembros del grupo que imaginen que están desempeñando el papel de su esposa o pareja:

> *Éste es el grupo para "Esposas y parejas". Las hemos invitado hoy para escuchar su versión de la historia. Hemos escuchado mucho de lo que ha pasado en su familia desde el punto de vista de sus esposos o parejas. Ahora queremos saber exactamente cómo se sentían ustedes y lo que ustedes han experimentado.*

Se desempeñan papeles de la escena de conflicto. El voluntario debe describir exactamente lo que su esposa o pareja (por ejemplo) está pensando y sintiendo –sin sarcasmo, sin comentarios editoriales, sin tratar de que ella quede mal. El grupo debe darle retroalimentación hasta que crean que él ha desempeñado el papel correctamente, hasta que se haya metido de veras en el papel de ella.

La meta aquí no es la resolución de problemas, sino la comprensión. También es importante recordar a los hombres que adquirir un punto de vista empático no necesariamente quiere decir estar de acuerdo con la otra persona, sino sencillamente tratar de entender cómo se siente esa persona.

3. Una manera de estructurar este ejercicio es tomar notas en el pizarrón durante el proceso del control semanal. Estas notas describen los puntos de vista de las esposas o parejas en la discusión. Luego usen éstos para el ejercicio de la capacitación en la empatía. Por ejemplo:

- "Rosalba está suspicaz porque otra mujer me ha estado llamando."
- "Diana me regaña porque voy a jugar futbol con mis amigos."
- "Nieves insistía en ver su programa de televisión, aunque bien sabía que era la hora de la Copa Mundial."

4. Continúen este ejercicio con todos los miembros que se pueda. Animen a todos los miembros a unirse al grupo con preguntas y discutiendo sobre las "esposas y parejas" de sus compañeros.

Los cuatro jinetes del Apocalipsis

Materiales

Control semanal
"Los cuatro jinetes del Apocalipsis"
"Daniel y Clara"
"Mecanismos de reparación"

Meta

Instruir a los miembros sobre patrones destructivos en la comunicación matrimonial, ayudarlos a identificar estos patrones y reconocer los automensajes negativos que los acompañan.

Objetivos

1. Revisar el control semanal.
2. Repasar "Los cuatro jinetes del Apocalipsis".
3. Leer y desempeñar papeles con "Daniel y Clara".
4. Animar a la discusión sobre el diálogo interior en esta comunicación.
5. Repasar "Los mecanismos de reparación".
6. Asignar tareas para casa.

Programa

La investigación de John Gottman y sus colegas (Gottman, 1994) nos ha ayudado a entender los patrones de comunicación marital que, de modo casi seguro, pueden destruir un matrimonio. Los materiales de clase explican los principios básicos y los ejemplos de estos patrones de comunicación. Use estos materiales como guía de la discusión. Pida a los miembros que se identifiquen a sí mismos y a sus parejas en los ejemplos.

Asegúrense de (1) identificar los patrones de diálogo interior que gobiernan estos patrones, y (2) desempeñen papeles de las diversas posibilidades de diálogo interior y comunicación.

Tarea

1. Identifique cuatro situaciones en que usted usó uno de los "mecanismos de reparación" en comunicación con su esposa o pareja, o
   con alguien más. Describa la situación y lo que usted dijo.

   Situación:

   Usted dijo:

   Situación:

   Usted dijo:

   Situación:

   Usted dijo:

   Situación:

   Usted dijo:

Los cuatro jinetes del Apocalipsis

🖐☞ Materiales de clase

Alfredo: ¿Recogiste la ropa de la lavandería?

Irma: (haciéndole burla) "¿Recogiste la ropa de la lavandería?" Tú recoge tu propia maldita ropa de la lavandería. ¿Quién soy yo aquí, la sirvienta?

Alfredo: Si fueras la sirvienta, por lo menos sabrías limpiar la casa.

Recientes investigaciones sobre el matrimonio han descubierto los cuatro jinetes del Apocalipsis: crítica, desprecio, estar a la defensiva y el muro del silencio. Cuando las parejas usan estos tipos de conducta con frecuencia, más posibilidades tienen de ser explosivas. Los investigadores han encontrado que las parejas que usan estos comportamientos uno con el otro están, casi con seguridad, destinadas a la infelicidad, el abuso verbal y físico o el divorcio.

Crítica. Las quejas se expresan de manera destructiva, como un ataque al carácter de la pareja.

Cuando su marido llega tarde y pide disculpas, Carmen le dice, delante de su hija: "Está bien; nos dio tiempo de comentar tu asombrosa habilidad para echar a perder todos los planes que hacemos. Eres tan inconsciente y egoísta".

Las diferencias entre quejas y acusaciones personales son claras. En una queja, la esposa dice solamente lo que le molesta y critica las acciones del marido, no su persona, diciendo cómo la hicieron sentir estas acciones. "Cuando olvidas traer la ropa de la lavandería, yo siento como que no te importo".

La dura acusación deja al que la recibe sintiéndose avergonzado, culpable, rechazado y con defectos, lo que probablemente lo lleve a una respuesta defensiva, en vez de a tomar medidas para remediar la situación.

Desprecio (asco). Se expresa generalmente no sólo con palabras, sino también con el tono de voz y expresiones de enojo.

Lo que distingue el desprecio es la *intención de insultar y de abusar psicológicamente de la pareja*. Cuando el desprecio empieza a abrumar a la relación, él o ella suele olvidar totalmente las cualidades positivas de la pareja, al menos cuando está alterado. No son capaces de recordar ni un solo acto positivo.

Éstas son algunas indicaciones usuales del desprecio:

- Insultos y groserías
- Humor hostil
- Burla y sarcasmo
- Lenguaje corporal que demuestra asco

Las críticas y desprecios (o asco) habituales son señales peligrosas porque indican que el marido o la esposa han establecido un juicio silencioso de las peores características de su pareja. En su pensamiento interno, la pareja siempre se verá condenada.

A la defensiva. Actuar a la defensiva es la respuesta de contraataque. Aquí, el marido o la esposa se niega a aceptar cualquier cosa que su pareja diga. Es un aspecto de la reacción de "pelear o huir". Con ésta, el individuo sólo sabe pelear.

Actuar a la defensiva se experimenta como una reacción comprensible al sentido de ser atacado. Por eso es tan destructivo. La "víctima" no ve nada malo en actuar a la defensiva, aunque esta actitud aumenta el conflicto en vez de llevar a la resolución.

Éstos son algunos ejemplos de acción defensiva:

- Negando la responsabilidad ("No es mi culpa").
- Inventando pretextos ("El tráfico fue terrible, ¿qué podía yo hacer?").
- Contraquejas ("¡Bueno, tu familia tiene problemas también!").
- Yo soy hule, tú eres pegamento ("¡Eso no es cierto, eres tú la que nunca ayudas!").
- Sí, pero... ("Sí, pero nunca me dijiste exactamente a qué horas querías que regresara a casa").
- Quejándose ("Nunca hago eso, ¿por qué lo dices? ¡No es cierto!").
- Lenguaje corporal defensivo (brazos cruzados en el pecho).

Los maridos defensivos son como los bateadores de beisbol que practican con una máquina de picheo y cada bola es como una crítica de sus esposas. Responden así, incluso ante quejas ligeras, como preocupaciones, tristeza o gimoteos. Reaccionan con agresión humillándola, sin asumir ninguna responsabilidad por lo que ella está diciendo. No muestran interés alguno por lo que ella sienta.

Los maridos defensivos nunca dicen "Tal vez tengas razón", "Ya veo tu punto de vista", "No se me había ocurrido", "Ya te entendí" o "Te debo una disculpa".

Algunos maridos no defensivos logran mantener la comunicación sólo escuchando con paciencia o cambiando de tema. A veces sólo necesitan hacer preguntas, o un humor amistoso, para calmar la situación. De una u otra manera, estos maridos no defensivos encuentran la forma de no empeorar la tensión al tratar de pegar un "jonrón". Están comunicando respeto.

El muro del silencio. Esto es lo último en defensa. El que lo realiza simplemente permanece en silencio y se sale de la conversación, lo cual implica un fuerte mensaje: distancia de hielo, superioridad y repugnancia. Cuando las parejas lo hacen con frecuencia, las posibilidades de llegar a un acuerdo se desvanecen.

Es más común que los hombres opongan el muro del silencio que las mujeres. Los hombres se sienten más alterados físicamente por la tensión en el matrimonio que las mujeres.

No confunda el muro del silencio con un tiempo fuera, el cual comunica respeto. Lo que se quiere comunicar con un tiempo fuera es que ambos dan importancia a la relación haciendo un esfuerzo especial para no hacer más daño. Hay, además, un compromiso claro de que la discusión continuará después. El muro del silencio sólo comunica el asco. La pareja se siente muy frustrado(a) y muchas veces hasta loco(a).

Daniel y Clara*

 Materiales de clase

Los chicos se están portando muy mal y Daniel, el padre, se está enojando. Voltea hacia su esposa y le dice en un tono fuerte: "Querida, ¿no crees que los niños deberían callarse un poco?"

Lo que él se dice en su interior es: "Ella es demasiado blandita con los chicos."

Clara, respondiendo a su enojo, siente a su vez una carga de ira. Se le pone tensa la cara y responde: "Los chicos se están divirtiendo. Ya se van a la cama."

Lo que ella dice en su interior es: "Otra vez dando lata. Todo lo que hace es quejarse."

Daniel está visiblemente enojado. Se le acerca amenazador con los puños apretados, mientras dice en tono de enojo: "¿Quieres que yo los mande a la cama ahorita?"

Él dice en su interior: "Ella se opone a todo lo que yo digo. Más vale que tome el control."

Clara, asustada de repente por Daniel, dice quedamente: "No, yo los voy a llevar a la cama ahorita."

Ella dice en su interior: "Está perdiendo el control, podría lastimar a los chicos. Más vale que le dé por su lado."

Lo que esto significa:

Para Clara, su diálogo interior en esta conversación es más o menos así: "Siempre se está aprovechando de mí con su enojo."

Para Daniel, su diálogo interior es más o menos así: "Ella no tiene derecho a tratarme así."

Clara se siente como una víctima inocente en su matrimonio, y Daniel se siente insultado e indignado por lo que él siente como malos tratos.

Una vez que estas ideas echan raíces, son muy difíciles de erradicar. Ambos continuarán buscando cualquier evidencia para reforzar su punto de vista. Y olvidan, o ponen menos atención en lo positivo. Aun los comentarios más inocentes les hacen pensar: "Ahí está, dando lata otra vez".

---

* Adaptado con permiso de Gottman, 1994.

Mecanismo de reparación*

👉 Materiales de clase

¿Qué podemos hacer para evitar que un conflicto empeore?

Éstas son algunas frases específicas que podemos usar cuando la conversación marital comienza a ser agresiva, acusadora, burlona, evasiva, fría o defensiva. Estas frases pueden ayudar a devolver la conversación a la vía del respeto mutuo.

Recuerde que el tono de voz y el lenguaje corporal tienen tanto impacto como las palabras. Algunas de estas afirmaciones pueden recibirse como críticas o desafíos, dependiendo de cómo se digan:

- "Por favor, déjame terminar."
- "Nos estamos saliendo del tema; realmente quiero que arreglemos esto."
- "No estoy enojado por esto, pero eso realmente lastimó mis sentimientos."
- "Sí, ya veo lo que quieres decir."
- "Ajá, continúa."
- "Creo que nos estamos saliendo de la cuestión."
- "Creo que sé cómo te sientes. Quiero que sepas que no estás sola al sentirte así."
- "Me gusta tu idea."
- "Entiendo cómo te sientes."
- "¿Sabes? Tienes razón cuando dices que no he estado involucrado con los niños lo suficiente. Ahora, volvamos a lo que pasó hoy entre nosotros."
- "Me dio mucho gusto que pudiéramos hablar de este asunto."
- "Siento mucho eso. No tenía idea de que te afectara tanto."
- "Entiendo que estés enojada porque llegué tarde, pero deja que te explique más sobre lo que pasó y tal vez entenderás."

---

* Adaptado con permiso de Gottman, 1994.

Cumplidos: cómo darlos, cómo recibirlos

Materiales

Control semanal
"Cómo recibir los cumplidos"

Meta

Aprender el valor de dar y recibir cumplidos; identificar maneras en que pasan por alto el valor de los cumplidos y algunas maneras en que podrían dirigir cumplidos con más efecto.

Objetivos

1. Revisar el control semanal.
2. Revisar la tarea.
3. Explicar los distintos tipos de cumplidos.
4. Revisar el folleto "Cómo recibir los cumplidos".
5. Enseñar a valorar los cumplidos.
6. Animar la discusión sobre las actitudes interiores respecto de los cumplidos.
7. Guiar el ejercicio de cómo ofrecer los cumplidos.
8. Repasar "Castigos efectivos" del Rincón del niño y discutirlos.
9. Asignar la tarea.

Programa

1. Explicar cómo la conducta asertiva incluye no sólo la capacidad de dirigir cumplidos claros y directos a los demás, sino también la de aceptar sinceramente los cumplidos de los demás. Definan la palabra *cumplido*: den ejemplos específicos de distintos tipos de cumplidos, incluyendo los que están basados en la apariencia física, la conducta y la personalidad básica.
2. Revisar "Cómo recibir los cumplidos". Expliquen la manera asertiva de manejar los cumplidos: aceptar y recompensar. Como ejercicio, pidan a los hombres que dediquen un cumplido a cada facilita-

dor (o sólo a uno); luego ofrezcan un ejemplo de una respuesta defensiva. Para hacerlo más divertido, pidan un cumplido distinto de cada miembro del grupo hasta que hayan modelado las cinco respuestas. Pidan a los hombres que discutan ejemplos personales de estas respuestas.

3. Ahora revisen el diálogo interior que impide a algunas personas dirigir cumplidos a los demás, como: "Nunca me alabaron, ¿por qué tengo que alabar a otros?", o recibirlos, como: "La gente pensará que soy muy creído".

4. No dejen de discutir las maneras en que se pueden usar los cumplidos para manipular a otros, y por qué algunas personas desconfían tanto de los cumplidos. Que los hombres desempeñen papeles usando los cumplidos sinceramente y de manera manipulativa en su matrimonio.

5. Pidan a cada miembro del grupo que ofrezca un cumplido sincero a los tres miembros del grupo que están sentados a su derecha. Dirijan la atención del grupo a la manera en que dan y reciben los cumplidos.

6. Repasar "Castigos efectivos" del Rincón del niño. Discutan brevemente y asignen la tarea.

Tarea

1. Registre tres cumplidos que reciba en la próxima semana. Describa lo que se dijo a sí mismo y su respuesta a cada uno.

- Cumplido:
  Lo que se dijo:
  Respuesta:

- Cumplido:
  Lo que se dijo:
  Respuesta:

- Cumplido:
  Lo que se dijo:
  Respuesta:

2. Revise el material "Castigos efectivos" del Rincón del niño. Coméntelo con su pareja si puede, y trate de usar algunas de estas técnicas durante la semana.

Cómo recibir los cumplidos

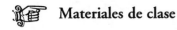 **Materiales de clase**

Respuesta asertiva

Aceptar los cumplidos es una señal de asertividad, que nos puede ayudar a aumentar la autoestima. El propósito de este ejercicio es examinar lo que nos pasa cuando nos dirigen un cumplido sincero y cuando se los hacemos a los demás.

Aceptar y recompensar. Ésta es la respuesta más asertiva y positiva a los cumplidos. Por lo general significa que diremos algo como: "Gracias, lo aprecio", con mirada agradecida. La clave de este estilo es que usted se siente bien y hace sentir bien a la otra persona porque le hizo un cumplido. Él o ella va a querer hacerlo de nuevo.

Respuestas defensivas

Rehusarlo. "¡Oh!, ¿ésa cosa vieja?", o "La verdad es que estoy regándola, pero lo escondo bien". Este tipo de negación implica que la persona que le ofrece el cumplido está equivocada y que no percibe bien las cosas. ¿Cree que la otra persona le va a dedicar un cumplido otra vez?

Desviarlo. Esto abarca el lenguaje del cuerpo: echarlo a un lado por mirar hacia abajo o encogerse de hombros. Otra manera es ignorarlo completamente sin dar señal de haberlo escuchado.

Regreso automático. Este tipo es una manera común de manejar la incomodidad de recibir el cumplido. Aquí suelta abruptamente: "¡Oh!, gracias, tú te ves muy bien también", tan rápido que se oye poco sincero y forzado. No hay mal en ofrecer a alguien un cumplido a cambio, pero si lo dice demasiado rápido o se esfuerza demasiado por encontrar uno, no funcionará bien.

Hacerse sospechoso. Usted sabe que hay ocasiones en que la gente trata de manipularlo con cumplidos. Si le han hecho esto en el pasado, puede ser que se vuelva sospechoso automáticamente, aun cuando no exista ninguna razón para creerlo. Puede ser que siempre se pregunte: "¿Qué quiere de mí ahora?"

Machismo. Como el cumplido lo pone nervioso, cubre sus sentimientos con algo como esto: "¡Así es! Es cierto que soy el bato más fuerte por acá. ¿Y sabes qué? ¡Las chicas se vuelven locas por mí! ¡Tú sí tienes buen gusto!" ¿Quién le haría un cumplido a este hombre una segunda vez?

Rincón del niño

Castigos efectivos que desaniman problemas de comportamiento*

 Materiales de clase

El castigo puede ser efectivo mientras sea aplicado correctamente:

- Sincronización
- Severidad
- Imparcialidad
- Frecuencia
- Llevar a cabo
- Contexto

Reprensión: Castigo verbal poco severo que permite a los padres explicar a los niños por qué su comportamiento no es grato y permitido.

Una reprensión efectiva es corta y da la oportunidad de decir al niño en términos definitivos qué comportamiento o acciones no les gustan a los padres o qué no quieren ver otra vez. Cuando se combina con instrucciones para el comportamiento futuro, la reprensión puede ser un castigo exitoso. Se hace de la siguiente manera:

- Acercarse al niño
- Mirarlo a los ojos
- Usar una voz autoritaria

El tiempo fuera es un castigo corto y de eficacia comprobada, que reduce el comportamiento no deseado y perjudicial en los niños y adolescentes.

(Note que este tiempo fuera no es idéntico al que se aprende en este curso para los adultos.)

---

* *Eight Weeks to a Well-Behaved Child. A Failsafe Program for Toddlers through Teens* [Ocho semanas para tener un niño bien portado. Un programa a prueba de fallas para niños desde pequeños hasta adolescentes]. © James Windell, 1994. Citado con el permiso del autor.

Se quita al niño de la fuente de estimulación y refuerzo a un área que no le ofrece tales beneficios. Esto usualmente significa poner al niño en un área aburrida y no estimulante de la casa por varios minutos.

Para incrementar la eficacia del tiempo fuera:

- Use tiempo fuera para detener la mala conducta más seria, indeseable y peligrosa.
- Para el tiempo fuera, seleccione un área aburrida y no estimulante. Ésta podría ser un rincón, pasillo o escalera.
- Haga solamente una pequeña declaración (para recortar la atención potencial reforzada) cuando imponga tiempo fuera: "Como no viniste a casa cuando te llamé, tendrás que irte a tiempo fuera durante cinco minutos".
- Mantenga toda la atención paternal al mínimo durante el período de tiempo fuera. No discuta o proporcione razones por el castigo o por sus acciones. Ignore las rabietas, lloriqueos, protestas, preguntas y promesas de portarse bien en el futuro durante el tiempo fuera.
- Mantenga a los niños en tiempo fuera por períodos cortos. Una regla general es más o menos un minuto por cada año de edad.
- Después del tiempo fuera, el niño debe cumplir cualquier acuerdo que se haya hecho anteriormente.
- Si el niño se resiste a ir a la silla o lugar designado para el tiempo fuera, o deja el área, dígale que el tiempo volverá a empezar a contar cuando esté otra vez en su sitio.
- Use alabanzas y atención, recompensas y privilegios o alabanza recordatoria, cuando el niño demuestre ser positivo y su comportamiento sea el apropiado después del tiempo fuera.

Eliminar las recompensas y privilegios es un castigo alternativo aceptable y usualmente se vuelve más importante conforme los niños van creciendo.

Eliminar recompensas y privilegios significa retirar oportunidades, privilegios, actividades deseadas y cosas tangibles, como un castigo por comportamientos más serios o comportamientos peligrosos.

Use este castigo durante o inmediatamente después de un mal comportamiento. Las recompensas y privilegios eliminados deberían ser equivalentes en valor al grado de la ofensa o mala conducta. Escoja una recompensa, actividad o privilegio que sea significativo para su hijo, y varíe el uso de este castigo para que no sea la misma recompensa, privilegio o actividad la que es eliminada todo el tiempo.

- Cuando usted advierta a su hijo que él o ella perderá una recompensa o privilegio si se porta mal, asegúrese de cumplirlo si la mala conducta ocurre.
- No elimine una recompensa o privilegio por mucho tiempo. Castigos moderados y consistentes son más efectivos que castigos prolongados y más intensos.
- Cuando el castigo termine, no olvide usar una disciplina que refuerce el comportamiento positivo y deseado.

Sesión 35
Conflictos respetuosos
y resolviendo problemas

Materiales

Control semanal
"Conflictos con respeto"
"Resolviendo problemas"
"La revisión de técnicas del Rincón del niño"
"¿Quién decide?"
"Expectativas de matrimonio"

Meta

Presentar una estructura cognitiva para la comunicación y resolución de problemas de la pareja. Crear una atmósfera de tranquilidad en la cual los hombres puedan revelar sus dificultades específicas en su comunicación y relaciones personales.

Objetivos

1. Revisar el control semanal.
2. Revisar la tarea.
3. Repasar "Conflictos con respeto".
4. Modelar y desempeñar papeles con ejemplos de "hablando derecho", incluyendo la manera equivocada de hacerlo.
5. Repasar "Resolviendo problemas" y desempeñar papeles de cada ejemplo.
6. Leer juntos "La revisión de técnicas del Rincón del niño".
7. Explicar "¿Quién decide?"
8. Asignar tarea.

Programa

Repasar "Conflictos con respeto". Modelen y desempeñen papeles con ejemplos de cada uno de ellos, incluyendo la forma equivocada de hacerlo. Usen esta sesión para repasar muchos de los principios de comunicación que el grupo ya ha aprendido.

Repasar los materiales llamados "Resolviendo problemas". Repasen los primeros pasos y modelen una sesión de "Resolviendo problemas". Modelen los ejemplos, desempeñen papeles y refuercen las técnicas aprendidas en sesiones anteriores.

Repasar juntos "La revisión de técnicas del Rincón del niño" y asignar tarea.

Presentar brevemente los materiales "¿Quién decide?" y "Las expectativas en el matrimonio" como tarea. Centren la discusión en la frustración que con frecuencia deriva de la diferencia entre expectativas y realidad. Enfaticen qué fácil es proyectar la culpa de esta frustración hacia la pareja.

Tarea

1. Practique la resolución de problemas usando los materiales "Resolviendo problemas". Describa el problema que discutió y la solución que encontró.

   Problema:

   Solución:

2. Complete los materiales llamados "¿Quién decide?" Prepárese para discutirlos con el grupo.

3. Repase los materiales llamados "Las expectativas en el matrimonio" y anote respuestas breves para cada pregunta.

4. Repase "La revisión de técnicas del Rincón del niño" solo y con su pareja, si se puede.

Conflictos respetuosos

 Materiales de clase

Las discusiones pueden ser una forma útil de resolver problemas o pueden ser batallas de nunca acabar, que pueden aumentar el riesgo de agresión. El tema central aquí, como siempre, es el respeto. ¿Puede usted ofrecer respeto a su pareja aun cuando esté alterado? Los siguientes lineamientos pueden cambiar las cosas.

Utilice conducta justa (respeto)

- Diga a su pareja qué es lo que quiere discutir.
- Todos los temas están bien. Use oraciones que comiencen con "yo", aceptando sus sentimientos y pensamientos.
- Dejen que hable uno solo a la vez y más o menos por el mismo tiempo.
- Escuche "activamente"; reitere lo que su pareja probablemente está pensando o sintiendo.
- Busque puntos de acuerdo.
- Hable de aquí y ahora.
- Mencione solamente problemas inmediatos. No introduzca el pasado en la plática.
- Dense tiempo para un descanso y recesos.
- Presente sus razones y ofrezca soluciones.
- Acepte cuando usted no tenga la razón.
- Cuando hayan llegado a un acuerdo, repítalo o escríbalo para asegurarse de que ambos entendieron con claridad lo que se acordó.
- Termine la discusión, aunque esto signifique tomar un tiempo fuera en camino al final.

Cómo evitar la conducta injusta (falta de respeto)

- No use insultos o humillaciones.
- No traiga a la discusión viejas heridas del pasado.
- No se salga del tema.
- No amenace o intimide a su pareja.
- No dé por hecho que va a perder o ganar la discusión.
- No guarde todas sus quejas para descargarlas en su pareja al mismo tiempo.

- Cuídese de pensar que "lee el pensamiento" de su pareja. No asuma lo peor en su pareja. ¡Pregunte!
- No niegue los hechos. Acepte sus culpas.
- No se sienta orgulloso por "haber ganado" o haberse salido con la suya.
- No le haga caras, ignore, haga pucheros, no se aleje ni oponga a su pareja "El muro del silencio".

¡Siga intentándolo! ¡Tal vez tome tiempo!

Resolviendo problemas

 Materiales de clase

1. ¿Cuál es el problema?

a. Use mensajes de "yo" para expresar sus necesidades. Deshágase de culpas.

b. Escuche los puntos de vista de los demás en el problema.

c. Asegúrese de que los demás entienden cuál es el problema.

d. Asegúrese de que todos sepan que usted quiere una solución que se ajuste a todos.

2. Busque soluciones en conjunto.

a. Obtenga posibles soluciones de todos los involucrados en el problema.

b. En este momento no evalúe o descarte ninguna solución.

c. Escriba todas las soluciones que se sugieran.

3. Considere los pros y los contras de cada posible solución.

a. Todos deben ser honestos.

b. Piense en forma crítica sobre posibles soluciones.

4. Decida una solución aceptable para todos.

a. No fuerce a los demás a aceptar una solución.

b. Exponga la solución para que todos la entiendan en forma definitiva.

c. Escriba la solución para que pueda consultarla después y comprobar si fue la que se acordó.

5. Ponga la solución en acción.

a. Comenten quién va hacer qué y cuándo.

b. Confíen en que cada quien va a hacer su parte.

c. Aliente la responsabilidad personal evitando recordatorios, fastidiar o vigilar a los demás.

d. Si alguien no es responsable, tal vez se le deba confrontar usando mensajes de "yo".

6. Evalúe la solución.

a. Cambie la solución si fuera necesario.

b. Consulte los sentimientos de los demás sobre la solución.

c. Si después de un tiempo la solución no funciona, intente otra solución de común acuerdo.

Rincón del niño

🖝 **Materiales de clase**

Revisión de técnicas para incrementar el comportamiento deseado y apropiado*

- Alabanza y atención.
- Recompensas y privilegios.
- Alabanza recordatoria.

El método de 5 pasos para incrementar el cumplimiento:

1. Identificar el problema.
2. Afirmar sus expectativas con su hijo.
3. Hacer que su hijo le repita sus expectativas.
4. Afirmar las consecuencias del cumplimiento o incumplimiento de sus expectativas.
5. Llevarlas a cabo de una manera consistente y firme.

Habilidades de disciplina para disuadir el comportamiento indeseado e inapropiado.

- Ignore el comportamiento
- Reprenda mala conducta
- Imponga tiempo fuera
- Elimine recompensas y privilegios

---

* *Eight Weeks to a Well-Behaved Child. A Failsafe Program for Toddlers through Teens* [Ocho semanas para tener un niño bien portado. Un programa a prueba de fallas para niños desde pequeños hasta adolescentes], © James Windell, 1994. Citado con el permiso del autor.

¿Quién decide?

Materiales de clase

Marque abajo si usted cree que estas situaciones deben ser decisión suya, de su pareja o abiertas a discusión. Recuerde que no hay respuestas correctas e incorrectas aquí, siempre que ambos miembros de la pareja estén de acuerdo con el proceso de decisión.

	Decisión suya	Casi siempre suya	Decisión de ambos	Casi siempre de ella	Decisión de su esposa
¿Con quién puede ella pasar un rato?					
¿Con quién puede usted pasar un rato?					
¿Puede ella tomar a veces?					
¿Puede usted tomar a veces?					
¿Quién escoge la niñera para los niños?					
¿Puede ella trabajar?					
¿Puede usted trabajar?					
¿Puede ella ir a la escuela?					
¿Puede usted ir a la escuela?					
¿Quién puede venir de visita?					
¿Cómo disciplinar a los niños?					
¿Cómo se gasta su sueldo?					
¿Cómo se gasta el de ella?					

Expectativas del matrimonio

👉 Materiales de clase

1. Cuando se casaron o empezaron la relación, ¿cuáles eran sus sueños y esperanzas? ¿Cuáles se han cumplido? ¿Cuáles se han quedado sin cumplir?

2. ¿Recuerda un tiempo en su matrimonio cuando usted se sentía feliz y realizado? ¿Alguna vez se ha sentido enojado con su pareja porque ha cambiado? ¿Le parece como que su pareja rompió una promesa al no seguir haciéndolo sentir bien?

3. ¿Qué tipo de matrimonio tenían sus padres? ¿Cómo afectó esto sus expectativas? ¿Quería usted tener uno igual? ¿O quería que fuera diferente?

4. ¿Está usted enojado con su pareja porque no son como mamá o papá? ¿Está usted enojado porque su pareja es demasiado como mamá o papá?

5. Cuando algo no sale bien en su familia, ¿le preocupa la desaprobación de sus padres o parientes? ¿Cree usted que está decepcionando a alguien?

6. Tal vez lo más importante: ¿fue usted testigo o víctima de abuso físico? ¿Cómo afecta esto sus expectativas sobre su vida en familia?

Expectativas del matrimonio: nuevas y pasadas

Materiales

Control semanal
"Expectativas del matrimonio" (de la sesión anterior)
"Poder y control"
"Igualdad"

Meta

Comprender el poder masculino y los beneficios de la igualdad; revisar las expectativas originales del matrimonio para cada miembro del grupo; hacerse conscientes de la distancia entre sus expectativas idealizadas y la relación real.

Objetivos

1. Revisar el control semanal.
2. Revisar "La casa del respeto y la igualdad".
3. Revisar "La casa del abuso".
4. Revisar la tarea sobre "Expectativas del matrimonio".
5. Revisar "Cómo tratar con los problemas..."
6. Asignar la tarea.

Programa

1. A todos nos gusta que nos respeten. El respeto propio y el respeto de los demás están al término del camino que se llama "la igualdad". Junto con la visión del poder, a los hombres les hace falta la visión de la igualdad. Anímenlos a mencionar algunas áreas en "La casa de la igualdad" que ya están haciendo muy bien.
2. Revisen La casa del abuso (sesión 2). Luego enséñenles "La casa de la igualdad". Pidan a cada hombre que describa dos o tres áreas donde necesita esforzarse para mejorar la igualdad en su relación con las mujeres. Animen a los hombres a describir acciones específicas que tomarían para llegar a sus metas.

LA CASA DEL RESPETO Y LA IGUALDAD*

Respeto   Igualdad

Trato respetuoso	Compartir: poder/trabajo/ dinero	Enfoque positivo
Agradecimiento	Atención personal	Comprensión
Cariño	Paciencia	Vida espiritual
Empatía		

* © Christauria Welland, Psy, D., 2005.
Cf. "La casa del abuso", diseñado por Michael R. McGrane, MSW.
No se puede reproducir.

3. Discutan las creencias de cada hombre acerca de cómo "debe ser" el matrimonio. Revisen la tarea sobre "Expectativas del matrimonio". Enfoquen la discusión sobre la frustración que suele resultar de la distancia entre las expectativas y la realidad.

4. Haga hincapié en qué fácil es proyectar la culpa de esta frustración a nuestra pareja. Éste es uno de los mensajes más importantes que les podemos dar a estos hombres para que enfrenten con más responsabilidad "psicológica" su dolor. En esta instancia es mejor operar desde el modelo de "marcar el paso y guiar": primero, demostrar respeto por los sentimientos que estos hombres (como todos nosotros) tienen acerca de las decepciones en las relaciones, y segundo, entrenarlos en cómo manejar estos sentimientos sin enemistarse con su pareja o esposa. Enfaticen que tanto los hombres como las mujeres tenemos que enfrentar estas dificultades juntos.

5. Asignar la tarea.

Tarea

1. Estudie más a fondo La casa del respeto y la igualdad para ver cómo ha progresado y dónde tiene que hacer más esfuerzo todavía.

2. Revise "Cómo tratar con los problemas...", expériméntelo si va con su situación y esté preparado para discutirlo en la próxima sesión.

Rincón del niño*

 Materiales de clase

Cómo tratar con los problemas que parecen no tener solución

Ejemplo 1:

El niño o adolescente que no parece tener ninguna motivación de sobresalir en la escuela.

Los padres están frecuentemente preocupados por este problema, que puede continuar por varios años y hacerse más crítico cuando los niños entran a la secundaria y preparatoria. Para lograr un cambio, se requiere un examen cuidadoso de las razones posibles del problema y de la estructura del enfoque de los padres, combinando un número de técnicas de disciplina.

La carencia de motivación en la escuela puede ser causada por problemas tales como baja inteligencia, hiperactividad o discapacidad de aprendizaje; pero si estos factores han sido descartados, la dirección a seguir es la siguiente:

1. Empiece por planear una rutina de estudio y tarea. Debe incluir un lugar apropiado de la casa para estudiar, un tiempo definitivo para estudiar cada día, y una manera de asegurarse de que el hijo lleve toda su tarea a casa cada día.
2. Haga saber a su hijo sus expectativas en relación con el estudio: hacer las tareas, y cada día llevar a casa trabajos y materiales correctos.
3. Establezca las consecuencias del cumplimiento y del incumplimiento de sus expectativas.
4. Use alabanzas y atención, así como recompensas y privilegios cuando su hijo haga esfuerzos para estudiar y haga su tarea.
5. Siga adelante fijando límites (significa que el niño sabe no solamente lo que se espera de él, sino también las reglas y los límites). Por ejemplo: "No serán permitidas otras actividades durante el tiempo de estudio", imponiendo castigos cuando sus expectativas respecto

---

* *Eight Weeks to a Well-Behaved Child. A Failsafe Program for Toddlers through Teens* [Ocho semanas para tener un niño bien portado. Un programa a prueba de fallas para niños desde pequeños hasta adolescentes], © James Windell, 1994. Citado con el permiso del autor.

del estudio no son alcanzadas. Descarte recompensas y privilegios si no alcanza lo que esperaba.

6. Recurra a ignorar el comportamiento para responder a las más comunes quejas y protestas referentes a la rutina.

7. Use alabanza, atención, recompensas y privilegios continuamente para mejorar los hábitos de estudio; evite regaños y quejas. Sin embargo, cuando sea necesario, use el castigo para reforzar sus expectativas claramente.

Rincón del niño*

 Materiales de clase

Cómo tratar con los problemas que parecen no tener solución

Ejemplo 2:

Jóvenes que contestan o son irrespetuosos.

En primer lugar, debe obtener los valores correctos y estar seguro del modelo apropiado a seguir, y saber cuál es el comportamiento respetuoso hacia sus hijos.

Establezca unas cuantas reglas básicas para sus hijos

Una regla conveniente podría ser: "Los hijos deben tratar a la gente con respeto, incluyendo a los miembros de la familia".

- Empiece por decir a su hijo lo que se espera de él:
  "Espero que trates a tu madre y a mí con respeto. Tú puedes expresar tu opinión y tienes derecho a decir tus sentimientos. Sin embargo, cuando vayas más allá de simplemente expresar tus opiniones y eres irrespetuoso, entonces estaremos muy molestos contigo y habrá consecuencias negativas."
- Haga saber a su hijo cuáles serán las consecuencias:
  "Cuando tú nos trates con respeto, se te permitirán privilegios, como tener amigos en casa e ir a lugares donde quieras ir."
- También especifique las consecuencias negativas:
  "Cuando nos contestes o nos hables de una manera irrespetuosa, perderás el privilegio de salir o de estar con tus amigos."
- Una vez que haya establecido sus expectativas, deberá estar preparado para dar su opinión en el futuro. Cuando su hijo le hable de una manera apropiada, dígale:
  "Estoy orgulloso de ti por la manera en que manejaste esto cuando te dije que no podrías ir al concierto. Me hiciste saber lo que piensas sin gritar o atacarme. Eso me gusta."

---

* *Eight Weeks to a Well-Behaved Child. A Failsafe Program for Toddlers through Teens* [Ocho semanas para tener un niño bien portado. Un programa a prueba de fallas para niños desde pequeños hasta adolescentes], © James Windell, 1994. Citado con el permiso del autor.

- Si su hijo comete un error y es irrespetuoso, dígaselo inmediatamente.
- Haga esto de una manera enérgica, pero no enojado o con palabras groseras:
  "Eso es irrespetuoso. Te dije que no toleraríamos más la manera en que nos hablas. Por eso, no irás esta noche al juego de baloncesto con tus amigos."
- Ignore argumentos e intentos de convencimiento para levantar el castigo.

Siga estas reglas explícitamente e intente el uso de alabanzas y atención así como recompensas y privilegios mucho más frecuentemente que el uso de la reprensión y otros castigos.

PARTE 8

LA ESPIRITUALIDAD
Y LA PREVENCIÓN DE LA VIOLENCIA

Vida espiritual y violencia

Materiales

Control semanal
"Las tradiciones religiosas y la violencia familiar"
"Las iglesias cristianas y la violencia familiar"

Meta

Explorar el tema de la vida espiritual según varias tradiciones espirituales, a fin de averiguar cómo se oponen a la violencia familiar. Comparar la tolerancia que las religiones demostraban en siglos pasados con la comprensión que se tiene hoy en día de los daños que produce la violencia en la vida espiritual del individuo y de su familia.

Objetivos

1. Revisar el control semanal.
2. Revisar la tarea.
3. Presentar el tema de la oposición de las tradiciones espirituales a la violencia familiar y discutirlo.
4. Repasar el material "Las tradiciones religiosas y la violencia familiar" y discutirlo.
5. Repasar el material "Las iglesias cristianas y la violencia familiar" y discutirlo.
6. Asignar la tarea.

Programa

1. Presentar al grupo la idea de que la violencia familiar no es nueva y de que desde hace siglos la familia humana ha tenido que encontrar un lugar para ella en su visión de la sociedad. En la mayoría de las sociedades se ha hecho esto por medio de acuerdos silenciosos que volvieron la violencia en familia un asunto privado, que no trascendía del ámbito del hogar. Como el padre tenía la autoridad de tomar las decisiones y de castigar a los que no lo respetaban, no había na-

da que hacer ni que cambiar. Se intervenía sólo cuando sucedía algo fuerte, por ejemplo, la muerte de la esposa o de los hijos.

2. Las religiones trataron de proteger a los más vulnerables con sus enseñanzas acerca de la dignidad humana, etc., pero hicieron muy poco para enseñar activamente a sus seguidores a respetar a todos. Se vivía en una sociedad mundial llena de violencia, guerra y venganzas, y las religiones tomaban parte en estos conflictos. Tenían mucha influencia en la vida cotidiana de la gente y también compartían el poder con el Estado. No les convenía ni parece que se les ocurría abogar o trabajar a favor de las esposas y niños maltratados.

3. Gracias a los cambios en la visión mundial de los derechos humanos que vivimos en el siglo XX y específicamente los derechos de la mujer y del niño, muchas religiones hoy en día hacen declaraciones dirigidas a la protección de la mujer y del niño en el seno de la familia, y tratan de educar a sus ministros y a veces al pueblo acerca de este tema. Para la vida espiritual del siglo XXI, la violencia familiar ya no se tolera y se puede esperar que cada vez más voces se levanten en su contra en los templos donde se adora a Dios.

4. ¿Esto quiere decir que el hombre ya no tiene autoridad en su casa o que las religiones han cambiado su forma de ver a la familia? Dejemos esta discusión para después, cuando hayamos estudiado un poco las citas de varias religiones.

5. Aquí sería oportuno hacer una pequeña encuesta informal en el grupo acerca de las creencias espirituales que tienen o no los participantes. Sería útil para los facilitadores tomar notas, con el fin de recordarlo después. Según encuestas que se han hecho con latinos en grupos para perpetradores y en la población de migrantes (véase Hovey y Magaña, 2002; Welland y Ribner, 2001), es de esperar que cerca de 85% de los participantes sean católicos y el resto evangélicos de alguna forma. Un bajo porcentaje puede no creer en Dios ni tener religión. Sería inusual que algún participante fuera judío o musulmán, pero no es imposible. Hagan esto brevemente, en forma de lista en el pizarrón, pues van a tener oportunidad de discutir sus creencias personales a fondo en la próxima sesión.*

---

* Si reciben datos interesantes e informativos durante el curso de las sesiones sobre la espiritualidad, favor de compartirlos con Christauria Welland, ya que estos datos ayudarán a afinar ediciones futuras y servirán como base de datos para investigaciones futuras sobre este tema. Pueden comunicarse a christauria@iname.com Gracias.

6. Repasen "Las tradiciones religiosas y la violencia familiar" y discútanlo brevemente.

7. Repasen "Las iglesias cristianas y la violencia familiar" y discútanlo más a fondo, dada la alta probabilidad de que la gran mayoría de los participantes sean cristianos de una u otra denominación. Hay mucho material en esta sesión y, si tienen tiempo, divídanlo en dos sesiones, a fin de poder profundizar en el tema. Los participantes tendrán algo en qué pensar si están interesados en el tema de la espiritualidad y el crecimiento personal.

8. Asignen la tarea.

Tarea

1. Termine de leer y pensar en el material de hoy.

2. Pregunte a algún creyente (sacerdote, pastor, catequista, maestro/a, etc.) acerca de lo que enseña su religión sobre el tema.

3. Infórmese acerca de los recursos de que dispone su religión para combatir la violencia familiar o para proteger/ayudar a mujeres y niños maltratados. Pregunte si hay un grupo para hombres en el que puedan encontrar apoyo sobre el tema.

Las tradiciones religiosas y la violencia familiar

 Materiales de clase

No se puede negar que en los siglos pasados muchas religiones, incluyendo el judaísmo y el cristianismo, han percibido y tratado a la mujer como inferior al hombre, y a veces citaron sus escrituras sagradas como prueba de lo mismo. Sólo en el siglo pasado empezaron estas religiones a desplazar el énfasis hacia los textos sagrados que aluden a la dignidad humana y a la igualdad de ambos géneros. Por eso, en este material se examina el tema desde el punto de vista de hoy en día.

Los judíos

¿Qué dice el *Antiguo testamento* acerca del amor y la unión entre el hombre y la mujer?

- Dijo Dios: "Hagamos al hombre a nuestra imagen y semejanza. Y creó Dios a su imagen y semejanza. Macho y hembra los creó. Dios los bendijo, diciéndoles: 'Sean fecundos y multiplíquense'".

  Génesis, 1, 26-28.

- Dijo el Señor: "No es bueno que el hombre esté solo. Haré, pues, un ser semejante a él para que le ayude..." De la costilla que el Señor había sacado al hombre, formó una mujer y la llevó ante el hombre. Entonces el hombre exclamó: "Ésta sí que es hueso de mis huesos y carne de mi carne... Por eso el hombre deja a sus padres para unirse a una mujer, y son los dos una sola carne".

  Génesis 2, 18.22-24.

- Grábame como un tatuaje en tu corazón, como un tatuaje sobre tu brazo, porque es fuerte el amor como la muerte, y la pasión, tenaz como el infierno; sus flechas son dardos de fuego, como llama divina. No apagarán el amor, ni lo ahogarán océanos ni ríos.

  Cantar de los cantares, 8, 6-7.

¿Qué dicen las organizaciones judías de hoy en día acerca de la violencia familiar?

La violencia contra la mujer es un fenómeno bien conocido y documentado desde hace miles de años. Desde el momento en que la hija se convirtió en beneficio del padre, en objeto de venta, los hombres han hecho de las mujeres sus posesiones. La mayoría de las sociedades humanas, de las religiones y de las culturas han hecho leyes que hicieron de la mujer la propiedad del hombre. Fue sólo en los años setenta del siglo XX cuando las mujeres de todo el mundo se levantaron y dijeron: "¡No más violencia!"

La sociedad debe purificarse del azote de la violencia; la policía, el Poder Judicial, las autoridades de bienestar social, los médicos, las escuelas, los líderes de la comunidad, los ministros, los rabinos —todos tenemos que comprometernos a detener la violencia contra la mujer y contra los niños.*

---

* © Combat Violence against Women, Herzlia, Israel, www.no2violence.co.il/About_eng.htm/ Citado con permiso.
Material reunido por Christauria Welland, 2002.

Las iglesias cristianas y la violencia familiar

 Materiales de clase

La mayoría de los latinos pertenecen o por lo menos fueron bautizados en alguna iglesia cristiana –lo que comprende también a los católicos.

Ahora exploramos las escrituras y declaraciones cristianas acerca de la violencia familiar y el respeto debido a todos, incluyendo a mujeres y niños. Como acabamos de ver, hace muy poco que las tradiciones religiosas han levantado la voz para proteger a las familias del maltrato, aunque las escrituras fueron redactadas hace muchos siglos.

¿Qué dice el *Nuevo testamento* acerca del amor y la unión entre el hombre y la mujer?

- Maridos, amen a sus esposas como Cristo amó a la Iglesia y se entregó a sí mismo por ella... Los maridos deben amar a sus esposas como aman a sus propios cuerpos. El que ama a su esposa se ama a sí mismo.

  Efesios 5, 22-33.

- Tolérense y perdónense unos a otros cuando tengan motivos de queja. Como el Señor los perdonó, a su vez hagan lo mismo. Pero por encima de todo, tengan el amor, que es el vínculo perfecto. Que la paz de Cristo reine en sus corazones; ustedes fueron llamados a encontrarla, unidos en un mismo cuerpo.

  Colosenses 3, 13-15.

- Ustedes tienen que dejar su manera anterior de vivir, el hombre viejo, cuyos deseos engañosos lo llevan a su propia destrucción. Dejen que su mente se haga más espiritual, para que tengan nueva vida, y revístanse del hombre nuevo. Éste es el que Dios creó a su semejanza, dándole la justicia y la santidad que proceden de la verdad... Enójense, pero sin pecar; que el enojo no les dure hasta el término del día, y no den lugar al demonio.

  Efesios 4, 22-27.

- Si yo hablara todas las lenguas de los hombres y de los ángeles y me faltara el amor, no sería más que bronce que resuena y campana que toque... El amor es paciente, servicial y sin envidia. No quiere aparentar ni se hace el importante. No actúa con bajeza ni busca su propio interés. El amor no se deja llevar por la ira, sino que olvida las ofensas y perdona.

Primera carta a los corintios 13, 1.4-5.

Iglesia cristiana evangélica

¿Qué dicen las organizaciones evangélicas de hoy acerca de la violencia familiar?

- El matrimonio fue dispuesto por Dios para ser una relación que se caracteriza por el crecimiento, el apoyo mutuo y el misterio de la unión que se expresa en el amor.
- Después del pecado y la caída de Adán y Eva, los matrimonios se encuentran retados por las barreras a la unión, especialmente las que son producidas por el deseo de protegerse a sí mismo cada uno.
- El conflicto que sigue como consecuencia de la autoprotección estorba la unión, porque la pareja no se siente suficientemente seguro(a) para demostrar al otro su vulnerabilidad.

(S. Stanley y D. Trathen, Christian PREP)

Iglesia católica

¿Qué dice la Iglesia católica de hoy en día acerca del amor, la igualdad y el respeto entre los esposos?

- La dignidad personal es el bien más precioso que el hombre posee, gracias al cual supera en valor a todo el mundo material. El hombre vale no por lo que "tiene" –¡aunque poseyera el mundo entero!–, sino por lo que "es". A causa de su dignidad personal, el ser humano es siempre un valor en sí mismo y por sí mismo, y como tal exige ser considerado y tratado. Y al contrario, jamás puede ser tratado y considerado como un objeto utilizable, un instrumento, una cosa.

Los fieles laicos, Juan Pablo II, 1988.

- El hombre y la mujer son la corona de toda la obra de la creación; ambos son seres humanos en el mismo grado, tanto el hombre como la mujer; ambos fueron creados a imagen de Dios. Esta imagen y semejanza con Dios, esencial al ser humano, es transmitida a sus descendientes por el hombre y la mujer, como esposos y padres. Están llamados a vivir una comunión de amor y, de este modo, reflejar en el mundo la comunión de amor que se da en Dios, por la que las tres Personas se aman en el íntimo misterio de la única vida divina, porque Dios en sí mismo es amor (cf. *1 Jn 4, 16*).

La dignidad y la vocación de la mujer, Juan Pablo II, 1988.

• El auténtico amor conyugal supone y exige que el hombre tenga profundo respeto por la igual dignidad de la mujer: "No eres su amo" –escribe san Ambrosio– "sino su marido; no te ha sido dada como esclava, sino como mujer... Devuélvele sus atenciones hacia ti y sé con ella agradecido por su amor". El hombre debe vivir con la esposa "un tipo muy especial de amistad personal". El cristiano además está llamado a desarrollar una actitud de amor nuevo, manifestando hacia la propia mujer la caridad delicada y fuerte que Cristo tiene a la Iglesia.

El amor a la esposa, madre de sus hijos, y el amor a los hijos mismos son para el hombre el camino natural para la comprensión y la realización de su paternidad. Es necesario esforzarse para que se recupere socialmente la convicción de que el puesto y la función del padre en y por la familia son de una importancia única e insustituible. Como la experiencia enseña, la ausencia del padre provoca desequilibrios psicológicos y morales, además de dificultades notables en las relaciones familiares, como también, en circunstancias opuestas, la presencia opresiva del padre, especialmente donde todavía existe el fenómeno del machismo, o sea, la superioridad abusiva de las prerrogativas masculinas que humillan a la mujer e inhiben el desarrollo de sanas relaciones familiares.

La familia en los tiempos modernos, Juan Pablo II, 1981.

• Profesamos, pues, que todo hombre y toda mujer por más insignificantes que parezcan, tienen en sí una nobleza inviolable que ellos mismos y los demás deben respetar y hacer respetar sin condiciones; que toda vida humana merece por sí misma, en cualquier circunstancia, su dignificación. Condenamos todo menosprecio, reducción o atropellos de las personas y de sus derechos inalienables.

Conferencia General del Episcopado Latinoamericano,
Puebla, México, 1979.

• En nuestro tiempo, la sociedad y la Iglesia han crecido en la conciencia de la igual dignidad de la mujer y el varón. Aunque teóricamente se reconoce esta igualdad, en la práctica con frecuencia se desconoce. Hacen falta pasos más concretos hacia la igualdad real y el descubrimiento de que ambos se realizan en la reciprocidad.

Conferencia General del Episcopado Latinoamericano,
Santo Domingo, República Dominicana, 1992.

¿Qué dice la Iglesia católica de hoy acerca de la violencia familiar?

Debemos afrontar la violencia familiar, por ser el uso vergonzoso del poder contra las personas cuyas vidas están entrelazadas por vínculos de sangre y familia. Sin lugar a dudas, nunca se puede justificar la violencia familiar, por ser un sacrilegio contra la alianza sagrada de la relación matrimonial.

Nuestra experiencia pastoral nos dice que no sólo en el pasado, sino también hoy en día los esposos —más a menudo mujeres— son aconsejados con frecuencia para que perdonen y olviden los abusos graves dentro del matrimonio. En ocasiones el clero dice a los afectados por el abuso que no tienen otra alternativa sino la de continuar con su vida matrimonial. Lo triste es que éstos siguen siendo víctimas. Cuando, en el nombre de Dios, dichos errores son cometidos o se permiten acciones pecaminosas, las consecuencias son aún más trágicas.

Reconocemos además que los ministros de la Iglesia a veces no han reconocido la violencia familiar por la manera en que ejercen el poder.

Por todo esto, pedimos perdón.

La violencia sufrida en la familia por cónyuges, padres, hijos o hermanos es intolerable e inmoral. Pedimos perdón a todas las personas afectadas por la respuesta inadecuada de los líderes pastorales de la Iglesia a la violencia que ha ocurrido en los hogares y en las familias —lugares que deben ser santuarios para todos.

Como pueblo de Dios, oímos el grito por la sangre de Abel, los lamentos de Raquel, la angustia y los llantos callados de los Santos Inocentes en las víctimas contemporáneas de la violencia. ¡Esta violencia debe terminar! Iniciemos juntos el nuevo milenio con la determinación de crear en nuestras familias relaciones de amor y de respeto.

Mons. Ricardo Ramírez, C.S.B., obispo de las Cruces,
De lo que no se habla: carta pastoral sobre la violencia familiar, Nuevo México, E.U.A., 2001.

Vida espiritual y prevención de la violencia

Materiales

Control semanal
Lista de recursos en la comunidad

Meta

Ofrecer a los participantes una lista de recursos que existen en su comunidad y animarlos a compartir los recursos espirituales que conozcan o hayan utilizado con efecto positivo para su vida de pareja.

Objetivos

1. Revisar el control semanal.
2. Revisar la tarea.
3. Presentar una lista de recursos de fe en la comunidad local.
4. Invitar a los participantes a compartir información y experiencias.
5. Asignar la tarea.

Programa

1. Discutan la tarea de la sesión anterior a fondo, estimulando a los participantes a articular sus creencias espirituales de modo que los puedan ayudar a evitar la violencia familiar en el futuro. En esta sesión se busca más que nada que los miembros del grupo expliquen unos a otros lo que les ha ayudado en su búsqueda espiritual; o, si nunca lo habían pensado, cuál de las ideas de la sesión anterior les llamó la atención. Si algunos pudieron hablar con alguien de su religión, invítenlos a compartir lo que aprendieron.

2. Presenten a los miembros del grupo una lista de los recursos de fe en la comunidad donde viven –iglesias, templos, ministerios para matrimonios, etcétera, que los pueden ayudar. Para preparar este grupo, los facilitadores tendrán que buscar los números en el directorio o llamar a algunas iglesias locales, por ejemplo: la diócesis católica, donde usualmente tienen una oficina especial para asuntos del ma-

trimonio y la familia. Dependiendo del tamaño del lugar donde vivan, pueden también anotar los nombres y teléfonos de algunas iglesias evangélicas hispanohablantes.

3. Inviten a los miembros a compartir información con sus compañeros en el grupo acerca de movimientos matrimoniales, grupos de oración para parejas, fines de semanas para parejas, etc. Si alguien tiene experiencia personal, esta persona puede ser un recurso importante para otros en el grupo. Recuerden que no todos aprecian la ayuda matrimonial en forma grupal, pero a veces les ayuda saber que en la mayoría de los programas todos los asuntos personales de la pareja son discutidos sólo entre ellos y en privado, no durante sesiones grupales. Esta información los puede ayudar a superar la vergüenza que muchas parejas experimentan al pensar que otros van a enterarse de sus problemas privados.

4. Es posible que algunos participantes asistan a grupos de Alcohólicos Anónimos, por orden de la corte o voluntariamente. El programa espiritual de los 12 pasos puede ser de una gran ayuda para hombres violentos que tienen problemas con la bebida; además, si tienen tiempo, ésta sería una buena ocasión para preguntarles qué es lo que han sacado espiritualmente de su asistencia a AA.

Tarea

1. Si no logró encontrar a alguien de su religión la semana pasada, intente verlo durante esta semana y comparta lo que aprendió acerca de la violencia familiar con el grupo en la próxima sesión.

2. Escriba dos o tres frases acerca de:

   a. Lo que usted cree acerca de Dios y el matrimonio.

   b. Lo que usted cree acerca de Dios y su familia en particular.

   c. Tres cosas de vida espiritual (por ejemplo religión, oración, estudio) que usted puede hacer para que haya más paz y armonía en su vida familiar.

      1.

      2.

      3.

Lista de recursos espirituales en mi comunidad

Iglesia católica

Mi parroquia   tel. _____
    Sacerdote   _____
    Diácono   _____
    Personas laicas   _____

La diócesis o arquidiócesis de la ciudad se llama _____
    Oficina de matrimonio y vida familiar, tel. _____
       Encuentros matrimoniales (para profundizar su relación)
       Retrouvaille (para sanar su relación)
       Consejería de pareja (para cuando terminen el programa)
       Psicólogos/consejeros católicos

       Grupos de apoyo para hombres   tel._____
       Grupos de oración para hombres   tel._____
       Grupos de oración para parejas   tel._____
       Renovación carismática   tel._____

Iglesia evangélica u otra comunidad cristiana

Mi iglesia   tel._____
    Pastor   _____
    Ministro de matrimonio   _____
    Persona de la congregación _____

Ministerio para matrimonios en la ciudad, tel. _____

    Consejería de Pareja (para cuando terminen el programa)
    Psicólogos/consejeros cristianos
    Grupos de apoyo para hombres   tel._____
    Grupos de oración para hombres   tel._____
    Grupos de oración para parejas   tel._____
    Otros recursos   tel._____

                          tel._____

Rincón del niño

 **Materiales de clase**

Poniendo todas las disciplinas juntas para el buen comportamiento del niño*

Revisemos los 8 pasos aprendidos para que tengan hijos e hijas bien portados.

- PASO 1. Esté consciente de sus críticas y comentarios negativos; esté seguro de no conceder mucha atención a la mala conducta (p. 255).

- PASO 2. Empiece por usar alabanzas y atención positiva para reforzar el comportamiento que le gustaría ver más seguido (p. 229).

- PASO 3. Dé recompensas y privilegios para reforzar el comportamiento más deseado y apropiado. Use esta habilidad especialmente con comportamientos que no están actualmente ocurriendo y que no ocurren con frecuencia (p. 232).

- PASO 4. Agregue alabanza recordatoria como otra manera de reforzar el comportamiento deseado (p. 234).

- PASO 5. Use el método de 5 pasos para incrementar el cumplimiento, especificando claramente sus expectativas. Ofrezca consecuencias positivas por el cumplimiento y consecuencias negativas por el no cumplimiento (p. 234).

- PASO 6. Empiece por ignorar sistemáticamente irritaciones menores y el comportamiento que tiene como fin atraer la atención (p. 261).

- PASO 7. Use castigos –represiones, tiempo fuera, o eliminación de recompensas y privilegios– para disuadir el comportamiento no deseado e inapropiado (p. 274).

- PASO 8. Asocie todas las técnicas de disciplina y responda efectivamente al comportamiento difícil y no deseado (pp. 282, 288, 290).

---

* *Eight Weeks to a Well-Behaved Child. A Failsafe Program for Toddlers through Teens* [Ocho semanas para tener un niño bien portado. Un programa a prueba de fallas para niños desde pequeños hasta adolescentes], © James Windell, 1994. Citado con el permiso del autor.

Perdonar es una decisión

Materiales

> Control semanal
> "Perdonar es una decisión"
> "Señales en el camino del perdón"
> "Buscando el perdón por nuestras acciones"
> "Pasos para buscar el perdón del otro"

Meta

Explorar el tema del perdón con el fin de ofrecer a los clientes una manera de buscar su propia sanación de heridas y la de sus seres queridos, especialmente su esposa y sus hijos.

Objetivos

1. Revisar el control semanal.
2. Revisar la tarea.
3. Presentar el tema del perdón y repasar "Perdonar es una decisión" y "Señales en el camino del perdón".
4. Explorar la posibilidad de pedir perdón a los demás y repasar "Buscando el perdón por nuestras acciones" y "Pasos para buscar el perdón del otro".
5. Discutir el tema de los rituales de perdón en su creencia espiritual.
6. Asignar la tarea.

Programa

1. Revisen la tarea acerca de las creencias espirituales. Si el grupo es muy activo y verbal, esto podría durar toda la sesión. Decidan cuánto tiempo pueden dedicar al tema y, si es necesario, recuerden a los hombres que la meta es hacerlos pensar y no necesariamente explorar el tema de su espiritualidad a fondo.
2. Esta sesión sirve para explicarles los pasos del perdón, ya sea porque están dispuestos a seguirlos o para que lo hagan en alguna otra ocasión en el futuro. Recuerden que la estadística demuestra que alre-

dedor de 50% de los hombres abusivos con su pareja son víctimas del trauma temprano.

Pregúntenles: ¿qué lugar tiene el perdón en la vida emocional y espiritual? Invítenlos a recordar algún episodio de venganza que conozcan de su propia vida, de su familia, de su barrio o pueblo. Discutan brevemente las consecuencias negativas de la venganza que les ha tocado vivir.

Repasen y discutan el material "Perdonar es una decisión". Exploren la importancia del perdón en la sanación personal y en la sanación de los demás. Asegúrense de que entiendan que no se trata de un perdón fácil y prematuro, de "pura palabra". Enfaticen que perdonar es una decisión muy personal y que no todos van a estar dispuestos a hacer inmediatamente. El perdón tiene su ritmo, según la persona.

Aquí sería útil invitar a los participantes a mencionar los nombres de algunas personas a quienes pudieran perdonar. Los facilitadores pueden empezar este proceso con algunos ejemplos personales, sin entrar en detalles.

3. Repasen el material "Señales en el camino del perdón". Explíquenles que estas señales son el fruto de una investigación que ha durado muchos años. Este programa de perdón les ha ayudado a muchas personas a sanar y encontrar la libertad emocional. Después de leer las señales, pueden discutirlas y sugerir que los que quieran pueden empezar a revisarlas en casa y, si quieren, ponerlas en práctica en su vida personal.

Obviamente, el material para esta clase es más que suficiente en lo que va de la sesión. Si hay mucho interés y tienen tiempo, pueden dejar los números 4, 5 y 6 para la próxima sesión. Sin embargo, no dejen de incluir lo que sigue, ya que puede ser de mucha utilidad para inducirlos a asumir la responsabilidad por sus acciones violentas. Se puede abreviar esta sesión si es necesario, pero no se deben de omitir las siguientes dos partes.

4. Repasen el material "Buscando el perdón por nuestras acciones". Ésta es una oportunidad más para los participantes de tomar plena responsabilidad por sus acciones destructivas y también para dar un paso más hacia la acción de pedir perdón. De nuevo, no se trata de forzar este concepto. Algunos estarán preparados para tomar este paso. Para otros, será como semilla plantada que quizá dará su fruto más tarde.

5. Revisen el material "Pasos para buscar el perdón del otro". Pueden dar oportunidad a los participantes de contestar las preguntas del primer paso voluntariamente, tomando turnos para compartir lo que sienten y piensan con los compañeros. Sigan discutiendo los pasos y luego pregunten si alguien del grupo considera que ha llegado para él el tiempo de pedir perdón. Si alguno de los facilitadores tiene experiencia en el proceso del perdón, compartirla brevemente podría facilitar dicho proceso para los hombres.

6. Pregunten a los hombres qué ritos o rituales tienen en su religión para buscar el perdón de Dios y de los demás. Discutan lo que piensan sobre la utilidad de estos rituales en su caso, e invítenlos a considerar cumplir con algún rito de perdón en su práctica espiritual, para buscar la purificación del corazón y una vida nueva. Aquí se trata de animarlos a seguir los ritos que ya conocen o quizá de buscar algo que les ayude. Se podría mencionar, por ejemplo, el sacramento de la confesión para los católicos, o algún rito de perdón de otras iglesias cristianas, prácticas de purificación de los indígenas, como el temazcal o ceremonias que hacen los curanderos. Hagan notar que los ritos son más bien para reconciliar al individuo con Dios y la comunidad y que no satisfacen la necesidad de pedir perdón directamente a la persona ofendida por uno.

Tarea

1. Piense en alguien que le ha herido y decida si es tiempo de perdonarlo. Revise los pasos de cómo se hace y empiece el proceso si está listo para hacerlo.

2. Empiece a pensar en si o cómo quiere pedir perdón a sus seres queridos. Si está dispuesto, redacte un párrafo preparatorio para compartir con el grupo.

3. Considere algún rito de perdón de su creencia espiritual para purificarse y empezar de nuevo. Si no sabe lo que se requiere o le ofrecen en su religión, pregunte a su guía espiritual.

Perdonar es una decisión*

 Materiales de clase

¿Qué es el perdón?

Perdonamos cuando superamos el resentimiento hacia el ofensor, no porque no tengamos el derecho a sentir el resentimiento, sino porque intentamos ofrecer al ofensor la compasión, la benevolencia y el amor. Mientras le damos éstos, nosotros como personas que perdonamos nos damos cuenta de que el ofensor no necesariamente tiene el derecho a recibir tales regalos.

El perdón empieza con el dolor. Tenemos el derecho a sentir lo que sentimos.

1. Reconocemos que la ofensa fue injusta y siempre continuará siéndolo.
2. Tenemos un derecho moral a sentir coraje; es justo agarrarnos del punto de vista de que los demás no tienen el derecho de lastimarnos. Tenemos el derecho a ser respetados.
3. El perdón requiere que renunciemos a algo a lo que tenemos derecho, es decir, nuestro enojo o resentimiento.

El perdón es un acto de misericordia hacia el ofensor, quien no necesariamente merece nuestra misericordia.

Un regalo

Es un regalo para nuestro ofensor *y tiene la finalidad de cambiar favorablemente la relación entre nosotros y los que nos han ofendido.* Aunque el ofensor sea un desconocido, cambiamos íntimamente nuestra relación con él porque ya no estamos controlados por los sentimientos de enojo hacia esta persona. A pesar de todo lo que nos haya hecho el ofensor, estamos dispuestos a tratarlo como miembro de la comunidad humana. Aquella persona es digna del respeto que se debe a cada persona, pues comparte nuestra humanidad común.

Un proceso

Vemos el perdón como un proceso para usar cuando se trata con algunas formas particulares de enojo y resentimiento. Usamos la palabra "fase" pa-

---

* © 2001 Robert D. Enright, *Forgiveness is a Choice.* American Psychological Association. Citado con permiso. Traducción de Christauria Welland.

ra las divisiones mayores del proceso, porque expresa la naturaleza gradual del cambio. Las personas cambian de una manera gradual, como las fases de la Luna. Además, *el proceso del perdón raramente se efectúa sólo una vez.* Muchas veces, apenas se ha completado el proceso del perdón con un ofensor cuando se perciben otras áreas donde también es necesario perdonar. Y como podemos sufrir heridas e injusticias en cualquier momento, es probable que tengamos que utilizar el perdón en el futuro.

Señales en el camino del perdón*

Materiales de clase

En el curso de las cuatro fases, no se tienen que usar siempre las señales en el orden en que aparecen y hay personas a quienes no se puede aplicar las cuatro fases. Las primeras ocho señales son como una lista de verificación. Si está en el proceso de perdón, debería preguntarse: "¿Es un problema para mí esto? ¿Estoy haciendo esto yo?"

Piense cuidadosamente en cada señal. A veces estamos acostumbrados a la negación, e insistiremos en que no tenemos que explorar un área particular, mientras que esto es exactamente lo que deberíamos estar examinando.

Fase 1. Descubriendo su enojo

- ¿Cómo ha evitado tratar su enojo?
- ¿Ha afrontado su enojo?
- ¿Teme exponer su vergüenza o culpa?
- ¿Su enojo está afectando su salud?
- ¿Está obsesionado con la herida o el ofensor?
- ¿Compara su situación con la del ofensor?
- ¿Ha causado la herida un cambio permanente en su vida?
- ¿Ha cambiado la herida su manera de ver el mundo?

Fase 2. Decidiéndose a perdonar

- Decida que lo que ha estado haciendo no funciona para su vida.
- Esté dispuesto a iniciar el proceso del perdón.
- Decídase a perdonar.

Fase 3. Ocupándose en el perdón

- Ocúpese de la comprensión.
- Ocúpese de la compasión.
- Acepte el dolor.
- Dé el regalo del perdón al ofensor, respetándolo como ser humano.

---

* © 2001 Robert D. Enright, *Forgiveness is a Choice*. American Psychological Association. Citado con permiso. Traducción de Christauria Welland.

Fase 4. Hallazgo y liberación de la cárcel emocional

- Descubra el significado del sufrir.
- Descubra que a usted le hace falta el perdón.
- Descubra que no está solo.
- Descubra el objetivo de su vida.
- Descubra la libertad que trae el perdón.

Buscando el perdón por nuestras acciones*

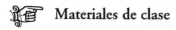 **Materiales de clase**

¿Es tiempo para que yo pida perdón a mi pareja (padres, hijos, etcétera)?

Habrá un punto en el proceso del perdón en el que querrá buscar el perdón por el mal que usted ha hecho, aunque sus errores sean 1% del problema, mientras que los males causados por la otra persona sean 99% del problema. Y sabemos que en muchas ocasiones, quizá especialmente las circunstancias que le trajeron a este grupo, cargamos con la mayor parte de la responsabilidad. Sin embargo, si tratamos de pedir perdón cuando todavía estamos enojados, podremos empezar otra discusión y luego tendremos algo más por lo que pedir perdón.

- ¿Hizo algo para empezar un pleito?
- ¿Fueron los dos culpables de una falta de sensibilidad?
- ¿Estaban los dos de mal genio y es posible que la otra persona tenga alguna justificación para lo que pasó?

En fin, si va a perdonar, tiene que determinar si su enojo tiene sentido. Sin embargo, usted no es responsable por la manera en que la otra persona expresó su enojo. Todos somos 100% responsables por nuestra conducta. Pero en algunas circunstancias, puede ser que los dos deban perdonarse uno a otro.

- ¿Ha lastimado a alguien?
- ¿Necesita buscar el perdón de esta persona?
- ¿Quiere que lo perdone?

---

* © 2001 Robert D. Enright, *Forgiveness is a Choice*. American Psychological Association. Citado con permiso. Traducción de Christauria Welland.

Pasos para buscar el perdón de otro*

🖎 **Materiales de clase**

Fase 1. Descubriendo la culpa y la vergüenza

- ¿Ha negado su culpa o ha fingido que sus acciones no fueron tan perjudiciales?
- ¿Se ha dado el permiso de sentir la culpa, el remordimiento y la tristeza por lo que ha hecho?
- ¿Siente vergüenza por lo que ha hecho?
- ¿Ha dicho mentiras para cubrir lo que hizo, debido a la vergüenza?
- ¿Se siente agotado física o mentalmente debido a la culpa o la vergüenza?
- ¿Repite lo sucedido constantemente en su memoria?
- ¿Se compara constantemente con la persona a quien lastimó o a otros a quienes considera inocentes?
- ¿Ha cambiado su vida permanentemente debido a lo que hizo?
- ¿Se siente diferente como persona debido a lo que hizo?

Fase 2. Decidiéndose a buscar el perdón

- Reconozca que cuando hiere a los demás, debería pedir perdón.
- Reconozca que cuando alguien le ofrece el perdón a usted, debería estar dispuesto a aceptar ese regalo.
- Decídase a aceptar con humildad el perdón cuando se lo ofrezcan.

Fase 3. Ocupándose en recibir el perdón

- Ocúpese en comprender lo que ha sufrido la otra persona.
- Ocúpese en sentirse agradecido.
- Ocúpese en buscar la reconciliación.
- Acepte la humillación.

Fase 4. Hallazgo

- Busque el significado de su fracaso personal.
- Reconozca que es usted más fuerte debido a su experiencia.
- Reconozca que no está solo.
- Decídase a cambiar.
- Viva la liberación de la culpa y el remordimiento.

---

* © 2001 Robert D. Enright, *Forgiveness is a Choice*. American Psychological Association. Citado con permiso. Traducción de Christauria Welland.

PREVENCIÓN DE RECAÍDAS
APÉNDICES

Apéndice A

Sesión previa a Navidad

Nota: se asigna la tarea para esta sesión la semana anterior, o se puede hacer entre todos en la sesión a la vez que la discuten.

Nos preparamos para las fiestas navideñas

Materiales

Nos preparamos para las fiestas navideñas.

Meta

Prevenir la recaída en la violencia durante los días festivos, especialmente la violencia que está relacionada con el consumo de alcohol y la cercanía a los familiares, que pueden influir en los clientes de manera negativa.

Programa

Según lo que sea más conveniente para todos, se pueden discutir a fondo las respuestas que los participantes dieron a la tarea ya asignada, o se pueden contestar las preguntas en grupo y generar una discusión acerca de la prevención de recaída durante los días festivos, que tradicionalmente es un tiempo de alto consumo de alcohol para muchas personas y de cercanía a los familiares, que en algunos casos pueden ser problemáticos para los participantes. Animen a éstos a buscar soluciones y a que actúen dramatizaciones acerca de cómo podrán prepararse para evitar los problemas y pasar el tiempo con su familia en paz y felicidad.

Nos preparamos para las fiestas navideñas

☞ Materiales de clase

¿Qué quiere decir el tiempo de Navidad y Año Nuevo para mí? ¿Cómo sería la mejor manera de pasar este tiempo según mis convicciones?

_____

_____

Mi plan espiritual para las fiestas navideñas
(*oración, meditación, lectura, asistencia al culto, compartir con la familia, etcétera*)

_____

_____

Sentimientos que quisiera tener durante el tiempo festivo
(*alegría, paz, cercanía a la familia, seguridad, fe, orgullo, etcétera*)

_____

_____

Cosas que quisiera hacer durante el tiempo festivo
(*estar con la familia, hablarles por teléfono, pasar el tiempo con los hijos, con los familiares o amigos, asistir a fiestas en el trabajo, ir a la iglesia, tener más tiempo libre, comprar regalos a mis seres queridos, etcétera*)

_____

_____

Emociones difíciles que pueda experimentar durante el tiempo festivo
(*nostalgia, malos recuerdos, enojo, tristeza, celos, vergüenza, etcétera*)

_____

_____

Cosas difíciles/peligrosas que puedan suceder durante el tiempo festivo
(*borracheras, pleitos, disgustos en familia, dificultades con los hijos, con la pareja, con los familiares, etcétera*)

_____

_____

_____

¡Cuidado! Eventos en los que debo poner atención especial:

- Reuniones de la familia.
- Fiestas en el trabajo.
- Asistir al culto religioso con la familia.
- Manejar después de una fiesta.
- Tratar con los hijos.
- Enfrentarse con la cultura consumidora.

Revisión breve de las categorías de abuso que voy a evitar durante las fiestas:

FÍSICO	VERBAL/EMOCIONAL/PSICOLÓGICO
Aislamiento social	Machismo
Intimidación	Religión
Sexual	Maltrato de niños
Económico	

Mi plan para manejar los pensamientos (el diálogo interior):
Si empiezo a pensar cosas negativas, voy a:

_____

_____

Mi plan para manejar los sentimientos:
Si me siento mal, voy a:

_____

_____

Mi plan para controlar las acciones:
Si me encuentro en una situación que puede ser problemática, voy a:

_____

_____

Números de teléfonos de personas a quienes puedo hablar si siento que estoy perdiendo el control:

_____

_____

Mi plan de acción para felicitarme y agradecer a los demás, cuando me doy cuenta del éxito que he tenido con este plan:
Para felicitarme a mí mismo, voy a:

_____

_____

Para expresar mi agradecimiento a mis seres queridos por su ayuda durante este tiempo, voy a:

_____

_____

¡Que pase una Navidad muy feliz
y que tenga un año nuevo muy próspero!

Incidente más violento o más perturbador

Materiales

Control semanal

Meta

Revisar el incidente más inquietante que ha cometido el miembro del grupo en su relación, para que pueda reconocer el impacto que ha tenido en él y en los demás.

Objetivos

1. Revisar el control semanal.
2. Revisar el incidente más violento y/o más alarmante con un miembro del grupo.
3. Revisar el afecto y el diálogo interior durante el incidente.
4. Continuar el proceso con todos los miembros del grupo que se pueda.

Programa

1. *Nota*: si están usando este material para un grupo abierto, utilicen esta sesión dos semanas antes de la graduación del participante en el grupo. En este caso, sólo se hará con esa persona. Cada participante tendrá su oportunidad de hacer este ejercicio antes de terminar el programa, al igual que las dos sesiones en los apéndices C y D.
2. Si están usando la forma de grupo cerrado, pidan a un miembro del grupo que revise detalladamente el incidente abusivo más inquietante en su relación que él haya cometido. Puede ser que dicho incidente no sea el que mayor daño físico hizo, sino el que se destaca como el más inquietante emocionalmente. Escojan a alguien a quien juzguen apto para hacerlo bien y que proveerá un modelo positivo para los demás. Es muy importante que el miembro del grupo describa el incidente lo más gráficamente que pueda, en primera persona y en tiempo presente, como si estuviera pasando en moción lenta.

3. Al miembro del grupo le pedirán a intervalos que describa la información siguiente:

- Su diálogo interior.
- Sus emociones.
- Su estado físico.

De importancia particular es su afecto. Puede ser necesario decirle repetidamente: "Describe cómo te estás sintiendo en este momento". La meta aquí es disminuir lo más posible la negación y la minimización original. Ésta es una oportunidad para entrar más profundamente en estas cuestiones, en especial ahora que tienen nuevas habilidades y más información.

4. Insistan en que el miembro del grupo identifique también lo siguiente, usando las habilidades que aprendió en el ejercicio de capacitación en la empatía (sesión 27):

- El diálogo interior de su pareja e hijos.
- Las emociones de su pareja e hijos.
- El estado físico de su pareja e hijos.

5. Continúen con todos los miembros del grupo durante esta sesión y la siguiente. Es esencial que cada miembro complete este ejercicio.

Plan de prevención I

Materiales

> Control semanal
> "Plan de prevención"

Meta

Integrar la variedad de habilidades aprendidas en un ensayo de situaciones desafiantes.

Objetivos

1. Revisar el control semanal.
2. Explicar la teoría del "Plan de prevención".
3. Revisar los pasos básicos del "Plan de prevención".
4. Guiar a un miembro del grupo por el "Plan de prevención".
5. Desempeñar papeles de una situación, mientras que los miembros del grupo ensayan la nueva respuesta.
6. Asignar la tarea.

Programa

1. *Nota*: si están usando este material para un grupo abierto, se utiliza el material de esta sesión una semana antes de la graduación del participante en el grupo. En este caso, sólo se hará con esa persona. Cada participante tendrá su oportunidad de hacer este ejercicio antes de terminar el programa. Se puede juntar el "apéndice D" a este ejercicio si sólo una persona lo está haciendo. Noten que, debido a cuestiones de tiempo, no se podrán completar todas las partes de estas dos sesiones con cada persona que se esté graduando, pues todavía tendrán que cubrir la sesión de la semana con la participación de todo el grupo. Los facilitadores pueden escoger las partes que crean de más importancia para la persona que está terminando el programa.
2. Expliquen que el "Plan de prevención" está basado en un tratamiento que se llama *terapia de señales*, que se diseñó originalmente para tratar a personas dependientes de la cocaína en un centro de veteranos. La investigación clínica reveló que aunque los pacientes re-

cibieron múltiples tratamientos excelentes, muchos recayeron porque no podían resistir las "señales" viejas y conocidas que establecieron la costumbre del consumo de la droga. Se introdujo la terapia de señales para que pudieran ensayar cuidadosamente la exposición a estas señales mientras practicaban muchas estrategias de afrontamiento.

3. Pidan que un voluntario identifique una señal o detonador para su propia agresión. Luego guíenlo por cada una de las estrategias de afrontamiento distintas. Cuando termine, debe haber generado una estrategia para cada categoría.

4. Luego desempeñen papeles de la situación de "señales" y pidan al voluntario que ensaye cada una de las estrategias de manejo. Expliquen que en las situaciones reales, sólo en raras ocasiones es práctico usarlas todas. Sin embargo, tiene valor equiparse con el máximo posible, por si acaso. Ésta es una versión avanzada del "Plan de responsabilidad" (vea la sesión 2).

5. Pidan a cada miembro que decida cuál es la señal que él encuentra más difícil de resistir, y luego que genere estrategias de manejo. Que ensayen el número máximo que se pueda.

Tarea

1. Complete la tarea "Transfiriendo el cambio" y llévela a la próxima sesión para que la revise el grupo.

Plan de prevención*

👉 Materiales de clase

Propósito. Prepararse para situaciones en el futuro en que puede llegar a ser tentado a maltratar a su pareja.

Conducta que estoy tratando de manejar:

_____

_____

Señales que me avisan que me estoy alterando:

_____

_____

Estrategias de manejo

Espántese con una imagen. Ejemplo: recuerde el daño a su familia, el momento de ser arrestado, la expresión en la cara de su hija, etcétera.

_____

_____

Apóyese con una imagen. Ejemplo: enfóquese en una imagen positiva, como en qué orgulloso se sentirá si logra controlar las emociones.

_____

_____

Use técnicas de relajación. Ejemplo: respire hondo, relajación progresiva muscular, etcétera.

_____

_____

Diviértase y distráigase. Ejemplo: escuche música, juegue futbol, etcétera.

_____

_____

---

* Adaptado con permiso de Wexler, 1991b.

Háblese a sí mismo. Ejemplo: "no vale la pena", "nadie es perfecto", "quiero que mi vida siga mejor".

_____

_____

Busque amigos. Ejemplo: llame a un familiar, compadre, amigo, línea de crisis, terapeuta, sacerdote o ministro.

_____

_____

Resuelva problemas. Ejemplo: hable calmada y respetuosamente a su esposa o pareja acerca de lo que le alteró a usted.

_____

_____

Tome un tiempo fuera, si es necesario.

Apéndice D

Plan de prevención II

Materiales

Control semanal
"Transfiriendo el cambio"

Meta

Repasar los conocimientos adquiridos durante el programa y hacer planes específicos para manejar situaciones estresantes de manera más efectiva.

Objetivos

1. Revisen el control semanal.
2. Repasen las tareas para la casa.
3. Practiquen la técnica de "La máquina del tiempo" con uno o más miembros del grupo.
4. Comenten lo que los miembros han aprendido en el programa.
5. Comenten "La transferencia del cambio" y siga cada uno de sus pasos con el grupo.
6. Desempeñen papeles de las "influencias negativas". ¿Con quién no debemos hablar?

Programa

* Vea la nota en el apéndice C.

1. Todos los ejercicios de esta sesión facilitan la transición de los miembros, de la estructura de este grupo, al uso de estos conocimientos y de las nuevas percepciones de situaciones propias.
2. Revise el "Plan de prevención" que cada miembro del grupo preparó como tarea y comente qué tan efectivos fueron éstos al intentar su uso durante la semana pasada.
3. Use la técnica de "La máquina del tiempo" para ayudar a cada miembro a proyectarse al futuro. Ésta es la manera de desarrollar metas más claras y anticipar posibles dificultades. Pida un voluntario. Haga que este miembro escoja una fecha futura, tal como den-

tro de un año. Usando cualquier medio dramático con el que se sienta cómodo, ayude a que el grupo imagine que el voluntario se está proyectando a través de la máquina del tiempo a esa fecha. Cuando el voluntario "despierte", el grupo lo interrogará sobre su vida en este tiempo futuro. Serán de gran ayuda preguntas específicas sobre cómo se las ha arreglado para comunicarse mejor con su pareja o para solucionar conflictos. Ayude a mantener el material en un nivel realista. Cuando termine, tráigalo de nuevo al presente. Repita el proceso con varios miembros si el tiempo lo permite.

4. Pregunte a cada miembro del grupo qué es lo que ha aprendido aquí que le brindará mayor ayuda en el futuro.

5. Comente "La transferencia del cambio" y siga cada paso de ella con el grupo. Cada miembro deberá tomarse varios minutos para preparar un plan. Comparta luego los planes con el grupo entero. Los miembros deberán ayudar a evaluar el plan de cada miembro. ¿Está completo? ¿Es realista? ¿Cómo pueden los miembros del grupo ayudarse mutuamente a mantener el cambio?

6. ¿Con quién no debe usted hablar? (Damos gracias al doctor James Reavis por diseñar esta técnica.): comente la importancia que tienen los grupos de apoyo en el mantenimiento de nuevas actitudes y conductas. Pida al grupo que desempeñe papeles relativos a la influencia "negativa" sobre un miembro que esté teniendo problemas con su pareja. Los miembros del grupo deberán retarlo diciendo cosas como las siguientes:

- "No dejes que se salga con la suya con esas chingaderas".
- "Demuéstrale quién es el que manda".
- "Nomás miéntele, compadre. Ya sabes cómo son las viejas".

El miembro elegido del grupo deberá practicar sus respuestas a estas frases.

Transfiriendo el cambio

 Materiales de clase

Las técnicas de la "transferencia del cambio" le ayudan a aplicar lo que usted ha aprendido en el grupo a situaciones problemáticas fuera del grupo. Realmente ya hemos usado muchas de estas técnicas. Sin la transferencia del cambio, lo que usted ha aprendido sería solamente un ejercicio interesante sin aplicación práctica en su vida.

Considere las posibilidades que están disponibles para usted:

- Únase a un grupo de apoyo, como Alcohólicos Anónimos.
- Enseñe los principios de comunicación asertiva a otros.
- Manténgase en contacto con sus compañeros o con aquellos que lo apoyan.
- Inscríbase en otro grupo de consejería.
- Prepárese para un ambiente no muy amistoso (una pareja que no se comunica bien, o amigos que lo convencen de adoptar actitudes de privilegios de "macho").
- Prepárese para afrontar algunos obstáculos o pequeños fracasos personales. Tenga a la mano algunas frases para arreglárselas cuando otras técnicas no funcionen.
- Anticipe obstáculos específicos que tal vez encuentre. Tenga listo un "mapa mental" para manejar esas situaciones, lo que incluye un plan de acción, técnicas que podría usar y frases para la autocomunicación.
- Mantenga un diario de éxitos y áreas problemáticas.
- Repase con regularidad las técnicas que ha aprendido. Decida cuáles podrían funcionar para usted.

¿Cuáles son sus planes de cambio para el mes próximo?

Con respecto a usted mismo:

Ejemplo: "Escribiré mis frases para hablar conmigo mismo cuando me enoje"

_____

_____

_____

_____

Con respecto a otras personas:

Ejemplo: "Haré una cita cada semana para comentar problemas con mi pareja"

_____

_____

_____

_____

_____

¿Cuáles son sus planes de cambio para el año próximo?

Con respecto a usted mismo:

Ejemplo: "Practicaré la relajación diariamente y la tendré lista cuando la necesite"

_____

_____

_____

_____

_____

Con respecto a otras personas:

Ejemplo: "Animaré a mi pareja a hacer nuevas amistades y trataré de no sentirme amenazado por ello"

_____

_____

_____

_____

_____

Bibliografía

American Psychological Association (1996), *Violence and the Family*, Washington, D.C., American Psychological Association.

Amherst H. Wilder Foundation (1995), *Foundations for Violence-Free Living: A Step-by-Step Guide to Facilitating Men's Domestic Abuse Groups* [Fundamentos para la vida sin violencia: una guía para facilitar grupos de abuso doméstico para hombres], St. Paul, MN, Amherst H. Wilder Foundation.

—— *On the Level: Foundations for Violence-Free Living* [Hablemos claro: fundamentos para la vida sin violencia], St. Paul, MN, Amherst H. Wilder Foundation.

Bach y Rita, G. (1982), "The Mexican American: Religious and Cultural Influences", en Becerra, R.M., M. Karno y J.I. Escobar (eds.), *Mental Health and Hispanic Americans*, Nueva York, Grune and Stratton.

Bandura, A. (1979), "The Social Learning Perspective: Mechanisms of Aggression, en H. Toch (ed.), *Psychology of Crime and Criminal Justice* (pp. 298-336), Nueva York: Holt, Rinehart and Winston.

—— (1979), *Aggression: A Social Learning Analysis* [*Agresión: un análisis del aprendizaje social*], Englewood Cliffs, NJ, Prentice-Hall.

Beck, A.T. y A. Freeman (1990), *Cognitive Therapy of Personality Disorders* [Terapia cognitiva de trastornos de personalidad], Nueva York, Guilford.

Bedrosian, R.C. (1982), "Using Cognitive Systems Intervention in the Treatment of Marital Violence", en L. R. Barnhill (ed.), *Clinical Approaches to Family Violence* [Modelos clínicos de la violencia familiar], Rockville, MD. Aspen.

Bernstein, D.A. y T.D. Borkevec (1973), *Progressive Relaxation Training* [Capacitación en el relajamiento progresivo], Champaign, IL, Research Press.

Bowker, L.H. (1983), *Beating Wife-Beating* [Luchando contra el maltrato a la mujer], Lexington, MA, Heath.

Brannen, S.J. y A. Rubin (1996), "Comparing the Effectiveness of Gender-Specific and Couples Groups in a Court-Mandated Spouse Abuse Treatment Program" ["Comparando la efectividad de grupos específicos de género y de pareja en un programa de tratamiento para golpeadores de pareja mandado por la corte"], *Research on Social Work Practice*, 6(4), 405-424.

Browne, A. (1987), *When Battered Women Kill* [*Cuando las mujeres golpeadas matan*], Nueva York, Free Press.

Browne, K., D. Saunders y K. Staeker (1997), "Process-Psychodynamic Groups for Men who Batter: A Brief Treatment Model" ["Grupos de proceso psicodinámico para los hombres golpeadores: un modelo de tratamiento breve"], *Families in Society: The Journal of Contemporary Human Services*, Families International, Inc., 265-271.

Carrillo, R. y J. Tello (eds.), (1998), *Family Violence and Men of Color: Healing the Wounded Male Spirit* [Violencia familiar y hombres de color: sanando el espíritu masculino herido], NY, Springer.

Casas, J.M., B.R. Wagenheim, R. Banchero y J. Mendoza-Romero (1994), "Hispanic Masculinity: Myth or Psychological Schema Meriting Clinical Consideration", *Hispanic Journal of Behavioral Sciences,* 16, 315-331.

Conferencia General del Episcopado Latinoamericano (1979), *Puebla: la evangelizacion en el presente y en el futuro de América Latina*, México, Librería Parroquial de Clavería.

——, (1992), *Santo Domingo: nueva evangelización, promoción humana, cultura cristiana*, Caracas, Ediciones Trípode.

Corsi J. (ed.) (1994), *Violencia familiar*, Buenos Aires, Paidós.

D'Zurilla, T. y M. Goldfried (1971), "Problem Solving and Behavior Modification" ["Resolución de problemas y modificación de conducta"], *Journal of Abnormal Psychology.*

Deffenbacher, J.L., K. McNamara, R.S. Stark y P.M. Sabadell (1990), "A Comparison of Cognitive-Behavioral and Process-Oriented Group Counseling for General Anger Reduction" ["Comparación de consejería de grupo cognitivo-conductual y orientada al proceso para reducir el enojo general"], *Journal of Counseling & Development*, 69(2), 167-172.

Dinkmayer, D. y G. McKay (1989), *The Parents' Handbook: Systematic Training for Effective Parenting* [Manual para padres: capacitación sistemática para la paternidad efectiva], Circle Pines, MN, American Guidance Service.

Dobash R.E. y R.P. Dobash (1979), *Violence Against Wives: A Case Against the Patriarchy*, Nueva York, Free Press.

Duarte, P. (ed.) (1995), *Encuesta de opinión pública sobre la incidencia de violencia en la familia*, Ciudad de México, COVAC.

Dutton, D. (1998), *The Abusive Personality: Violence and Control in Intimate Relationships* [La personalidad abusiva: violencia y control en las relaciones íntimas], Nueva York, Guilford Press.

——, C. van Ginkel y A. Strazomski (1995), "The Role of Shame and Guilt in the Intergenerational Transmission of Abusiveness" ["El papel de vergüenza y culpa en la trasmisión intergeneracional del abuso"], *Violence and Victims*, 10:2, 121-131.

——, S. Golant (1995), *The Batterer: A Psychological Profile* [El golpeador: un perfil psicológico], Nueva York, Basic Books.

—— y A. Holtzworth-Munroe (1997), "The Role of Early Trauma in Males who Assault their Wives" ["El papel del trauma temprano en hombres que asaltan a su esposa"], en *Rochester Symposium on Developmental Psychology: vol. 8. Developmental Perspectives on Trauma: Theory, Research, and Intervention*, pp. 379-401, Rochester, NY, University of Rochester Press.

Eddy, M.J. y T. Myers, T. (1984), *Helping Men who Batter: A Profile of Programs in the U.S.* [Ayudando a los golpeadores: un perfil de programas en E.U.A.], Austin, TX, Texas Department of Human Resources.

Edleson, J.L. y R.M. Tolman (1992), *Intervention for Men who Batter* [*Intervención para los hombres que golpean*], Thousand Oaks, CA, Sage.

Ellis, A. (1977), *How to Live with –and without– Anger* [Cómo vivir con –y sin– el enojo], Nueva York, Reader's Digest Press.

Enright, R.D. (2001), *Forgiveness is a Choice.* [Perdonar es una decisión.] Washington, DC: American Psychological Association.

Erickson, M. y E. Rossi (1979), *Hypnotherapy: An Exploratory Casebook* [Hipnosis: un estudio exploratorio de casos], Nueva York, Irvington Publishers, Inc.

Fagan, J. (1996), *The Criminalization of Domestic Violence: Promises and Limits* [Criminalización de violencia familiar: promesas y límites], Washington, DC, U.S. Dept. of Justice, Office of Justice Programs, National Institute of Justice.

Falicov, C.J. (1996), "Mexican Families", en M. McGoldrick, J. Giordano y J.K. Pearce (eds.), *Ethnicity and Family Therapy*, Nueva York, Guilford Press.

Fawcett, G., L. Heise, L. Isita-Espejel y S. Pick (1999), "Changing Community Responses to Wife Abuse", *American Psychologist*, 54, 1, 41-49.

Fischer, G. (1986), "College Student Attitudes Toward Forcible Date Rape" ["Actitudes de los universitarios hacia la violación forzosa de cita"], *Journal of Sex Education and Therapy*, 12, 42-46.

Ganley, A. (1981), *Court-Mandated Counseling for Men who Batter: A Three-Day Workshop* [Consejería para golpeadores ordenada por la corte],Washington, DC, Center for Women Policy Studies.

Geffner, R. y C. Mantooth (1995), *A Psychoeducational Model for Ending Wife/Partner Abuse: A Program Manual for Treating Individuals and Couples* [Un modelo psicoeducacional para terminar el abuso de pareja/esposa: un manual de programa para el tratamiento de individuos y parejas], Tyler, TX, Family Violence and Sexual Assault Institute.

——, P.G. Jaffe, L. y M. Sudermann (2000), *Children Exposed to Domestic Violence: Current Research, Interventions, Prevention, & Policy Development*, Nueva York: Haworth Maltreatment and Trauma Press.

Gilbert, M.J. y R.C. Cervantes (1986), "Patterns and Practices of Alcohol Use Among Mexican Americans: A Comprehensive Review", *Hispanic Journal of Behavioral Sciences*, 8, 1-60.

Gilligan, S. (1987), *Therapeutic Trances* [Trances terapéuticos], Nueva York, Brunner Mazel.

Goleman, D. (1995), *Emotional Intelligence* [Inteligencia emocional], Nueva York, Bantam Books.

Gondolf, E. W. (1999), "MCMI-III Results for Batterer Program Participants in Four Cities. Less Pathological than Expected" ["Resultados del MCMI-III de participantes en programas de golpeadores en cuatro ciudades. Menos patológico que lo esperado"], *Journal of Family Violence,* vol 14(1), 1-17.

Gottman, J. (1994), *Why Marriages Succeed and Fail* [El matrimonio: ¿por qué éxito, por qué fracaso?] Nueva York, Simon and Schuster.

——, (1999), *The Marriage Clinic* [La clínica matrimonial], Nueva York, W. W. Norton.

——, J. Jacobson, R. Rushe, J. Short, J. Babcock, J. La Taillade y J. Waltz (1995), "The Relationship between Heart Rate Activity, Emotionally Aggressive Behavior, and General Violence in Batterers" ["La relación entre actividad de tasa cardíaca, conducta emocionalmente agresiva y violencia general en los golpeadores"], *Journal of Family Psychology*, 9, 227-248.

Hamberger, L. K. y T. Potente (1994), "Counseling Heterosexual Women Arrested for Domestic Violence: Implications for Theory and Practice" ["Consejería de mujeres heterosexuales arrestadas por la violencia familiar: implicaciones para teoría y práctica"], *Violence & Victims*, 9(2), 125-137.

——, J.E. Hastings (1986), "Personality Correlates of Men who Abuse their Partners: A Cross-Validation Study", *Journal of Family Violence*, 1, 323-341.

Hare, R., (1993), *Without Conscience* [Sin conciencia], Nueva York, Pocket Books.

Harway, M. y K. Evans (1996), "Working in Groups with Men who Batter", en M. Andronico (ed.), *Men in Groups: Insights, Interventions and Psychoeducational Work*. ["Trabajando en grupos con golpeadores", en M. Andronico (ed.), [Hombres en grupos: penetraciones, intervenciones y trabajo psicoeducacional], Washington, D.C., American Psychological Association, 357-375.

Healy, K., C. Smith y C. O'Sullivan (1998), *Batterer Intervention: Program Approaches and Criminal Strategies* [Intervención para golpeadores: modelos de programa y estrategias delictivas], Washington, D.C., National Institute of Justice.

Henry, W, T. Schacht y H. Strupp (1990), "Patient and Therapist Introject, Interpersonal Process, and Differential Psychotherapy Outcome" ["Introyección del paciente y del terapeuta, proceso interpersonal y resultados psicoterapéuticos diferenciales"], *Journal of Consulting and Clinical Psychology*, 58, 768-774.

——, (1986), "Structural Analysis of Social Behavior: Application to a Study of Interpersonal Process in Differential Psychotherapeutic Outcome" ["Análisis estructural de la conducta social: aplicación de un estudio de proceso interpersonal en resultados psicoterapéuticos diferenciales"], *Journal of Consulting and Clinical Psychology*, 54, 27-31.

Hill, H.M., F.I. Soriano, A. Chen y T.D. LaFromboise (1994), "Sociocultural Factors in the Etiology and Prevention of Violence Among Ethnic Minority youth", en L.D. Eron, J.H. Gentry y P. Schlege (eds.), *Reason to Hope: A Psychosocial Perspective on Violence and Youth*, Washington, D.C., American Psychological Association.

Holtzworth-Munroe, A. (1992), Social Skills Deficits in Maritally Violent Men: Interpreting the Data Using a Social Information Processing Model ["Déficit de habilidades sociales en hombres violentos con la pareja: interpretando los datos según el modelo del procesar la información social"], *Clinical Psychology Review*, 12(6), 605-617.

—— y G. Hutchinson (1993), "Attributing Negative Intent to Wife Behavior: The Attributions of Maritally Violent Versus Nonviolent Men" ["Atribución de intenciones negativas a la conducta de la esposa: atribuciones de hombres violentos en el matrimonio versus los no violentos"], *Journal of Abnormal Psychology*, 102:2, 206-211.

—— y G. Stuart (1994), "Typologies of Male Batterers: Three Subtypes and the Differences among Them" ("Tipología de los golpeadores: tres subtipos y las diferencias entre ellos"], *Psychological Bulletin*, 116, 476-497.

Hotaling, G. y D. Sugarman (1986), "An Analysis of Risk Markers in Husband to Wife Violence: The Current State of Knowledge" ["Un análisis de marcadores de riesgo en la violencia de esposo a esposa: el estado del conocimiento actual], *Violence and Victims*, 1, 101-124.

Hovey J. y C. Magaña, "Psychosocial Predictors of Anxiety among Immigrant Mexican Migrant Farmworkers: Implications for Prevention and Treatment", *Cultural Diversity and Ethnic Minority Psychology*, 8 (3), 2002.

Jacobson, N. y J. Gottman (mar/abr 1998a), "Anatomy of a Violent Relationship" [Anatomía de una relación violenta], *Psychology Today*, 60-84.

——, (1998b), *When Men Batter Women* [Cuando los hombres golpean a la mujer], Nueva York, Simon y Schuster.

Johnson, M. (1995), "Patriarchal Terrorism and Common Couple Violence: Two Forms of Violence against Women" ["Terrorismo patriarcal y violencia común de pareja: dos formas de violencia contra la mujer"], *Journal of Marriage and the Family*, 57, 283-294.

Juan Pablo II (1981), *La familia en los tiempos modernos*, tomado el 23 de julio de 2002 de http://www.vatican.va

—— (1988), *La dignidad y la vocación de la mujer*, tomado el 23 de julio de 2002 de http://www.vatican.va

—— (1988), *Los fieles laicos*, tomado el 23 de julio de 2002 de http://www.vatican.va

Kiley, D. (1983), *The Peter Pan Syndrome* [*Síndrome de Peter Pan*], Nueva York, Avon.

Kivel, P. (1992), *Men's Work: How to Stop the Violence That Tears Our Lives Apart* [El trabajo de los hombres: cómo dejar la violencia que destruye nuestras vidas], Nueva York, Ballantine.

Lange, A.J. y P. Jakubowski (1976), *Responsible Assertive Behavior: Cognitive/Behavioral Procedures for Trainers* [Conducta responsable asertiva: procedimientos cognitivo-conductuales para capacitadores], Champaign, IL, Research Press.

Leander, Birgitta (1972), *In Xochitl in Cuicatl, Flor y canto, La poesía de los aztecas*, México, Secretaría de Educación Pública.

Lee, M., G. Greene, A. Uken, L. Rheinscheld y J. Sebold (1997), *Solution-Focused Brief Treatment: A Viable Modality for Treating Domestic Violence Offenders?* [Tratamiento breve enfocado en soluciones: una modalidad viable para tratar a ofensores de violencia familiar], documento presentado en la 5th International Family Violence Research Conference, Durham, NH, junio 29-julio 2 de 1997.

Leeming, D.A. (1990), *The World of Myth* [El mundo del mito], Nueva York, Oxford University Press.

León-Portilla, M. (1963), *Aztec Thought and Culture* [La filosofía náhuatl], Norman, OK, University of Oklahoma Press.

Lindsey, M., R.W. McBride y C.M. Platt (1993), *Amend: Philosophy and curriculum for Treating Batterers* [Amend: filosofía y curriculum para tratar a golpeadores], Littleton, CO, Gylantic Publishing.

Maramba, G.G. y G.C.N. Hall (2002), "Meta-Analyses of Ethnic Match as a Predictor of Dropout, Utilization, and Level of Functioning", *Cultural Diversity and Ethnic Minority Psychology*, 8 (3), 290-297.

Marín, G. y B.V. Marín (1991), *Research with Hispanic Populations*, Newbury Park, CA, Sage.

Maykut, P. y R. Morehouse (1994), *Beginning Qualitative Research. A Philosophic and Practical Guide*, Washington, D.C., The Falmer Press.

McKay, M., P.D. Rogers y J. McKay (1989), *When Anger Hurts: Quieting the Storm Within* [Cuando el enojo hiere: calmando la tormenta interior], Oakland, CA, New Harbinger.

Meichenbaum, D. (1977), *Cognitive-Behavior Modification: An Integrative Approach* [Modificación cognitivo-conductual: un modelo integrativo], Nueva York, Plenum.

Miranda, L., D. Halperin, F. Limón y E. Tunón (1998), "Características de la violencia familiar y las respuestas de las mujeres en una comunidad rural del municipio de Las Margaritas, Chiapas, *Salud Mental, 21, 6,* 19-26.

Murphy, C. y V. Baxter (1997), "Motivating Batterers to Change in the Treatment Context" ["Motivando a los golpeadores a cambiar en el contexto del tratamiento"], *Journal of Interpersonal Violence,* 12:4, 607-619.

National Network for Immigrant and Refugee Rights (Red Nacional para los Derechos de los Inmigrantes y los Refugiados), tomado el 18 de julio de 2002 de http://www.nnirr.org.projects/border

Neidig, P.H. y D.H. Friedman (1984), *Spouse Abuse: A Treatment Program for Couples,* [Abuso de pareja: un programa de tratamiento de pareja], Champaign, IL, Research Press.

Novaco, R. (1975), Anger Control: *The Development and Evaluation of an Experimental Treatment* [Control del enojo: desarrollo y evaluación de un tratamiento experimental], Lexington, MA, Lexington Books.

―― (1978), "Anger and Coping with Stress" ["El enojo y afrontar la presión"], en J. Foreyt y D. Rathjen (eds.), *Cognitive Behavior Therapy*, Nueva York, Plenum.

―― (1979), "The Cognitive Regulation of Anger and Stress" ["Regulación cognitiva de enojo y presión"] en P. Kendall y S. Hollon (eds.), *Cognitive-Behavioral Interventions: Theory, Research and Procedure*, Nueva York, Academic Press, 269.

O'Leary, K.D. (1988), "Physical Aggression between Spouses: A Social Learning Perspective" ["Agresión física entre pareja: una perspectiva de aprendizaje social"] en V.B. van Hasselt, R.L. Morrison, A. S. Bellack y M. Hersen (eds.), *Handbook of Family Violence*, Nueva York, Plenum.

O'Hanlon, W. y M. Weiner-Davis (1989), *In Search of Solutions* [Buscando la solución], Nueva York, W.W. Norton & Co.

Pence, E. (1987), *In Our Best Interest: A Process for Personal and Social Change,* [Para nuestro bien: un proceso de cambio personal y social], Duluth, Minnesota Program Development, Inc.

――, M. Paymar (1993), *Education Groups for Men who Batter: The Duluth Model* [Grupos de educación para hombres que golpean: el modelo de Duluth], Nueva York, Springer Publishing Company.

Pleck, J. (1980), "Men's Power with Women, Other Men and Society" ["El poder del hombre con la mujer, otros hombres y la sociedad"], en E. Pleck y J. Pleck (eds.), *The American Man*, Englewood Cliffs, NJ: Prentice-Hall, 417-433.

Prince, J. y I. Arias (1994), "The Role of Perceived Control and the Desirability of Control among Abusive and Nonabusive Husbands" [el papel del control manifiesto y el deseo de controlar entre esposos abusivos y no abusivos], *The American Journal of Family Therapy*, 22:2, 126-134.

Prochaska, J.O. y C.C. DiClemente (1992), *The Transtheoretical Approach. Handbook of Psychotherapy Integration* [Modelo transteorético. Manual de integración de psicoterapias], (pp. 300-334), Nueva York, Basicbooks.

Ramírez, R. (2001), *De lo que no se habla: carta pastoral sobre la violencia familiar*, diócesis de Las Cruces, Nuevo México, E.U.A., recuperado de //www.dioceseoflascruces.org/

Ramírez-Rodríguez, J.C., y M.C. Patiño-Guerra (1997), "Algunos aspectos sobre la magnitud y trascendencia de la violencia familiar contra la mujer: un estudio piloto", *Salud Mental*, 20, 2, 5-16.

Rasnic, R. (2000), *Combat Violence against Women*, recuperado de http://www.no2violence.co.il/

San Diego Association of Governments, Statistics Department, comunicación personal, abril 4 de 2001.

Saunders, D. (1982), "Counseling the Violent Husband" ["Aconsejando al esposo violento"] en P. Keller y L. Ritt (eds.), *Innovations in Clinical Practice: A Source Book*, vol. I, Sarasota, FL., Professional Resource Exchange.

—— (1992), "A Typology of Men who Batter: Three Types Derived from Cluster Analysis" ["Tipología de hombres golpeadores: tres tipos derivados del análisis de grupos"], *American Orthopsychiatry*, 62:2, 264-275.

—— (1996), "Feminist-Cognitive-Behavioral and Process-Psychodynamic Treatments for Men who Batter: Interaction of Abuser Traits and Treatment Models" ["Tratamiento feminista-cognitivo-conductual y proceso-psicodinámico para hombres que golpean: interacción de características del abusador y modelos de tratamiento"], *Violence and Victims*, 11:4, 393-413.

—— Browne (1991), "Domestic Homicide", en R. Ammerman y M. Hersen (eds.), *Case Studies in Family Violence* [Estudios de casos de violencia familiar], Nueva York, Plenum.

—— (1984), "Helping Husbands who Batter" ["Auxiliando a los esposos que golpean"], *Social Casework*, 65, 347-356.

—— (1996a), "Interventions For Men who Batter. Do We Know what Works?" ["Intervenciones para hombres que golpean: ¿sabemos qué funciona?"], en *Session: Psychotherapy in Practice*, 2(3), 81-94.

—— y A. Browne, (1991), "Intimate Partner Homicide" ["Homicidio de pareja íntima"], en R. Ammerman y M. Hersen (eds.), *Case Studies in Family Violence*, Nueva York, Plenum.

—— y S. Azar (1989), "Family Violence Treatment Programs: Description and Evaluation" ["Programas de tratamiento de violencia familiar: descripción y evaluación"], en L. Ohiin y M. Tonry (eds.), *Crime and Violence: Special Volume on Family Violence*.

Schechter, S. y Ganley, A. (1995), *Domestic Violence: A National Curriculum for Family Preservation Practitioners* [Violencia familiar: un currículum nacional para profesionales de preservación de familia], San Francisco, Family Violence Prevention Fund.

Shapiro, S. (1995), *Talking with Patients: A Self Psychological View* [Hablando con pacientes: una visión autopsicológica], Nueva York, Jason Aronson, Inc.

Sonkin, D. y M. Durphy (1989), *Learning to Live without Violence* [Aprendiendo a vivir sin violencia], Volcano, CA., Volcano Press.

Stanley, S. y D. Trathen (1994), "Christian PREP: An Empirically-Based Model for Marital and Premarital Intervention", *Journal of Psychology and Christianity* 13 (2) 158-165.

Steinfeld, G. J. (1986), "Spouse Abuse: Clinical Implications of Research on the Control of Aggression" ["Implicaciones clínicas de investigación en el control de agresión"], *Journal of Family Violence, 1(2)*, 197-208.

Stoltenberg, J. (1993), *The End of Manhood: A Book for Men of Conscience* [El fin de la masculinidad: un libro para hombres de conciencia], Nueva York, Dutton.

Stordeur, R.A., y R. Stille (1989), *Ending Men's Violence against their Partners* [Acabando con la violencia de hombres contra la pareja], Thousand Oaks, CA., Sage.

Stosny, S. (1991), *Manual of the Compassion Workshop* [Manual del taller de compasión], Washington, DC., Community Press.

——, (1995), *Treating Attachment Abuse: A Compassionate Approach* [Tratando el abuso por apego: un modelo compasivo], Nueva York, Springer Publishing Co.

Straus, M.A. y R.J. Gelles (1990), *Physical Violence in American Families: Risk Factors and Adaptations to Violence in 8 145 Families.* [Violencia física en familias norteamericanas: factores de riesgo y adaptaciones a la violencia en 8 145 familias], New Brunswick, NJ., Transaction Press.

——, R. Gelles y S. Steinmetz (1980), *Behind Closed Doors: Violence in the American Family* [Detrás de la puerta cerrada: violencia en la familia norteamericana], Garden City, NY, Doubleday.

—— y C. Smith (1990), "Violence in Hispanic Families in the United States", en M. A. Straus, y R. J. Gelles (eds.), *Physical Violence in American families*, New Brunswick, NJ, Transaction Publishers.

Tjaden, P. y N. Thoennes (2000), *Full Report of the Prevalence, Incidence, and Consequences of Violence Against Women: Findings from the National Violence Against Women Survey*, Washington, DC., National Institute of Justice, noviembre de 2000.

Tolman, R.M. (1996), "Expanding Sanctions for Batterers: What Can We do Besides Jailing and Counseling them?" ["Extendiendo sanciones para golpeadores: ¿qué podemos hacer aparte de la cárcel y la consejería?"], en J.L. Edleson y Z.C. Eisikovits (eds.), *Future Interventions with Battered Women and their Families*, Thousand Oaks, CA, Sage.

—— y J. L. Edleson (1995), "Intervention for Men who Batter: A Review of Research" ["Intervención para hombres que golpean: revisión de investigaciones"], en S. Smith y M.A. Straus (eds.), *Understanding Partner Violence* (pp. 262-274), Minneápolis, National Council on Family Relations.

Townsend, R.F. (1992), *The Aztecs [Los aztecas]*, Londres, Thames & Hudson.

U.S. Bureau of the Census (2001a), *Overview of Race and Hispanic Origin: Census 2000 Brief*, Washington, D.C., U.S. Department of Commerce.

—— (2001b), *Profile of General Demographic Characteristics: 2000 Census of Population and Housing*, Washington, D.C., U.S. Department of Commerce.

Valdez , R. y C. Juárez (1998), "Impacto de la violencia familiar en la salud mental de las mujeres: análisis y perspectivas en México", *Salud Mental*, 21, 6, 1-10.

Vega, W.A. (1990), "Hispanic families in the 1980s: A Decade of Research", *Journal of Marriage and the Family*, 52, 1 015-1 024.

Wachter, O. y T. Boyd (1982), "Time Out", en M. Roy (ed.), *The Abusive Partner: An Analysis of Domestic Battering* [El hombre abusivo: análisis de violencia familiar], Nueva York, Van Nostrand Reinhold.

Walker, L. (1984), *The Battered Woman Syndrome* [Síndrome de la mujer golpeada], Nueva York, Springer Publishing

Washington Lawyer's Committee for Civil Rights and Urban Affairs. recuperado el 7 de julio de 2002 de http://www.washlaw.org/projects/Immigrants

Weiss, J. y H. Sampson (1986), *The Psychoanalytic Process* [Proceso psicoanalítco], Nueva York, The Guilford Press.

Welland, C. (1999), *A Qualitative Analysis of Cultural Treatment Components for Mexican Male Perpetrators of Partner Abuse*, disertación doctoral inédita, California School of Professional Psychology, San Diego.

——— y N. Ribner (2001), "A Demographic and Risk Factor Survey of Mexican Immigrants Mandated to Partner Abuse Treatment in San Diego County", *Family Violence and Sexual Assault Bulletin*, 17 (1-2), 12-19.

Wexler, D. (1991a), *The Adolescent Self: Strategies for Self-Management, Self-Soothing, and Self-Esteem in Adolescence* [El yo adolescente: estrategias para autoadministración, autocalmarse y autoestima en la adolescencia], Nueva York, W. W. Norton.

——— (1991b), *The PRISM Workbook* [El manual PRISM], Nueva York: W. W. Norton.

——— (1994), "Controlling Uncontrollable Behavior" ["Controlando la conducta fuera de control"], (artículo inédito), San Diego, CA., Relationship Training Institute.

——— (1999), "The Broken Mirror: A Self Psychological Treatment Perspective for Relationship Violence" ["El espejo roto: una perspectiva sobre el tratamiento autopsicológico de la violencia íntima"], *Journal of Psychotherapy Practice and Research*, 8:2.

——— (2000), *Domestic Violence 2000: An Integrated Skills Program for Men*, Nueva York, W. W. Norton.

White, M. y M. Weiner (1986), *The Theory and Practice of Self Psychology* [Teoría y práctica de autopsicología], Nueva York, Brunner Mazel.

Williams, O. J. (1995), "Treatment for African American Men who Batter" ["Tratamiento para golpeadores afroamericanos"], *CURA Reporter*, 25, 6-10.

——— y R.L. Becker (1994), "Domestic Partner Abuse Treatment Programs and Cultural Competence: The Results of a National Survey" ["Programas de tratamiento para abuso de pareja y competencia cultural: resultados de una encuesta nacional"], *Violence and Victims*, 9(3), 287-296.

Windell, J. (1994), *Eight Weeks to a Well-Behaved Child* [Ocho semanas para un niño bien portado], Macmillan, Nueva York.

Wolf, E. (1988), *Treating the Self: Elements of Clinical Self Psycholog.* [Tratando el yo: elementos de autopsicología clínica], Nueva York, The Guilford Press.

Wolfe, B. (1989), "Heinz Kohut's Self Psychology: A Conceptual Analysis" ["Autopsicología de Heinz Kohut: un análisis conceptual"], *Psychotherapy*, 26, 545-554.

Young, J. E. (1990), "Cognitive Therapy for Personality Disorders: A Schema-Focused Approach" ["Terapia cognitiva de trastornos de personalidad: un modelo enfocado en esquemas"], Sarasota, FL., Professional Resource Exchange.

Índice analítico